美国 · 亚太地区国家海洋战略研究丛书

美国海洋战略研究

MARITIME STRATEGY OF THE UNITED STATES

上海市美国问题研究所 · 主编
李双建/于保华 等 · 著

时 事 出 版 社

图书在版编目（CIP）数据

美国海洋战略研究/上海市美国问题研究所主编；李双建、于保华等著．—北京：时事出版社，2016.10

ISBN 978-7-80232-962-1

Ⅰ．①美…　Ⅱ．①上…　②李…　③于…　Ⅲ．①海洋战略—研究—美国　Ⅳ．①E712.0

中国版本图书馆 CIP 数据核字（2016）第 194165 号

出 版 发 行：时事出版社
地　　　址：北京市海淀区万寿寺甲 2 号
邮　　　编：100081
发 行 热 线：（010）88547590　88547591
读者服务部：（010）88547595
传　　　真：（010）88547592
电 子 邮 箱：shishichubanshe@sina.com
网　　　址：www.shishishe.com
印　　　刷：北京市昌平百善印刷厂

开本：787×1092　1/16　印张：20　字数：250 千字
2016 年 10 月第 1 版　2016 年 10 月第 1 次印刷
定价：90.00 元

出版说明

党的十八大报告提出了建设海洋强国的战略目标。而为了达到这一目标，则必须依靠综合国力，建立一整套完整的海洋战略。自从海洋向人类展示其作为海上通道的魅力之时，海洋也自然成为连接国与国之间的一个重要桥梁，也成为了外交的重要舞台，海上纷争的战场。因此，在建立海洋战略的同时，对于周边地区各国的海洋战略，我们也必须加以明察。只有这样，才能够从容应对，才能建立我们自己更为完整的海洋战略体系。出于这样的目的，上海市美国问题研究所策划了一套《美国·亚太地区国家海洋战略丛书》，通过汇集多方之力，力求完成这一目标。

我所策划的这套丛书共计八本，全面展示了美国、俄罗斯、日本、韩国、越南、菲律宾、印度以及澳大利亚这八个国家的海洋安全战略、海洋管理战略、海洋经济战略、海洋环保战略、海洋教科文战略以及海洋国际政治与外交战略等，一方面促进了我们对周边各国具有更全面的认识，另一方面也可以对制定我国的海洋战略起到重要的借鉴作用。

该丛书自策划之始，便抱着严谨的学术态度，汇集各个专家多次召开学术会议，从撰写提纲到充实内容，都数易其稿。随着时间的推移，根据新问题、新情况的出现，不断追踪充实，力求与时俱进。对此，我所还遍访相关专家，力求寻找参加编撰的最佳人选，聘请了上海社会科学院金永明研究员、国家海洋局于保华与李双建研究员、解放军国际关系学院成汉平教授与宋德星教授、华东师范大学国际关系与地区发展研究院肖辉忠副研究员和韩冬涛博士、上海交通大学薛桂芳教授、上海外国语大学廉德瑰教授、上海政法学院朱新山教授、吉林大学李雪威教授等高校和科研机构的专家分别撰稿。历时两年多时间终于得以全部完成。书稿完成之后，我所还聘请了冯绍雷、于向东、张家栋等著名专家进行严格评审，力求做到尽善尽美。

自从本丛书策划和编撰开始之时，便受到了来自各界的支持和帮助，上海市社会科学界联合会、上海社会科学院出版社等单位对本丛书给予了巨大的帮助，国防大学战略研究所前所长杨毅海军少将为本丛书撰写了总序，对此我们表示由衷的感谢。

对于本丛书的编撰，我所常务所长胡华统筹策划、亲力亲为；朱慧、叶君、龙菲组织协调，落实安排；汪道、李奕昕和章骞先后承担联络工作，确保该丛书出版的顺利进行。虽然在出版过程中遇到了很多未曾预料的问题，但经过不懈的努力，将这套丛书展示在了读者的面前。当然，由于本丛书难免还存在各种不足之处，我们真诚地希望各位读者和专家给予指正，提出宝贵的意见。

最后，我们要特别感谢时事出版社苏绣芳副社长以及各位编辑，正是他们的悉心努力，这套丛书才能够得以顺利出版。

上海市美国问题研究所

2016年8月26日

总　序

杨毅

中国正处在发展的历史新起点，正在进入由大向强发展的关键阶段。我国发展仍然处于可以大有作为的重要战略机遇期，但战略机遇期内涵发生了深刻变化，我国发展既面临许多有利条件，也面临不少风险挑战。

随着综合国力的增强和国际影响力的上升，我国的战略回旋空间和面临的压力同步上升。各种安全挑战中的“内忧外患联动效应”突出，我们维护国家安全利益与发展利益的“两难选择”特征增加了我们运筹国家安全的难度。在实现社会主义小康社会的冲刺阶段，避免跌入“中等收入陷阱”和“修昔底德陷阱”，是我们内政与外交的两个重大课题。

对内，统筹好经济“调结构、稳增长与防风险”三者之间的关系，确保我国经济持久、健康发展是一项重要而艰巨的工作。在新常态下，我国经济发展表现出速度变化、结构优化、动力转化三大特点，增长速度从高速转向中高速，发展方式从规模速度型转向质量效率型，经济结构调整要从增量扩能为主转向调整存量、做优增量并举，发展动力要从主要依靠资源和低成本劳动力等要素投入转向创新驱动。当前，我国经济社会发生了深刻变化，改革进入攻坚期和深水区，社会矛盾多发叠加，面临各种可以预见和难以预见的安全风险挑战。

对外，我国和平发展与民族复兴给外部世界特别是给美国等西方国家带来的冲击处于一个激烈的相互磨合和相互适应阶段，各国对华政策也处在一个变化路口，并且可塑性比较强的阶段。中国的外部安全环境继续呈现双重压力状态，即美国对我国的战略防范和周边部分国家对我国的恐惧与担忧。这双重压力“相互借重，复合交汇”，在涉及与我国利益冲突问题上一拍即合，对我们形成“同步压力”。

我们运筹国家安全正面临着两大矛盾：第一，我们国家迅速扩展的安全和发展利益和有限的保卫手段之间的矛盾；第二，增强保护国家利益手段的迫切性与日益增长的外部制约因素之间的矛盾。

我国经济发展，对外贸易额的增长以及能源供应都对海上运输产生了越来越大的依赖，海上航道的安全已经成为国家安全的重要环节，它不但涉及经济安全，也是国家整体安全的重要组成部分。然而，我国对海上航道的需求的不断上升，与我国海上防卫力量的不足形成了鲜明的反差。

我国外部安全环境，来自陆地方向的大规模军事入侵基本上可以排除，但是来自海洋方向的安全挑战日益增多。美国推进亚太战略“再平衡”，强化在我国周边地区，特别是海洋方向的军事力量部署和活动强度，对我国的周边安全环境形成了巨大压力。

无论是维护国家安全，还是发展经济，经略海洋都已经在战略上形成了刚性需求。党的十八大提出了“建设海洋强国”的战略目标，把经略海洋作为推进中华民族伟大复兴事业的重要组成部分与途径之一。建设海洋强国的内涵丰富，包括提高海洋资源开发能力、海洋运输能力、海洋执法能力、海洋防卫能力，发展海洋经济，保护海洋生态环境，坚决维护国家海洋权益，把我们国家建设成一个世界性的海洋强国。

中国地缘上是一个陆海复合型的国家，虽然在古代曾经有过丰富多彩的海上实践，早在西方的“大航海时代”开始以前，郑和就率领过举世无双的庞大船队远航到了非洲，古代的海上丝绸之路也曾经连接到了欧洲。但是，进入近现代以后，由于传统的观念落后和其他综合因素，中国却不幸地沦落为一个海洋弱国，饱受西方列强的欺凌。在我国从来没有像现在如此接近民族复兴梦想的今天，作为一个世界国家整体面向海洋，这在中华民族的历史上还是第一次，它对世界的冲击是可想而知的。

古希腊著名历史学家修昔底德认为，当一个崛起的大国与既有的统治霸主竞争时，双方面临的危险多数以战争而告终。就大海来说，中国还是一个后发的国家，然而，中国建设海洋强国的步伐速度之飞快、规模之宏大，免不了引起一些国家心理上的危机感，他们既无法阻止，又不可抗拒，更难以适应。

19 世纪末、20 世纪初著名的地缘政治学家，美国海军军官、历史学家，《海权论》的作者阿尔弗雷德·塞耶·马汉（Alfred Thayer Mahan）通过对十七八世纪重商主义和帝国主义时期的海上强国英国历史的大量研究，提出了关于美国海军政策、海军战略、海军战术的一系列基本原则。马汉《海权论》的核心观点是，海洋是世界的中心；谁控制了世界核心的咽喉航道、运河和航线，谁就掌握了世界经济和能源运输之门；谁掌握了世界经济和能源之门，谁就掌握了世界各国的经济和安全命脉；谁掌握了世界各国的经济和安全命脉，谁就（变相）控制了全世界。马汉学说在美国被捧为金科玉律，尤其在两次世界大战之间的 20 多年中已经构成了美国军事战略的灵魂。马汉的海权论在西方，乃至世界的影响依然巨大。

马汉通过对17世纪和18世纪的英国历史进行推导，设定了六项他表示普遍适用、永恒不变的“影响海权的一般条件”：（1）地理位置；（2）自然构造；（3）领土范围；（4）人口数量；（5）民族性格；（6）政府的特征和政策。

现代海权更是一个复杂的体系，虽然马汉的六大要素依然发挥着作用，但是对这其中第六个要素，也就是政府的特征和政策则更有进一步拓展的必要。我们不妨根据其功能将其分为“硬件”和“软件”两大部分。其中“硬件”包含海军、海洋管理体制和机构、海洋产业和海洋科技实力等构成海权的客观物质要素；而“软件”则包括海洋管理法律制度、海洋价值观和海洋意识，这些非物质因素在海权的发展和维系方面则具有不可替代的独特作用。

各国的海洋战略也正是通过这几大要素辐射而出的，而且随着进入了21世纪，在这国际政治多极化、经济全球化、军事信息化的时代，海洋战略更是具有崭新的色彩。

以往排他性海上霸权逐渐让位于功能更复杂和更国际化的当代海权观念。这一当代海权观念新颖和核心的特点是，海上力量已无力追求单极的全球霸权与秩序，相对于日益崛起的太空和空天复合力量，海权的黄金时代已经成为历史。即使对于拥有绝对海军优势的国家，在国际政策中，单纯利用海权优势也不可能实现自身的利益。这些国家即使有能力轻易获得海上战争的胜利，其外交、经济和其他代价，也是其决定行动时不得不再三综合考虑的因素。这也与当代全球经济和政治的急遽整合趋势是一致的。

在这一背景下，在这个意义下，全球化时代的海洋战略，还加入了维护海上安全、保护海洋环境等内容，其根本目的就是保护现有经济格局的安全，维护现今给大多数国家带来利益的全球秩序的稳定。海洋战略是一个综合海洋经济、海洋政治、海洋军事、海洋法制、海洋环境等一系列因素的复杂问题。

中国奉行的是和平发展道路，而不是走历史上传统大国崛起靠军事扩张，甚至通过发动战争来实现自己战略目标的旧路。正如国家主席习近平所强调的，中国愿同各国一道，构建以合作共赢为核心的新型国际关系，以合作取代对抗，以共赢取代独占，树立建设伙伴关系新思路，开创共同发展新前景，营造共享安全新局面。

面对当今世界复杂的海上局势，中国如何更好地走向海洋、经略海洋，需要我们在战略上很好地把握，搞好战略规划与运筹。对此，我们不仅仅只是开拓出一条具有中国特色的和平发展的海上战略，同样重要的，还应当对世界各国，尤其是中国周边海上国家的海洋战略加以清晰地了解、明确地掌握。

上海市美国问题研究所将美国、日本、韩国、越南、菲律宾、澳大利亚、印度以及俄罗斯这八个国家的海上战略进行了系统的梳理。据我浅薄所知，国内至今还没有见过这样一套系列丛书。这样一套系列丛书的面世，对于今后中国如何面向大海，如何制定相应的海上战略而言，具有非常宝贵的参考价值。这样一套系列丛书的顺利出版，对于服务于建设海洋强国，对于推进中华民族伟大复兴事业都是一件值得庆贺的好事。

对于海洋战略这样复杂的问题，分国家加以考察更要花费巨大的辛劳和探索。对此，上海市美国问题研究所动员了全国的相关专家，历经多年的努力，集中全力对这套丛书进行了编撰，取得了丰硕的学术成就。

为了适应世界多极化、经济全球化、合作与竞争并存的新形势，扩大与沿线国家的利益汇合点，与相关国家共同打造政治互信、经济融合、文化包容、互联互通的利益共同体和命运共同体，实现地区各国的共同发展、共同繁荣，中国政府提出了建设“一带一路”倡议。其中，“二十一世纪海上丝绸之路”的战略规划将促进构建海上互联互通、加强海洋经济和产业合作、推进海洋非传统安全领域的全面合作，也将拓展海洋人文领域的合作。在建设“二十一世纪海上丝绸之路”的大业中，了解各国的海洋战略，更是必不可少。我相信，这套系列丛书会为照亮“二十一世纪海上丝绸之路”的拓展前程作出特殊的贡献。

《美国·亚太地区国家海洋战略研究丛书》浸透了所有参与者的辛勤劳动与心血，当广大的读者从中受益的时候，也是对为这套丛书顺利撰写、编辑、出版和发行而作出各自贡献的人们表示感谢的最好方式。

2016 年仲夏，于北京

目　　录

前　言

古希腊海洋学者地米斯托克利早就预言“谁控制了海洋，谁就控制了一切”，这个预言后来被许多国家的政治家强调并为历史经验所印证。在数千年的历史长河中，出现过许多大国和强国，走向海洋是这些国家共同的国家战略。第二次世界大战之后，特别是《联合国海洋法公约》生效以来，随着科学技术的突飞猛进，以及人口膨胀、资源短缺、环境恶化等世界性问题的凸显，海洋越来越显示出在资源、环境、空间和战略方面得天独厚的优势。世界各国普遍认识到，海洋将成为人类生存与可持续发展的新空间，成为影响国家战略安全的重要因素，“21 世纪是海洋的世纪”已成为全球政治家、军事家、经济学家和科学家的广泛共识。

作为当今世界上的头号强国，无论从地理还是历史上看，美国都与海洋有着不解之缘。美国本土三面环海，是世界上海岸线最长的国家之一，其专属经济区内海域面积达 340 万平方海里，超过 50 个州土地面积的总和。200 多年来，美国的综合国力、国家安全和经济发展紧密地同海洋联系在一起，“美国的诞生、存在依赖于海洋，美国的大部分历史自然是海上活动的人和船的历史”。美国的海洋发展经历了从陆权大国到海权大国、海权强国以及综合性海洋强国的变迁，前不久发布的新的美国国家海洋战略《21 世纪海权合作战略》报告又提出了诸多新的思想和观点。美国海洋发展的历史经验和现实思路，既有其独特性的一面，也存在一些其他国家实现海上力量崛起和建设海洋强国可以借鉴的共性特征。

中国是陆海兼备的国家，自古以来海洋就与华夏民族的生存与发展、国家的统一强大、社会的稳定繁荣、人民的生产生活休戚相关，早先的统一强盛之势、近代的衰落挨打之危、现代的海洋权益之争，无一不折射出海洋对中国历史进程的重大影响，走向海洋、拓展海疆则盛，闭关锁国、丧失海权则衰。当前，我国正处于实现中华民族伟大复兴的关键时期，海洋在国家经济发展格局和对外开放中的作用更加重要，在维护国家主权、安全、发展利益中的地位更加突出，在国际政治、经济、军事、科技竞争中的战略地位也明显上升，关心海洋、认识海洋、经略海洋显得尤为紧迫。中美关系是当今世界最重要的双边关系，美国将海洋事务视为把握、调整中美关系以及对华施加战略性影响的重要抓手，中国未来战略走向在很大程度上与美国海洋战略息息相关。“知己知彼，百战不殆”，做好美国海洋战略的研究是知己知彼的关键策略。本书针对不同时期美国海洋战略的形成与演变过程开展对比分析，探索影响其调整的客观条件、主观动因，剖析其战略调整对全球的影响，以期为构建中美新型大国关系提供有益参考。

本书由李双建和于保华主持编著，杨潇、刘佳、祁冬梅参与编写，并受国内外诸多同行专家的观点和成果启发形成。

海洋软科学是一门新兴学科，其研究范式和研究结论也众说纷纭，书中主要观点和主张，是笔者长期以来对世界海洋发展形势、美国海洋发展态势和国内海洋事务发展情况进行研究而得出的一些认识，其立场仅代表作者本人。由于水平和时间有限，错误和不当之处在所难免，望读者与同行不吝赐教。

著　者

第一章 美国海洋战略的思想来源

“战略”一词具有广泛的适用性，不仅频繁出现于政治、军事和外交领域，而且日益运用于商业竞争和体育竞技场，但凡为特定目标而设定具体实施手段的设想和规划，都被冠以“战略”一词。[①] 有关“战略”概念的定义也是层出不穷。目前国际上较为通行的战略学观点将国家战略体（national strategy body）划分为战略运作（strategy operating）、分类战略（categorized strategy）以及总体战略（total strategy）或国家战略（national strategy）三个层面。[②] 国家海洋战略是国家战略在地理空间范畴的重要组成部分，是其在海洋领域的延伸和细化，对今后较长时期内海洋发展的战略目标、战略重点、战略步骤、战略措施等作出的长远和全面的谋划。国家海洋战略是处理国家海洋事务的全局性方略，总体而言，其性质主要体现为综合性和双重性。综合性源于海洋发展领域的综合性，海洋事务涵盖政治、经济、外交、军事、社会、文化、科技、生态环境等众多领域。双重性是指国家海洋战略涉及的地域空间、作用对象和相关问题跨越国内、国外两个方面。就地域空间而言，海洋战略既涵盖管辖海域的领海、毗连区、专属经济区和大陆架，也涵盖管辖海

① 樊吉社、张帆：《美国军事——冷战后的战略调整》，北京：社会科学文献出版社，2011年版，第1页。

② André Beaufre, *An Introduction to Strategy*, New York: Praeger, 1965, pp. 30 – 31.

域以外的海区。就作用对象和相关问题而言，海洋战略既要对国内涉海事务进行指导和规划，如海洋经济发展、海洋生态环境保护、海洋科技创新、海洋安全等，又要对如何处理海洋方向的涉外关系及事务进行谋划，处理与有关国家的海洋争端，维护国家海洋权益。可以说，国家海洋战略是一项高度综合的战略，是统筹国家海洋事业发展的顶层设计。

美国是海洋大国，拥有很强的海洋意识，建国不久就形成了走向海洋的国家战略。发展到帝国主义阶段后，经济实力已超过老牌强国。此时，在马汉“海权论”的影响下，美国由大陆扩张走向海外扩张，美国逐渐走上称霸海洋的道路。第一次世界大战期间，美国的海军力量迅速增长，到战争结束时，其海军实力仅次于英国。第二次世界大战期间，美国发展了马汉夺取制海权的思想，将科贝特的战略理论作为其海军发展的行动指南。冷战时期，美国执行“全球性远洋进攻战略”，遏制苏联在世界海洋的扩张，与苏联争夺世界海洋的控制权。美国还吸纳了斯皮克曼、莱曼、布热津斯基等人的海洋战略思想，强调控制世界海洋 16 个咽喉要道，谋划提出争霸全球海洋的战略和布局，以及由海向陆的海军战略，从而迅速发展成为称霸全球的海洋强国。

第一节　马汉海权论的主要内容及其影响

1870 年以后，随着第二次工业革命带来的科学技术的迅猛发展、工业生产的扩大以及新交通工具的建造，像英国这样的老牌殖民帝国以及德国、日本等新兴殖民帝国开始大范围瓜分世界，导致许多弱小国家沦为殖民地、半殖民地。新老殖民帝国都迫切需要一种新的扩张理念来引导其实现对外扩张的意愿，并指导即将到来的

帝国主义战争，尤其是海上战争，以便夺取更多的海外殖民地。另外，第二次工业革命带来了科技的迅猛发展，海军武器装备从风帆时代进入蒸汽铁甲舰船时代，装备水平大为提高，为新的海军思想的产生奠定了物质基础。此时的美国刚刚结束内战，因关注国内的西部开发和南部重建而忽视了对海外利益的拓展和海陆军队的建设，致使其军力远远落后于英、法、德、俄等欧洲大国。这在当时引起一些有识之士的强烈不满，要求发展海外贸易和扭转本国在军事上的落后局面的诉求日趋强烈。国际和国内的双重需求缔造了海权论产生的特殊历史背景。

这一重要理论的创始人阿尔弗雷德·赛耶·马汉（Alfred Thayer Mahan，1840—1914 年）是美国海军历史学家、海军战略理论家。他出生在丹麦一个移民家庭，父亲丹尼斯·哈特·马汉是美国西点军校的教授。良好的家庭背景孕育了马汉对军事领域的兴趣爱好。他 14 岁进入哥伦比亚大学学习，后转入安那波利斯海军军官学校。1859 年毕业后马汉在美国海军服役，先后担任炮舰和巡洋舰舰长之职。在此期间，马汉对军事和历史产生了浓厚的兴趣。1885 年，受美国海军学院院长卢斯将军之邀，马汉进入海军学院出任海战史和海军战略及战术课程讲师。[①] 马汉潜心学术，一生致力于海军战略理论研究，其思想深受古希腊雅典海军统帅地米斯托克利和政治家伯里克利的影响，共有 137 篇（部）论文问世，被后人公认为海权论的鼻祖，其最著名的是海权论三部曲，即《海权对历史的影响（1660—1783 年）》（1890 年出版）、《海权对法国大革命和帝国的影响（1793—1812 年）》（1892 年出版）、《海权的影响与 1812 年战争的关系》（1905 年出版）。

马汉的著作主要通过对 17 世纪中期至 20 世纪初两个半世纪的海军史、海上战争史以及海洋区域战略形势的综述，阐明海权理论。

---

① 张炜：《国家海上安全》，北京：海潮出版社，2008 年版，第 177 页。

其反复强调的中心思想是，一个国家是否强大，甚至能否称雄世界，取决于它是否能通过海上力量来控制海洋。马汉的“海权论”为美国的海洋政策、海军战略提供理了论准备，为美国垄断资本主义的经济与政治服务。

一、 海权的基本概念

1884 年，马汉在秘鲁利马一家英国俱乐部中阅读到英国海军军官蒙森的《罗马史》，当读到“第二次布匿战争”时，他对汉尼拔进军罗马的路线提出了质疑，为什么汉尼拔舍近求远，不取道海路直取意大利半岛，而是绕道先占领伊比里亚半岛，再沿地中海北岸打击罗马？深入研究后马汉发现，迦太基人缺少一支强大舰队，缺乏对地中海的制海权。进而他又发现，历史上还有不少帝国如西班牙、葡萄牙、荷兰、法国等，因缺乏对海权的认识而由盛转衰。马汉认识到，控制海洋是一个尚未被历史学家系统认知并加以阐述的重大历史性因素。于是马汉通过对历史，尤其是 1660 年至 1783 年间西班牙、葡萄牙、英国、荷兰和法国等欧洲海上强国在争夺海洋霸权过程中所发生的一系列历史事件详尽叙述，论证了海洋对历史发展的重大影响，将此前有关海权的各种分散论述综合成一套逻辑严密的理论体系，并在此基础上系统阐述了有关海权本质的战略思考和战略原则。

他指出：“从政治和社会的观点看，海洋使其本身成为最重要和最惹人注目的是其可以充分利用的海上航线。”① 利用海洋的便利扩大海外贸易，寻求海外市场、输出商品、输入生产原料和进行殖民掠夺，国家才能走向繁荣富强。海上贸易具有“有限性”，必然导致

① ［美］A. T. 马汉著，安常荣、成忠勤译：《海权对历史的影响（1660—1783）》，北京：解放军出版社，2008 年版，第 38 页。

竞争，必须建立和发展海权来控制海洋。于是，马汉创造了“海权”（Sea Power），他指出：“海权的历史，从其广义来说，涉及了有益于使一个民族依靠海洋或利用海洋强大起来的所有事情。但是海权的历史主要是一部军事史。”[①] 它“不仅包括用武力控制海洋或其任何一部分的海上军事力量的发展，而且还包括一支军事舰队源于和赖以存在的平时贸易和海运的发展”。[②] 前者是指一国拥有的海军舰队，包括附属于海军的陆上及海外基地、港口等设施，后者主要是指以海外贸易为核心且与海洋有关的附属机构及其能力，或者称为国家海洋经济力量的综合，具体指用于海外贸易的商船队的运输能力、国家造船与修船能力、港口吞吐能力和为海外贸易服务的殖民地。马汉认为，上述两者具有紧密的联系。海上军事力量的建立和发展以海上经济力量为基础，反之，海上军事力量也具有明显的经济意义，可以直接夺取海外殖民地和抢占海外市场。二者构成统一的整体，直接影响国家的繁荣昌盛。[③]

二、　海权构成的六项基本要素

马汉主要以英国为例，认为一国的地理位置、自然结构、领土范围、人口、民族特点和政府政策是影响国家发展海权的六大基本要素。[④]

就地理位置而言，马汉认为，“如果一个国家所处位置，既不靠陆路去保卫自己，也不靠陆路去扩张其领土，而完全把目标指向海洋，那么这个国家就比一个以大陆为界的国家具有更有利的地理位

---

① ［美］A. T. 马汉著，安常荣、成忠勤译：《海权对历史的影响（1660—1783）》，北京：解放军出版社，2008 年版，第 34 页。

② 同上。

③ 张炜：《国家海上安全》，北京：海潮出版社，2008 年版，第 178 页。

④ ［美］A. T. 马汉著，安常荣、成忠勤译：《海权对历史的影响（1660—1783）》，北京：解放军出版社，2008 年版，第 38—113 页。

置。”而且“控制着世界航运必不可少的海上咽喉要道”，“为对付敌人的可能进攻，提供作战活动的中心位置和良好的基地的战略优势”。因此，在马汉看来，最理想的位置是居中央位置的岛屿，并靠近主要的贸易通道，有良好的港口和海军基地。例如，不列颠群岛与欧洲大陆之间的距离适中，英国不仅有英吉利海峡为屏障，而且距大陆较近，既足以使英国获得对抗外敌入侵的安全保障，又便于打击敌人，进可攻退可守，因此英国不需维持庞大的陆军，只需集中国力发展海权，以海军优势来封锁欧洲大陆港口，并控制进出欧洲北部的航线，就可以成为世界强国。与英国形成鲜明对比的是法国，它不仅要维持陆军，其海军还必须分驶大西洋与地中海。因此，在海权竞争中，相对于英国，法国居于劣势。

就自然结构而言，具有漫长海岸线并拥有深水港是理想情况。海岸线决定向海发展的难易程度，深水港湾代表向海发展的先天潜力，是力量和财富的源泉。而土地的肥沃与否，则影响人民讨海为生的意愿和需求。一个国家的海岸线是其边界的一部分，凡是疆界易于与外界接触的国家，其人民便较容易向外发展，成为商人和殖民地开拓者。地势平坦、土地肥沃可能会使人民不愿投身海洋，如法国。相反，则逼使人民不得不讨海维生，如荷兰、葡萄牙。岛国及半岛国家受地形因素所限，若欲发奋图强，则必须重视海权的发展。

所谓国家领土范围，“不只是指一个国家总面积的平方英里数，而且还包括它的海岸线的长度和将要被考虑的港口的特点”，马汉认为，国土的大小必须与人口、资源和其他权力因素相配合。一个国家的人口总数与海岸线总长度之间的比例至关重要，广大的领土可能反而成为弱点。一个面积太大且人口与资源不成比例的国家，则防守密度低，国家的危险性就会增高，如又被河川或港口割裂，则更是一大弱点。以美国内战时的南方为例，地广人稀，人口和资源不成比例，尤其是有了过长的海岸线和过多的内陆水道，兵力易被

分割而导致失败。

就人口而言，人口的数量和素质是海权的重要基础，海权国家不仅应有相当数量从事航海事业的人口，而且直接或间接参加海洋活动的人数更应占相当高的比例。国家平时航海事业（包括航运和贸易）足以决定其海军在战争中的持久力，英国即为典型例证。英国不仅是航海国家，也是造船和贸易国家，拥有发展海权的必要人力与技术资源。

就民族特点而言，首先是“喜欢贸易，包括必须生产某些用来交换的产品”，其次是“有能力建立相当多的殖民地”，也就是说国民对海上贸易的意愿及航海生产能力的心理因素极为重要。有此心理基础，人民才会走向海洋寻求财富。若国民以向海洋寻求财富为荣，航海事业自然蓬勃发展。海洋商业与海军相结合，不断开拓殖民地，终使英国成为海洋霸主。

就政府的性质和政策而言，政府的战略主张影响海军武力的运用，政府必须明智而坚毅，才能促进海权长期发展。马汉指出，“荷兰共和国从海上获得的繁荣与生存机会，甚至远远超过了英国。但是，荷兰政府的政策和特点非常不利于给海权以一贯的支持。”几十年后，“荷兰就不再拥有强大的海上力量，并且迅速丧失了依靠其海上力量在各国中建立起来的领导地位”。他认为，英国之所以成就了空前的海洋强权，正是因为英国的国家政策一直以追求海外殖民地、海上贸易和海军优势为目的。同时，政府对海权的运作也发挥了关键作用，尤其在战争工具的运用上，即制海权夺取上，英国通常以在海上击灭敌国舰队或对敌港口建立封锁为一贯指导。虽然“法国的地理位置具备了拥有海权的极好条件”，但“路易独揽政权的行为冲击了法国海权的根基，疏远了最好的海上同盟国”，再加上法国热衷于领土的征服，“大陆扩张的错误方针，耗尽了国家的资产”，产生的结果与英国完全不同。

三、 马汉海权论的核心思想

马汉指出："海权对于世界历史具有决定性的影响"，"控制海洋，特别是在与国家利益和贸易有关的主要交通线上控制海洋，是国家强盛和繁荣的纯物质性因素中的首要因素"。[①] 也就是说，"海权论"的核心思想在于通过海洋控制世界贸易，通过控制世界贸易以控制世界财富，进而控制世界本身。因此，马汉主张，贸易立国的国家必须掌握制海权，必须具备一支强大的海上力量，这支海上力量是一个统一的体系，它包括商船队、海运、海军和基地体系，它们之间是相互作用的，是经济因素和军事因素的综合体，[②] 即海权不仅是指用于控制海洋的海上军事力量——海军，还包括平时的海上贸易和航运。

马汉认为，应首先发展海军力量。在和平时期，这支力量承担保护运输和贸易安全的任务，通过在各地部署海军以扩大在这些地区的商业影响。在战争时期，海军力量壮大、进攻性增强，可以摧毁敌方的主力舰队，切断敌人的海上交通线，夺取贸易中转站、殖民地和活动基地，掌握制海权，达到破坏敌人贸易的目的。具体原则：一是在战争中消灭敌人舰队是海军首要任务，即战争夺取制海权；二是海上力量使一个国家能对海上交通实行普遍的控制，即通过政治、军事、经济等各种手段对战略要点实现实际管控，是一种控制制高点的战略；三是建立一支由战列舰组成的舰队，并按兵力集中原则部署和作战。[③]

此外，马汉还认为，发展殖民地和海上战略点具有商业和军事

① 施燕斌等："海权论的创始人——马汉"，载《国防科技》2001 年第 3 期，第 96 页。

② 韩叶："试论马汉的海权论对国家权力的重要性"，载《黑龙江教育学院学报》2005 年第 3 期，第 6—7 页。

③ 章佳："评马汉的海权说"，载《国际关系学院学报》2000 年第 4 期，第 15—19 页。

双重意义，基地体系是殖民地和海上基地相结合的体系，是发展强大海上力量的基石。他认为，“隶属于本国的殖民地可从外部为其海上力量提供最可靠的支持，还可以把殖民地作为海军基地，控制海上交通和贸易，从而控制和约束敌国经济活动范围。”“殖民地是国内产品的销售地，是贸易和海运的发祥地”，既可以用来“增加自己的资源，又可用来减少敌人的资源”。当前来看，虽然传统殖民地体系已不复存在，但通过政治、经济、资源开发、军事同盟等手段形成的新殖民地体系已经成为当今地缘政治格局的新特征。

四、 海权论是美国海洋战略的重要理论基础

《海权对历史的影响（1660—1783 年）》一出版，立即引起了美国国内的高度重视。《芝加哥时报》称：“该书令人吃惊地发现，在整个历史上，控制海洋是一个决定国家的领导地位和繁荣的主要因素，同时也常常是决定一个国家存亡的主要因素。”该书的许多观点得到了西奥多·罗斯福总统的赞许，他说这是“我知道的这类著作中讲得最透彻的、最有教益的大作”。[①] 1984 年美国学者唐斯将马汉的《海权对历史的影响》一书列为与达尔文的《物种起源》、哥白尼的《天体运行论》、爱因斯坦的《相对论》、马尔萨斯的《人口论》、马克思的《资本论》等齐名的“影响世界历史的 16 本书”之一。[②]

在运用海权论分析美国的国家利益时，马汉认为，美国应该放弃“孤立主义”政策，以适应由国内发展所产生的海外商业和军事扩张的需要。美国濒临两大洋，与英国有着天然的亲缘关系和相同的价值观，两国可以联合起来，实现由一个种族控制海洋的目的。

---

① 袁品荣：《享誉世界的十大军事名著》，北京：海潮出版社，1998 年版，第 157 页。

② ［美］罗伯特·唐斯著，缨军编译：《影响世界历史的 16 本书》，上海：上海文化出版社，1986 年版，第 49 页。

美国在不触动英国根本利益的前提下，向英国势力薄弱的地区和空白地带扩张，主要包括：确立加勒比海霸权；修建巴拿马运河；吞并夏威夷；占领菲律宾；开辟通往太平洋的环境水道；以太平洋岛屿为跳板直接把美国势力投放到远东和东亚的沿海地区；实现促使中国“门户开放”的目标。[①]

马汉指出，巴拿马运河与苏伊士运河地位相似，将成为一条战略性水道。“这条运河会改变贸易路线的走向，从而导致商业活动和通过加勒比海的航运量的增加；而如今相对冷清的这一海域将成为像红海那样的航运要道，前所未有地勾起海洋国家的兴趣和雄心。这片海域的商业和军事价值都会上升，而运河自身将成为最举足轻重的战略中心。”[②] 马汉认为，如果美国没有足够的军事力量和海军力量来应对，巴拿马运河的开通对美国将无异于一场灾难。他呼吁美国“必须在巴拿马运河挖第一锹土时，就开始建设新型海军”，[③] 到运河成为既成事实时，美国的海军力量至少必须与英国的海军力量相平衡。[④] 对于夏威夷岛，马汉指出，夏威夷位于北太平洋中心位置，构成澳大利亚、新西兰向美洲、亚洲环绕的圆圈的中心，是太平洋的中心战略据点。如果美国控制了夏威夷，既能直接促进美国的商业安全和对海洋的控制能力，又能防止该地区被其他强国占据而造成威胁。[⑤]

马汉这些设想为美国实现其全球海洋战略奠定了持久的理论基础。19 世纪末 20 世纪初，美国开始积极地从大陆扩张主义转向海洋

---

① 甘振军：“浅析西方近现代海权理论及其历史演变”，载《安阳师范学院学报》2008 年第 6 期，第 70—73 页。

② ［美］A. T. 马汉著，萧伟中、梅然译：《海权论》，北京：中国言实出版社，1997 年版，第 300 页。

③ 王生荣：《海洋大国与海权争夺》，北京：海潮出版社，2000 年版，第 81 页。

④ 刘中民：“地缘政治理论中的海权问题（一）——从马汉的海权论到斯皮克曼的边缘地带理论”，载《海洋世界》2008 年第 5 期，第 76—80 页。

⑤ 刘从德：《地缘政治学：历史、方法与世界格局》，武汉：华中师范大学出版社，1998 年版，第 64 页。

扩张主义，取得了重大突破，奠定了现代美国在全球的海上霸主地位。1893 年美国控制了夏威夷群岛，获得在太平洋中部的战略跳板。1898 年美西战争爆发，美国战胜西班牙，取得了对加勒比海和西太平洋的控制权。1914 年巴拿马运河正式开通，美国获得其主权，掌握了沟通大西洋和太平洋的战略通道。至此，美国完全掌控了北美海岸东西两大洋的通道。

海权论也深刻地影响了美国政府对海外基地的认识。美西战争后，美国取得了菲律宾、关岛、波多黎各的军事基地，独立的古巴也成为美国的保护国。此后，美国又相继占领了萨摩亚、威克岛等太平洋重要岛屿，并修建了海军基地。1913 年美国又获得了在关塔那摩湾修建海军基地的权利。1940 年，美国以 50 艘超期服役的驱逐舰换取了英国在大西洋纽芬兰、百慕大和特立尼达等 8 处海空军基地。至此，美国逐渐建立了遍布全球的海外军事基地网络。

除此之外，马汉的观点还得到了美国海军界的高度认同，从而对美国海军发展产生了深刻影响。《海权对历史的影响（1660—1783 年）》出版的同一年，美国海军部长公布了建立“进攻性作战舰队”的《年度报告》，国会批准了建造 3 艘万吨级战列舰的《海军法案》。[①] 此后一段时间，美国海军力量迅速发展，到 1908 年，美国海军实力从 19 世纪 80 年代全球第 12 位跃升至第 2 位，仅次于英国海军。以 1898 年美西战争和 1899 年美国提出“门户开放”政策为标志，美国海军走上大规模海外扩张的道路。[②] 马汉的海权论至今仍在影响着美国海军战略的制定，2005 年颁布的《国家海洋安全战略》和 2007 年出台的《21 世纪海上力量合作战略》就在一定程度上契合了海权理论。

---

① George Bear, *One Hundred Years of Sea Power: The U. S. Navy, 1890 – 1930*, Stanford University Press, 1996, p. 2.

② 张炜：《国家海上安全》，北京：海潮出版社，2008 年版，第 181—182 页。

第二节 科贝特的海军战略理论

朱利安·科贝特（Julian Corbett，1854—1922 年），是与马汉同时代的著名英国海军史学家，他的海洋战略思想对英国海军乃至世界海军的发展有着重要的影响和推动作用。

科贝特早年就读于英国三一学院和剑桥马尔博罗学院，并以优异的成绩获得法学学士学位。1877 年，科贝特开始以英国海军史为主题，专门从事海军史和海洋战略方面的研究。1898 年，科贝特出版了第一部引起轰动的历史著作《德雷克与都铎时代的海军》，1900 年出版了第二部力作《德雷克的继承者》，这两部著作对英国海军历史中的海上战争和海陆联合作战都有极为精妙的论述和分析。1902 年末，科贝特受邀来到格林威治皇家海军学院，负责为海军高级军官讲授战争理论，从而开始了对海军战略理论的研究。1906 年，科贝特开始系统研读克劳塞维茨的《战争论》，并对书中战争与政治之间的关系以及有限战争等理论观点表现出了浓厚的兴趣，与此同时，科贝特也对克劳塞维茨理论过于局限于陆战而忽视海洋因素的缺陷进行了批判，对“有限战争”概念进行了补充和完善，从而为其海洋战略理论研究奠定了基础。

在先后完成《英国在地中海》和《七年战争中的英国》等 4 部英国海军历史著作后，科贝特对其在海军学院的讲稿《战略注释》进行了多次修改，并于 1911 年出版了其最具影响力的传世之作《海洋战略的若干原则》。科贝特的海权思想集中体现在这本著作中，此书奠定了他的克劳塞维茨式的海军战略理论家的地位。科贝特对西方军事战略理论的发展所作出的意义最大、影响最为深远的贡献，在于他开启了西方海洋战略理论研究的先河。从语意上来看，“海

洋”（maritime）的对应词是“大陆”（continental），因此在《海洋战略的若干原则》一书中，科贝特在对比分析以克劳塞维茨为代表的大陆战争理论之后，认为以英国为代表的海洋国家也应有其独特的战争理论。正是在此基础上，科贝特提出了一整套可与大陆战争学派相抗衡、与马汉的海权论又有所区别的海洋战略理论。

二战结束后，随着夙敌苏联海军的衰落，美国海军的作战对象和作战环境发生了翻天覆地的变化，面临严峻的转型任务。这时，科贝特的海军战略理论得到了美国海军的高度重视，海军界普遍认为，处于转型期的美国海军正需要科贝特的战略理论作为其行动指南。因而美军战略思维开始发生重大转变，注重海、陆、空三军均衡发展和联合作战，与二战前遵循马汉的理论，尤其强调海上力量决定国家命运的理念形成了对比。英国皇家海军学院著名学者格劳夫（Eric J. Grove）在总结美国海军走向全球霸权的规律时曾指出：“二战后，美国海军之所以会取得全球主导性的优势地位，是与其成功地向世界各大洋投送力量和两栖力量密不可分的，而这实际上正是对科贝特思想里程碑式的继承。”①

一、科贝特海权思想的基本内容

科贝特提出的海洋战略（maritime strategy）不同于马汉的海权（sea power），是在借鉴、参考并批评、修正马汉海权理论的基础上建立的。其主要内容为以下几点：

一是海陆联合是实现目标的最佳途径。科贝特始终反对把海权作用绝对化，认为绝对制海权并不是海权应该追求的最终目标。他指出，马汉理论对世界产生了巨大的影响，以致人们过于相信海权的威力，忽略了在与强大陆权国家的战争中，海权的力量是十分有

① Eric J. Grove, *Some Principles of Maritime Strategy*, p. XXXIII.

限的。[①] 科贝特认为，海洋战略的核心就是要“阐明海军与陆军之间的紧密关系，并将两者合二为一，形成统一的战争工具……以便让我们在制订战争计划时能够根据各自的功能和角色，为其合理分配任务……并使海军与陆军都能更好地认识到自身优缺点，进而认识到一方必须为另一方更高层次或更为紧迫的需要作出让步的时机和方式”。[②]

二是制海权的关键是控制海上交通线。人类进行海上作战的目标不是为了占领海洋，而是为了获得海洋以及自由地利用海洋。打击一个滨海国家的国计民生的最有效方法就是不让它得到海上贸易资源。科贝特认为马汉的制海权并不是海权应该追求的最终目标，马汉青睐的战列舰思想也不应成为海军追求的首要目标。“海战必然直接或间接地以获取制海权或者防止敌人获取制海权为目标……无论是出于商业目的还是军事目的，制海权的关键在于控制海上交通线。”[③]“如果说海上战争的目标在于控制海上交通线，那么很显然，在这种战争中必须具备阻止敌方进行海上输送的能力……这种夺取或破坏行动是己方对敌方实施的一种惩罚，目的在于阻止敌方企图利用他们无力控制的海上交通线。”[④]

在此基础上，科贝特根据海洋国家掌握海上交通线的程度不同，将制海权分为三个阶段，并相应规划出海军在不同历史阶段的主要任务：首先是夺取制海权阶段，即敌对双方海军力量呈现出强弱差别的态势，强势一方通过寻求有利于己的与敌舰队作战和封锁的形式夺取制海权，处于劣势地位的海军国家应通过袭扰、破坏敌方的

---

① Julian S. Corbett, *England in the Seven Years' War*, London: Longmans, 1907, Vol. I, p. 5.

② Corbett Julian Stafford, *Some Principles of Maritime Strategy*, London: New York, Longmans, Green and Co., 1911, p. 15.

③ Julian S. Corbett, *Principles of Maritime Strategy*, Mineola, New York: Dover Publications, Inc., 2004, p. 90.

④ Ibid.

海上交通线并对其海港实施偷袭，以便在有限时间内对有限区域建立有效控制；其次是保持制海权，即处于相对优势地位的海军国家，应采取分散部署的战略方针，通过占据海上交通要道进而有效控制海上交通线，向敌国施加强大的物质和心理压力以迫使其屈服，或引诱敌方海军进行海上决战进而将其一举歼灭，将所受的威胁和损失减少到最低限度；其三是使用制海权阶段，即占据绝对性优势地位的海军强国，在不受任何海上威胁的情况下，享有海上行动自由权，通过对敌人入侵的防御作战，破坏敌方贸易、保护已方贸易，以及攻击敌人远征、保障和支援已方远征的多种形式使用制海权，也可以辅助陆军完成陆上作战任务，通过“力量投送”对陆上事务施加影响。①

三是海洋战略是国家战略的重要组成部分，是大陆战略的延伸，二者并非彼此对立。科贝特继承了克劳塞维茨“战争是政治的继续”、“战争无非是政治通过另一种手段的继续”的观点，强调海洋战略必须在国家大战略的指导下，与国家的政治、外交和经济战略紧密配合，才能以最小的代价，换取利益最大化。科贝特指出，“由于战争是政治的继续，所以很明显，任何政治概念以外的因素，特别是与海陆军行动密切相关的一切因素，都只是我们用来实现政治目标的手段。因此，战争计划的首要原则，手段必须尽可能不与战争的政治条件发生冲突……军事行动仅是国家政策的表现形式，不能代替政策，所以政策永远是目标，而战争只是我们实现目标的手段，手段必须永远以目的为考量”。② 科贝特从维护国家全局利益和长远利益出发，将国家战略、海洋战略和海军战略有机地整合在一起，他认为，各级战略之间不仅是指导与被指导的关系，而且是互相支持、互相呼应的关系，因此不能仅从海战的角度来研究战略，

---

① 郑雪飞：《大家精要：科贝特》，昆明：云南教育出版社，2009 年版，第 91—92 页。

② Julian S. Corbett, *Some Principles of Maritime Strategy*, London, New York: Longmans, Green and Co., 1911, p. 26.

必须把海洋战略看作是国家战略的一部分，必须坚持在国家战略的大背景下来考虑海军战略问题。海军战略本身并非目的，而只是实现目的的手段。

二、 科贝特海权思想中的慎战理念

科贝特的慎战思想强调，尽量不依靠武力交锋，或以最小代价来实现战争的终极目的。科贝特认为，第一，优势海军应凭借其强大的海上实力，通过动员本国和有关国家的力量，有效控制敌国防守薄弱但却是赖以生存的海上交通线，对敌形成力量制衡甚至是压倒性优势，迫使敌方屈服。科贝特特别重视防御的战略价值，认为“防御的关键在于反击，它不是一种消极的姿态，而是预警姿态”，[①]这正是孙子兵法中不战而屈人之兵的军事思想。另外，由于鱼雷艇、驱逐舰以及潜艇的出现，科贝特提出“封锁仍然可以进行，只是近距离封锁让位于远距离封锁”。[②] 第二，在威慑失败之后，科贝特认为应采取有限战争模式，即通过对敌方沿海关键地带实施海陆联合打击的方式来迫使对方屈服，以较少的代价建立有利于己方的和平。科贝特以英国为例，通过分析英国由弱到强的海战发展史，结合海洋国家“海强陆弱”的基本特点及其所具备的地缘优势，指出“有限战争可能永远只适合于岛国或被大洋阻隔的大国之间”，[③] 从而提出了以海陆联合作战为基本模式的海上有限战争理论。第三，科贝特独创了海上有限战争的观点。克劳塞维茨把战争分为两类：一类是为有限目的而战的战争；另一类是意在全面摧毁敌人抵抗意志的

① Julian S. Corbett, *Some Principles of Maritime Strategy*, London, New York: Longmans, Green and Co., 1911, p. 32.

② Julian S. Corbett, *Principles of Maritime Strategy*, Mineola, New York: Dover Publications, Inc., 2004, p. 54.

③ Julian S. Corbett, *Some Principles of Maritime Strategy*, London, New York: Longmans, Green and Co., 1911, p. 57.

绝对战争。科贝特主张在战争升级为无限战争时，应通过“无限战争下的有限干涉”模式，即与陆上大国结盟，以投入有限兵力的方式来击溃敌人，将战争的损害减少到最低限度。他指出，英国的海陆联合作战，并不是通过直接接近和歼灭敌人的方式达到目的，而是采取间接路线，即不集中攻打敌人重兵把守的心脏地带，而是对对方防守薄弱的关键环节（如海上交通枢纽和沿海地区）实施一系列快速和出其不意的打击，用间接和迂回方法削弱敌方的抵抗。科贝特认为，由于控制了海洋，所以能够灵活选择战场而使战争实现真正意义上的有限。

三、 科贝特海洋战略理论对美国的影响

科贝特对美国海洋战略产生了深远的影响。近年来，科贝特的远距离封锁理论仍出现在美国的海军战略中。在当前远距离打击技术大发展的时代背景下，美国海军提出“边缘性前沿存在”的思想，即将前沿存在的基地往后撤退到敌人打击范围之外（大致位于海岸1000 英里以外），例如关岛、西澳大利亚和迪戈加西亚等。[①] 这是远距离封锁在现代技术条件下的新表现。以关岛为例，将更多的海上力量驻扎于此不仅可以摆脱驻在其他国家通常引起的主权纠纷，更重要的是，它既可以避免要么力量过于集中而成为引诱陆地国家进行打击的重要目标，要么力量薄弱不足以展示美国的力量和决心，同时又可以避免过于远离而受制于“距离的专制”，为美军快速进入亚洲战区提供极大的灵活性。

除此之外，科贝特的防御思想也在美国海军战略中得到体现。一方面，美国政府决定停止在波兰和捷克建立反导基地，转向加强

---

① Clark A. Murdock, “The Navy in an Antiaccess World”, in Sam J. Tangredied., *Globalization and Maritime Power*, Washington. D. C.: National Defence University Press, 2002, pp. 475 - 476.

地中海等大陆边缘海区的海上导弹防御系统的建设，这显示出与陆上防御相比，海上防御是美国更擅长而且较为符合其战略传统的选择。另一方面，在太平洋地区，美国也大力加强其海上防御。截至2007财年结束，美国海军所有适用于弹道导弹防御的18艘“宙斯盾”巡洋舰和驱逐舰都归属太平洋舰队。①

第三节　斯皮克曼的边缘地带理论

20世纪初，随着铁路以及内燃机、现代化公路网的出现，技术进步使得陆权占据了优势地位。这种海陆权力交替的现象引起了英国地理学家、陆权派地缘战略理论创始人哈尔福德·麦金德爵士（Halford John Mackinder，1861—1947年）的注意并进行了深入研究。1904年，他撰写了著名的《历史的地理枢纽》一文，首次提出“心脏地带”概念，成为第一个从全球角度分析地缘政治的理论家。此后，麦金德又先后于1919年和1943年发表了《民主的理想和现实》《全世界赢得和平》两篇文章。他指出，整个世界的历史就是陆权强国和海权强国相互斗争的历史，尽管海权强国占过优势，但从长远看，由于陆权国家人力和物力资源丰富，加上交通日益完善，海权国家终将被陆权国家所压制。他提出，世界力量的重心在欧、亚、非三大洲，由于交通发达，这三个洲已变成一个“世界岛”。而“世界岛”的中心位于欧亚大陆中部的心脏地带，其范围大致为西起东欧，东至中西伯利亚和蒙古，南起小亚细亚、亚美尼亚、波斯和中国的西藏，北至北冰洋。其外围除了东欧外，其余方向的海权国

① CRS Report for Congress, “China Naval Modernization: Implications for U.S. Navy Capabilities-Background and Issues for Congress”, Updated April 2008, p. 55.

家都不容易进入，因而成为世界最大的“天然堡垒”。据此，麦金德认为，占据东欧是控制“心脏地带”的关键。他将“心脏地带”与东欧的地缘政治意义归纳为三句名言：“谁控制了东欧，谁就统治了心脏地带；谁控制了心脏地带，谁就统治了世界岛；谁控制了世界岛，谁就统治了世界。”①

斯皮克曼的边缘地带理论正是结合了马汉的海权论与麦金德的陆权论并加以修正而形成的。尼古拉斯·斯皮克曼（Nicholas John Spykman，1893—1943 年）是著名的荷兰裔美籍国际政治学家、地缘战略学家，他分别于 1942 年和 1944 年出版的两部名著《世界政治中的美国战略》与《和平地理学》，不仅是西方地理政治思想史上的重要著作，而且对二战后美国对外大战略的形成产生了深远影响。斯皮克曼的地缘政治全球观反映了当时美国的地缘战略思考，为美国的对外政策提供了理论依据。

一、 斯皮克曼的边缘地带学说

斯皮克曼将马汉的海权论和麦金德的陆权论结合起来，提出了边缘地带学说。斯皮克曼把世界按地理性质分为内陆、岛屿和边缘三种区域，认为并不是位于欧亚大陆的“心脏地带”造成了对海权国家的威胁，位于心脏地带和西方势力控制的沿海地带之间的欧亚大陆边缘地带，才是世界权力之争的要害所在。他认为，这一边缘地带在未来世界政治格局中的地位将不断上升，并成为统治沿海地带的关键地区。这一地带由麦金德所称的“内新月形地带”构成，包括从西欧、南欧、中东，到南亚次大陆和远东大陆等沿海地区，这一地带人口众多，拥有丰富的自然资源和富饶的人类财富，在它

---

① 孔小惠：“麦金德的‘心脏地带’理论及其对美国欧亚大陆边缘战略的影响”，载《湖北经济学院学报（人文社会科学版）》2005 年第 1 期，第 14—16 页。

的周围有“一条与整个所谓海权国家聚集区相连接的环绕大海的交通线”，海陆交通发达。边缘地带是“海权与陆权之间冲突的一个巨大的缓冲地带，它必然有着两栖的双重作用，并从海陆两面保卫自身”[①]。边缘地带可以视为海洋强国进入欧亚大陆的前沿阵地和遏制大陆强国向海洋扩张的缓冲地带。

斯皮克曼认为世界上存在着三大力量中心：北美洲的太平洋沿岸地区、欧洲的沿海地区和东亚的沿海地区，对于世界主导权的争夺则演变为包括南北美洲的西半球和包括心脏地带与边缘地带的欧亚大陆之间的战略性对抗。德国和日本的结盟意味着这两个国家有可能控制上述三个世界力量中心进而控制整个世界。美国要在这种情势下保证自身的实力地位，就只能与英国结成战略同盟。[②] 美国应在均势体系中充当“平衡者”的角色，为此美国必须保持在欧亚大陆边缘地带的优势地位，因为这一地理区域包括了苏联垂涎已久的某些通向沿海地带的地理屏障和通道，美苏之间有关海洋势力的争议可能比美苏本身之间的争议更大。[③] 斯皮克曼甚至提出，美国参加第二次世界大战的真正目的就是不使边缘地带落入单一强权之手。

斯皮克曼学说是对麦金德陆权说的修正，他在《和平地理学》一书中分析了麦金德心脏地带学说的不足之处。斯皮克曼不同意世界历史主要是海陆势力对抗的观点，认为海权国家与陆权国家的对抗是可以避免的，海权和陆权国家若能有效地联合起来，反对某个企图控制边缘地带的国家便可以保持一种均衡的稳定。在 19 世纪的拿破仑战争和 20 世纪的两次世界大战中，海权国家不列颠帝国和陆权国家俄罗斯两国都是站在一起反对拿破仑、威廉二世和希特勒所

---

① ［英］杰弗里·帕克著，李亦鸣、徐小杰、张荣忠译：《二十世纪的西方地理政治思想》，北京：解放军出版社，1992 年版，第 133 页。

② 刘超：“评斯皮克曼的边缘地带理论”，载《社会科学论坛》2003 年第 12 期，第 20—24 页。

③ 刘中民：《世界海洋政治与中国海洋发展战略》，北京：时事出版社，2009 年版，第 76 页。

控制的边缘地区的侵略国家。斯皮克曼认为麦金德高估了心脏地带的作用，欧亚大陆的边缘地带是“中间地带”，处于心脏地区和海洋之间，是海上强国与陆上强国发生冲突的地带，“中间地带”才是世界地缘政治的核心地带。原因在于，在战略空军和其他最新武器迅速发展的情况下，大陆腹地的不受攻击性被大大降低了；大陆腹地经济水平也没有成为世界上最先进的地区之一。两次世界大战中，决定性的战斗不是在中心而是在边缘地带进行的。斯皮克曼由此得出结论：“谁支配着边缘地区，谁就控制欧亚大陆；谁支配着欧亚大陆，谁就掌握世界的命运”。①

二、 斯皮克曼理论对美国战略布局的影响

边缘地带学说出现时，美国正凭借着自身巨大的优势参与战争，这一学说契合了当时战争发展的现实，斯皮克曼提出的战略构想也顺应了美国政府制定的单边主义、霸权主义政策，对美国的对外政策产生了很大影响。正如美国人威廉·富兰克林在《美国战略选择与欧亚边缘地带》一文中所指出的：“很明显，自从第二次世界大战以来，美国所采取的国家战略，在骨子里所代表的也就是斯皮克曼所提倡的‘边缘地带’战略概念……是以围堵（遏制）麦金德所谓心脏地区的向外扩张为主要目标，而其手段则为增强具有战略重要性的欧亚边缘地带。”②

斯皮克曼在《国际政治中的美国战略》一书中指出，就像欧洲权力平衡对英国很重要一样，欧洲与亚洲之间的权力平衡对美国这一介于大西洋和太平洋之间的岛国也很重要。他认为，欧洲在第一

① ［美］斯皮克曼著，刘愈之译：《和平地理学》，北京：商务印书馆，1965 年版，第 66—78 页。

② 刘超：“评斯皮克曼的边缘地带理论”，载《社会科学论坛》2003 年第 12 期，第 20—24 页。

次世界大战后已经失去平衡，德国正在扩张，而日本正在太平洋崛起。如果德国和日本任意一国在欧亚大陆的一侧胜利，就会严重影响美国的世界地位。如果德国和日本的联盟取得胜利，美国将被欧亚大陆包围。斯皮克曼还认为在第二次世界大战中要避免完全消灭德国，因为在欧洲，“从乌拉尔山脉到北海的俄国不会比从北海到乌拉尔山脉的德国更好”。而在亚洲，也要避免完全消灭日本，因为以中国的大小、地理位置、自然资源和人力预测，中国将成为大陆强权，到时美国需要不得不与日本联手维持亚洲的权力平衡。

而美苏冷战的出现在一定程度上也是受到了边缘地带理论的影响。遏制战略的创始人、美国国家政策顾问乔治·凯南（George Frost Kennan）的“八千字电报”正是根据斯皮克曼地缘战略理论进行构思和策划的。乔治·凯南在这份电报中对战后苏联的“意图、习惯、政策和行为”做了全面分析，并据此提出了相应的策略。他指出，武力是美国对抗苏联的物质保障，并向外界表达出他准备使用武力的意图，也只有如此才有可能让苏联有所顾忌；而且美国必须在苏联试图破坏和平与稳定的地区和国家，坚决给予抗衡和反击。“八千字电报”充分解析了苏联的性格和行为习惯，为杜鲁门政府制定遏制苏联的政策提供了理论支撑。除此之外，杜鲁门的特别助理克拉克·克利福德对此也持支持态度，并从另一个视角对遏制理论作出了阐释。1946 年 9 月，克利福德起草了以斯皮克曼边缘地带理论为重要依据的《美国与苏联的关系》报告。报告指出：“苏联把控制住斯德丁（今称切什青）到的里亚斯特这一线以东的欧洲看作是对它们现今的安全必不可少的，在这个地区内，它们决不能容忍出现对立的势力。”苏联企图“沿着它的中部和东部边界建立一个政治上臣服于苏联，或者无力与苏联采取敌对行动的保护区”。他强调，欧亚大陆的心脏地带正在逐渐被一个实力强大的陆权国家所控制，如果海权国家想要确保在全球范围内的优势地位，必须要想方设法遏制住它向大陆扩张的通道和途径。对此，他提出“首先采取

步骤，制止苏联进一步扩张”，确保“至少在近几年内，西欧、中东、中国和日本将不落入苏联的势力范围内”；再通过为那些防守苏联的国家提出必要的政治支持和经济援助，从而使遏制战略扩展到中间地带以及整个世界。[①]

冷战全面开始后，在斯皮克曼边缘地带理论和上述政策的指导下，美国积极推行控制欧亚大陆边缘地带的扩张政策，调整全球兵力部署，并在全世界范围内建立军事基地，广布棋子。1947 年，美国开始在西欧实施马歇尔计划，以巩固西欧、对抗苏联。1949 年，美国与加拿大、英国、法国、比利时、荷兰、卢森堡、丹麦、挪威、冰岛、葡萄牙、意大利 11 国签订了《北大西洋公约》，建立了从波罗的海的切什青到亚得里亚海的的里亚斯特的遏制苏联和东欧社会主义国家的封锁线。1950—1954 年，美国相继与泰国签订了《军事援助协定》，与菲律宾签订了《美菲共同防御条约》，与澳大利亚、新西兰签订了《澳新美安全条约》，与日本签订了《美日安全保障条约》，与韩国与台湾地区缔结了《共同防御条约》，由此构筑了从日本海经台湾海峡至马六甲海峡的第一道包围圈，以及从阿留申群岛经马里亚纳群岛至新西兰、澳大利亚的西太平洋的第二道包围圈。1954 年，美国为了把包围圈延伸至印度次大陆，与英国、法国、澳大利亚、新西兰、菲律宾、泰国、巴基斯坦签订了《东南亚集体防务条约》。1955 年，在美国的策划和支持下，英国、伊朗、伊拉克、土耳其和巴基斯坦组成了巴格达条约组织。通过该组织，美国把北大西洋公约组织与亚太地区的军事体系连结起来，构建了从大西洋经西欧、地中海、中东、东南亚到西太平洋的，以美国为首、以西德和日本为骨干的包围社会主义国家的军事条约网。[②] 至此，美国的欧亚大陆地缘战略布局基本完成，它标志着世界形势由陆权国家与

---

① 刘超：“评斯皮克曼的边缘地带理论”，载《社会科学论坛》2003 年第 12 期，第 20—24 页。

② 同上。

海权国家对欧亚大陆“冲突地带”的争夺转变为美国通过控制兼具海权与陆权优势的边缘地带，对苏联和中国进行遏制和围堵。

冷战结束后，美国的冷战思维根深蒂固，在美国政府出台的《新世纪国家安全战略》等文件中依旧能见到边缘地带思想，可以说斯皮克曼的理论至今仍对美国的战略布局发挥着一定的作用。

第四节　莱曼的海上战略理论

二战结束后，美国成为名符其实的海洋大国。但是到了20世纪六七十年代，全球安全形势的变化以及苏联海军的迅速崛起，对美国的全球性遏制战略和海洋安全环境产生了不利影响。一方面，世界范围内的非殖民化运动，对以美国为首的西方国家集团的殖民体系产生了冲击，许多殖民地、非殖民地国家纷纷独立和自治，严重削弱了西方国家应对苏联扩张的整体力量，也危及到海外军事基地的地位。另一方面，苏联依靠华沙集团在欧洲，中东叙利亚，非洲索马里、利比亚、安哥拉、南也门，中美洲古巴，东南亚越南，中亚阿富汗、南亚印度等地扩张，并且积极推行国家海洋战略，利用美国深陷越战不能自拔之机大力建设海军，其太平洋舰队在短短10余年间发展到几乎可与美国太平洋舰队分庭抗礼，这种力量对比的变化对美国海上霸权构成了巨大的威胁，美国海军一度处于守势。海军“无用论”思想甚嚣尘上，对美国海上力量的发展产生了巨大的消极作用。1981年里根上台后，年仅38岁的莱曼被提拔为美国第65任海军部长。早在20世纪70年代美国国内有关海军地位的大讨论中，他就是海军发展思想的坚定支持者。上任后，他深入研究海军战略问题。他提出，为平衡苏联在欧洲大陆力量方面的优势并遏制其海军发展势头，美国必须迅速加强并保持“海上优势”。莱曼将

马汉的“海权”思想发展为“海上优势”思想，“海军战略”思想发展为“海上战略”思想，并于1982年正式提出海上战略理论。

一、莱曼的海上战略理论基本内容

莱曼的海上战略理论系统地体现在《制海权——建设600艘舰艇的海军》一书中以及其他一些演讲和报告中。莱曼上台后就提出，美国必须拥有马汉所坚持的作为海洋国家生存所必不可少的海权。他认为，正是忽视了马汉的思想，不注重和平时期海军建设才导致美国海军传统的优势地位受到巨大冲击，因此要复兴马汉海权论，扭转美国海军不利的形势。莱曼认为，美国的利益不容许在海上处于均势，而是必须处于优势，因为海上均势意味着美国及其盟友无法自由利用海洋，阻止美国与其盟友之间的通畅的联系。而且美国及其盟友的陆上劣势必须依靠海上优势来弥补，如此才能保持整个战略均势。莱曼的结论是：“必须握有确信无疑的海上优势，必须有能力牢牢控制那些通往重大利益地区的通路。这不是一个可以争论的战略问题，而是一个国家目标，是一个绝对必需的安全问题。”

“海上战略”正是适应了美国重新夺取对海洋的控制权需要而提出的，是美国军事战略的海上部分。莱曼提出美国海上战略的八项原则：[①]

第一，美国的国家战略以确立“海上优势”为基本目标，一切海上活动为实现这个目标而服务，但是海上战略必须来源于而且从属于总统所规定的国家安全总战略。第二，国家战略明确海军的总任务是：控制各种国际危机，发挥在威慑战中的作用，威慑失败时阻止敌人利用海洋对美实施攻击，不让敌人利用海洋进行运输活动

---

① ［美］小约翰·莱曼著，方宝定译：《制海权——建设600艘舰艇的海军》，北京：军事科学出版社，1991年版，第153—173页。

同时也保证美国及其盟国畅通无阻地利用海洋，确保利用海洋支援陆上作战，利用海洋把战场推向敌人一方并在对自身有利的条件下结束战争。第三，海军基本任务的完成需要确立海上优势地位。莱曼指出："海上优势是指，我们必须有能力，而且让人看出我们有能力与世界上那些与我们有重大利益关系的地区保持海上商业航线的畅通和航运安全。如果我们要想作为一个自由国家生存下来，那么，我们与盟国的交往、我们所需的能源资源以及我们的贸易伙伴就不能成为敌对国家联合进攻力量的抵押品。我们必须拥有这样一支海军和海军陆战队，即能从军事上挫败那些阻挠我们达到这些目的的任何战争企图。"第四，为保证取得海上优势，需要确立严谨的海上战略，由于美国的国家总体战略规定海军重建海上优势，必须首先为整个海军的发展重新确立一个基本理论。第五，海上战略必须以对威胁的现实估计作为基础，莱曼所强调的"海上战略的现实性基础"是美国与苏联争霸世界。第六，作为一个海陆兼备的海洋国家，美国海上战略必须是一种全球性理论，必须依据苏联的全球性挑战或美国全球争霸的客观需求。第七，美国可以通过全球性的部署，将自己的盟国力量结合为一个整体，进而自如地在世界各海区的海洋里进行活动，美国的海上战略也必须把美国及其盟国的海军结合成一个整体。第八，海上战略的全球性决定了海洋部署战略的前沿性，为了实现威慑、处理危机和实行炮舰外交的需要，美国海军舰艇必须在任何时候都及时出现在任何需要出现的地方，如果危机升级和爆发战争，美国海军舰队在冲突初期，就能够顺利地保卫其可能受危胁的利益目标，或先发制人地摧毁敌国的利益目标。

"海上战略"以国家军事战略的"威慑、前沿防御和盟国团结"为基础，以"同兄弟军种及盟国的武装力量一起，通过使用海上力量，使战争在对我有利的情况下结束"为目标。"海上战略"主要

有六大特点：[①]

一是注重威慑能力。威慑贯穿于平时和战时，在和平时期，威慑用以防止战争爆发；在危机时期，强调威慑以遏制危机，控制危机升级，防止危机转化为冲突；在战时实施威慑以控制军事行动的规模和强度，控制战争升级，制止核战争爆发，并争取尽早结束战争。二是强调海上控制。平时掌握海上控制权，关系到美国的发展问题；战时掌握海上控制权，关系到美国在同苏联的对抗中生存。“美国应是一个海洋强国，它在很大程度上依赖海洋进口极为重要的战略物资。我们和其他各大陆之间的贸易有90%以上是用船只运输的。能否自由利用海洋是关系到我们国家命运的大事。”[②] 当然，海上的控制不是绝对的，发展美国海军力量，不是“谋求要在各大洋无所不在的优势，也不是试图去扮演一个国家海洋警察的角色，而只是旨在当我国有重大利益的地区遭敌人联合军事威胁时，我们有能力去战胜他们的挑战”。三是主张前沿进攻。必须坚持在前沿“高威胁区”作战，才能直接威胁苏联沿海的战略兵力，才能将苏联海军主力从西方海上航线直接转移到己方的沿海安全上来，才能直接有力地支援陆上作战。[③] 四是提倡联合作战。这种战略注重与盟国之间的合作，是一种联合战略，同时又把美国的陆海空纳入到海上战略中，是一种超军种的战略。之所以被称为“海上”而不是“海军”战略，原因在于它是针对海上战区的诸军种联合作战的战略。[④] 五是重视应对危机。海上战略将应对危机视为其核心之一，能否遏制危机和控制危机的升级，将直接关系到能否在全球范围内防止冲

---

① 冯梁：《亚太主要国家海洋安全战略研究》，北京：世界知识出版社，2012年版，第18—20页。

② ［美］小约翰·莱曼著，方宝定译：《制海权——建设600艘舰艇的海军》，海军军事学术研究所，1991年版，第152页。

③ 赵克增：《外国海军军事思想研究》，海军军事学术研究所，1991年版，第256—258页。

④ 李铁民：《中国军事百科全书：海军战略》，北京：中国大百科全书出版社，2007年版，第262页。

突。六是拓展平时运用。海上战略的最高目标是“防止战争、保护国家利益”，但首先需要从平时快速应对危机、控制危机升级以及加强兵力部署做起。

二、 莱曼的理论对美国海洋战略的影响

莱曼的“海上战略”正是适应了美国重新夺取对海洋的控制权需要而提出的，不是一般意义上的一个军种战略，而处于更高层次，是美国军事战略的海上部分。该理论继承和发展了海权论中控制海洋的基本思想，形成了以前沿进攻为核心思想、强调海上优势、平时与战时并重的海洋安全战略理论，其实质仍是以海上军事力量发展为核心，成为美国争夺全球海洋霸权和制定海军发展计划的理论依据。由于苏联提早解体，莱曼建立的600艘舰船计划未能彻底实现，但其海上战略理论为后冷战时代的规划提供了模板。

在莱曼“海上战略”的指导下，美国与世界上40多个国家有军事合作条约或建立军事同盟关系，美国利用遍布全球的军事基地，借助外力进行全球海上战略部署，将英国、法国、德国、意大利、日本、韩国、菲律宾、新加坡、澳大利亚、新西兰等区域性海军力量结合为一个整体，将自己的触角伸向世界各地，形成军事威胁。在20世纪70年代美苏冷战时期，美国自身约有600艘舰艇，而苏联则有约1700艘舰艇。美国依靠其盟国拥有的潜艇、护卫舰、沿海巡逻艇、扫雷舰以及其他巡逻舰艇大约740艘舰艇，与苏联相对抗。

此外，为了实现威慑、应对危机和实行炮舰外交的需要，美国海军经常出没在任何需要出现的地方。20世纪80年代以来，美国曾经依靠海军多次对外用兵，对格拉纳达的“暴怒”行动，对黎巴嫩的“立体打击”，对利比亚的“草原烈火”和“黄金峡谷”行动，对波斯湾不听话国家海上石油平台的“外科手术”打击，对伊拉克的“沙漠风暴”和“沙漠军刀”行动，对阿富汗的反恐行动等，这

些行动都体现了美国海军"前沿部署"的"优越性"。

1987 年，莱曼主持制定了美国海军控制全球 16 个最具战略价值的海上咽喉航道的计划。在 16 条咽喉要道中，大西洋有 7 条，包括加勒比海和北美的航道、佛罗里达海峡、斯卡格拉克海峡、卡特加特海峡、好望角航线、巴拿马运河、格陵兰—冰岛—联合王国海峡；地中海有 2 条，包括直布罗陀海峡和苏伊士运河；印度洋有 2 条，包括霍尔木兹海峡和曼德海峡；西太平洋有 5 条，其中 3 条在东南亚，1 条在东北亚，1 条在太平洋东北海域，分别是马六甲海峡、巽他海峡、望加锡海峡、朝鲜海峡和太平洋上通过阿拉斯加湾的北航线。

位于挪威与丹麦之间的斯卡格拉克海峡和位于瑞典与丹麦之间的卡特加特海峡是波罗的海通往北海和大西洋的门户，也是俄罗斯波罗的海舰队出入大西洋的唯一通道。一旦控制了这两个海峡，也就等于掐住了俄罗斯波罗的海舰队的命脉，迫使其成为一支内海防御型舰队。格陵兰—冰岛—联合王国海峡包括丹麦海峡和冰岛与英伦三岛之间的水道，是俄罗斯实力最为强大的北方舰队进入大西洋的必经之地。美军在它附近建有多个大型海、空军基地，战时可以有效地封锁俄北方舰队，使其很难进入大西洋。

巴拿马运河位于南北美洲最窄处，连接太平洋和大西洋。由此通行比经由麦哲伦海峡的航线缩短了 5000—14000 公里。对美国而言，巴拿马运河极大地便利了美国海军的调动。

直布罗陀海峡是地中海进出大西洋的唯一通道。在苏伊士运河通航后，直布罗陀海峡成为连接大西洋与印度洋、太平洋的捷径，被称为"西方的生命线"。西班牙罗塔海军基地是美国地中海舰队的根据地。美军可利用它随时控制和封锁直布罗陀海峡。

霍尔木兹海峡是波斯湾的出口，也是西方国家的石油"大动脉"。在波斯语中，"霍尔木兹"意为"光明之神"。一旦它被封锁或受到影响，西方世界将陷入黑暗之中。为此，美国不惜多次在此用兵，并在波斯湾的巴林基地部署了大量海军舰只。

苏伊士运河、曼德海峡、好望角航线对美军也是意义重大。苏伊士运河贯通大西洋和印度洋，承担着往来于欧亚两洲80%的海运任务，并且其水深可保证美国航母通行。曼德海峡位于阿拉伯半岛西部与东非岬角之间，是连通地中海—红海和印度洋的咽喉。失去了对曼德海峡的控制，苏伊士运河的作用将大为降低。好望角是众多超级巨轮的必经之地。特别是，一旦苏伊士运河关闭，好望角航线对美国来说是不可或缺的。

马六甲海峡是连接中国南海和印度洋的一条狭长水道，为太平洋和印度洋之间的重要海运通道，号称“东方直布罗陀”。它西宽东窄，多岛礁、浅滩，战时极易被封锁。海峡的东南出口处就是新加坡，可直接控制该海峡。巽他海峡位于印度尼西亚苏门答腊岛和爪哇岛之间，平均水深远超过马六甲海峡，适于大型舰船、潜艇通过。目前，美军对巽他海峡的使用日益增多，第七舰队将它作为往来于太平洋和印度洋的重要航道。望加锡海峡位于印度尼西亚加里曼丹岛和苏拉威西岛之间，是西太平洋与印度洋之间的重要战略要道，平均水深达900多米，是美国核潜艇往来的常用航路。

朝鲜海峡位于朝鲜半岛与日本本洲岛之间，是从日本海进出太平洋的要道之一（其余为对马海峡、宗谷海峡和津轻海峡）。朝鲜海峡是俄罗斯太平洋舰队进入太平洋最宽，也是最重要的通道。宗谷海峡水浅峡窄，每年12月和次年4月还会封冻；津轻海峡位于日本北海道与本洲之间，易受制于人。因此，朝鲜海峡对于俄罗斯海军意义重大。美军在战时若能完全控制朝鲜海峡，就可把俄太平洋舰队困在日本海，使其无法进入太平洋。

以此为标志，美国海军正式完成了以“前沿部署”、“海上威慑”、“联合作战”为三大支柱的全球性海洋战略，把美国海洋战略理论推向一个新的阶段。

第五节 布热津斯基的地缘战略思想

兹比格纽·布热津斯基（Zbigniew Brzezinski，1928—）是波兰裔美国当代著名战略理论家、地缘政治学家。布热津斯基1949年毕业于加拿大蒙特利尔市麦吉尔大学，第二年进入美国哈佛大学，并于1953年获哲学博士学位。1956年任哈佛大学俄国研究中心和国际问题中心助理教授、副研究员。1961年任肯尼迪政府外交政策顾问。1962年后任美国国务院和兰德公司顾问。1966—1968年任约翰逊政府国务院政策设计委员会委员。1973年协助大通银行董事长戴维·洛克菲勒发起组织三边委员会，任主席。1977—1981年出任卡特政府国家安全事务助理。1987年3月起任美国中国协会副主席。他曾获总统自由勋章。离开政坛后，布热津斯基任哥伦比亚大学政治学教授，美国乔治城大学国际战略研究中心高级顾问。布热津斯基著述勤奋，成果颇丰，先后出版了十几本著作，各种评论与文章达数百篇。其主要著作包括《苏联军队中的政治控制》（1954年）、《持久的清洗——苏联的极权主义政治》（1956年）、《苏联集团：统一与对立》（1960年）、《极权主义专政与独裁政府》（1961年）、《苏联政治中的意识形态和权力》（1962年）、《政治权力：美国与苏联》（1964年）、《苏联政治变革陷入困境》（1969年）、《自由主义的现实主义》（1977年）、《实力与原则》（1983年）、《运筹帷幄：指导美苏争夺的地缘战略思想》（1986年）、《大失败：20世纪共产主义的兴亡》（1989年）、《大失控与大混乱：21世纪前夕的全球混乱》（1993年）和《大棋局：美国的首要地位及其地缘战略》（1997年）等。

一、 布热津斯基的地缘政治思想

布热津斯基继承并发扬了地缘政治学鼻祖麦金德在《历史的地理枢纽》一书中所阐发的地缘政治思想，其思想主要体现在两部代表性著作《运筹帷幄：指导美苏争夺的地缘战略思想》和《大棋局：美国的首要地位及其地缘战略》之中，可归纳为以下三个方面：[①]

第一是维护美国霸权地位的霸权主义思想。布热津斯基的这两本著作虽然写于不同年代，但它们的根本出发点几乎完全一致，都是要不择手段地维护美国的霸权地位。在《运筹帷幄》一书中，布热津斯基声称："美苏关系是一种两个大国之间的典型的历史性冲突。然而它不仅仅是两个国家之间的冲突；它同时是两种帝国制度的斗争。它是一场两个国家对全球霸权的争夺——这在人类历史上还是第一次。""美苏争夺不仅是一个民主国家与一个集权国家的斗争，而且是两个大的帝国制度之间的冲突，……美苏冲突确已变成了两个主要帝国之间在全球范围的名副其实的历史性斗争。"至于"帝国"的含义，布热津斯基明确指出："我使用的'帝国'这个词在道义上是中性的，用以描述一种从中心向外辐射的政治关系层次体制。"换言之，帝国就是指国际关系中的等级制度、不平等制度，它使得所有国家受制或服从于一个或几个政治中心。而在《大棋局》一书中，布热津斯基则宣称，冷战结束后，由于苏联的解体，美国在全球取得独一无二的首要地位，由于美国在军事、经济、技术和文化上所具有的明显优势以及在国际体系中的支配地位，"它成为第一个也是唯一一个真正的全球性大国"。但是，与历史上曾经出现的

① 王为民："布热津斯基的地缘政治观"，载《世界经济与政治》1999 年第 12 期，第 24—28 页；宋以敏："评布热津斯基新著《大棋局》"，载《国际问题研究》1998 年第 1 期，第 46—53 页；郭尚鑫："布热津斯基的地缘战略构想"，《学习时报》2012 年 11 月 19 日，第 5 版。

帝国相比，美国是一个新型的霸权国家。美国的世界霸权被公认为广度很大，而深度有限。美国的霸权意味着其发挥决定性的影响。然而，与过去的帝国不同的是，它不意味着进行直接的控制。因此，按照布热津斯基的看法，美国在冷战结束后实际上已经取得了全球霸主的地位，“美国在不到一个世纪的时间内获得了这一霸权，其主要的地缘政治表现是美国在欧亚大陆，所发挥的前所未有的作用”，但是问题在于如何把美国的这种霸主地位“至少保持一代人之久或者更长远一些”，同时要“建立一种地缘政治框架”，以顺应将来美国霸权衰落之后的世界情势。

第二是重视欧亚大陆的地缘战略思想。从维护美国霸权地位的目标出发，布热津斯基非常重视欧亚大陆的地缘政治轴心作用。早在《运筹帷幄》一书中，他就写道：“美苏争夺虽然是全球性的，但有一个中心重点，这就是欧亚大陆。这一大陆块在双方争夺中是地缘战略的焦点，是地缘政治的争夺目标。争夺欧亚大陆的斗争是一场全面的斗争，在三条主要战略战线上展开：远西战线、远东战线和西南战线。”第一条战线远西战线，在地缘政治上至关紧要，它是工业最先进的地区，控制着大西洋的重要出海口。远东是第二条战线，其地缘政治的意义在于控制着通往太平洋的主要出海口。第三条是西南战线，即西南亚，是重要的产油区。这三条战线上，都有几个要害国家，如欧洲的波兰和西德，远东的韩国和菲律宾，西南亚的伊朗、阿富汗和巴基斯坦等。对美国来说，阻止苏联控制欧亚大陆特别是周边要害国家是这场争夺取得可以接受的结果的前提。冷战结束以后，国际形势发生了根本的变化，随着苏联的解体，美国实际上成了欧亚大陆的操控者。但是，布热津斯基认为，欧亚大陆的地缘政治地位仍然不容忽视。他在《大棋局》中写道：“对美国来说，欧亚大陆是最重要的地缘政治目标。欧亚大国和欧亚民族主导世界事务达五百年之久，其间它们为了争夺地区主导权而相互争斗成为全球性大国。现在，美国能否持久、有效地保持这种地位直接影响美国对全球事务的支配。”布热津斯基认为，从里斯本到符拉迪沃斯托克的整个欧亚大陆，好像一个巨大的、形状不规则的欧亚大棋盘，为“棋赛”提供了舞台。从地图上观察，欧亚大陆是全球面积最大的大陆和地缘政治中轴。主宰欧亚大陆的国家将能控制世界最先进和经济最发达的三个地区中的两个。控制了欧亚大陆就几乎自然而然地控制了非洲，并使西半球和大洋洲在地缘政治上成为这个世界中心的大陆的周边地带。目前，欧亚大陆拥有世界人口的75%左右，世界GDP的60%左右和世界已知能源的3/4左右，它还集中了世界上大多数在政治上非常自信和富有活力的国家，排在美国后面的6个世界经济和军费开支大国都在欧亚大陆，世界上的公开的核大国除美国外，也都集中在欧亚大陆。因此，对美国霸权地位提出挑战的国家将主要是欧亚大陆国家。根据欧亚大陆主要国家的实力和与美国的关系，布热津斯基把它们划分为地缘战略棋手国家和地缘政治枢纽国家。地缘战略棋手国家是指“有能力、有民族意志在其国境之外运用力量或影响去改变现存地缘政治状况以至影响美国利益的国家”，它们是法国、德国、俄罗斯、中国和印度。地缘政治支轴国家是指“所处敏感地理位置，以及它们潜在的脆弱状态对地缘战略棋手行为造成的影响的国家”，包括乌克兰、阿塞拜疆、韩国、土耳其和伊朗，这些国家大多是毗邻和通向海洋的国家，从某种意义上讲，具有陆海相互关联的重要作用。按地理位置，布热津斯基认为欧亚大棋盘又可分为西部、东部、中部和南部四个部分。其中，西部地区主要由美国的西欧盟国组成，称之为“民主的桥头堡”和美国“向欧洲大陆腹地逐步扩展民主的跳板”。东部地区指包括中国在内的东北亚和东南亚国家。他认为该地区经济高速增长，同时，也是“世界潜在的政治火山口”。中部地区主要包括苏联和中东欧国家。布热津斯基认为，苏联解体使该地区出现了一个地缘政治上的“黑洞”。南部地区主要包括东南欧的一部分，中亚、南亚的一部分，波斯湾地区和中东。该地区战略位置重要，蕴藏大

量石油和天然气，种族和宗教冲突激烈，又是大国角逐之地，是“欧亚大陆的巴尔干”。

根据对欧亚大陆地缘政治形势的上述分析，布热津斯基认为，美国必须制定一项全面的、完整的和长期的欧亚大陆地缘战略，旨在促进欧亚大陆地缘政治的多元化，“阻止一个占主导地位和敌对的欧亚大国”以及任何威胁到美国霸权地位的反美联盟的出现。美国在欧亚大陆的中长期目标则是培育真正的伙伴关系，建立一个真正分摊政治责任和全球合作的框架。这一框架“既能化解政治社会变革必然带来的冲击和损伤，又能演变成承担和平地管理全球责任的地缘政治核心”。对此，他提出，在制定美国在欧亚的地缘战略时需采取两个步骤：第一步明确在地缘战略方面有活力和有能力引起国际力量分配发生潜在重要变化的欧亚国家；第二步制定美国的具体政策，抗衡上述国家的影响，有选择地吸收它们加入联盟和控制它们，以便维护和促进美国的重要利益。[①]

第三是分而治之的外交谋略思想。为了维护美国的霸权地位和推行美国的欧亚大陆地缘政治战略，布热津斯基主张实行分而治之的外交谋略。他认为，欧亚大陆的力量加在一起远远超过美国。但对美国来说，幸运的是欧亚大陆太大，无法在政治上成为一个整体。同时，在今后一段时间内，或者说在一代人以上的时间内，不可能有任何单个国家向美国的世界首要大国地位提出挑战。因此，美国应当加强和永久保持欧亚大陆地缘政治普遍的多元化，促使人们重视纵横捭阖，以防止出现一个最终可能向美国的首要地位提出挑战，并谋求将美国赶出欧亚大陆的敌对联盟。这种敌对联盟最危险的是中国、俄罗斯与伊朗的同盟，其次是中日轴心，以及大欧洲联盟，不管是德俄同盟还是法俄同盟。总之，美国的对外政策必须继续关

---

① ［美］兹比格纽·布热津斯基：《大棋局：美国的首要地位及其地缘战略》，上海人民出版社，2007 年版，第 20 页。

注地缘政治问题，而且必须在欧亚大陆运用它的影响，以建立一种美国为政治仲裁者的稳定的大陆均势。为此，布热津斯基精心设计了一个由欧盟、俄罗斯、中国、中亚国家、印度、日本相互制约的连环套体系，以使这些国家的力量相互抵消、相互对立，从而确保美国能够高居欧亚大陆仲裁者的地位，并进而控制全世界。对欧洲，布热津斯基主张实行控制、主导和利用的政策；对俄罗斯，他主张采取合作融合与遏制防范双管其下的两手政策；对于中国，布热津斯基虽然主张中美实现“大和解”，反对遏制中国，甚至把中国称为美国实现欧亚大陆战略的“远东之锚”，但他对中国的防范和演变之心也昭然若揭。布热津斯基写道：“中国作为一个重要大国的兴起，造成一个非常重要的地缘战略问题”，美国应对此给予高度关注。美国既不能采取遏制政策，也不能迁就。最理想的结果是把中国纳入亚洲区域合作框架。在台湾问题上，他主张应维持现状，“避免直接或间接地支持任何在国际上提高台湾地位的行动”。但同时他也强调，“对于中国一心想在朝鲜半岛占主导地位和用武力收复台湾的努力，美国都可能在日本的支持下作出针锋相对的反应”。为此，他主张保持美国在韩国的军事存在，维持美—日—韩三角安全关系。如果中国将来实现了“民主化”，美国则应“鼓励海峡两岸就最后统一的条件进行认真对话”等等。

二、 布热津斯基的地缘政治思想对美国海洋战略的广泛影响

布热津斯基的地缘战略思想在美国影响广泛，克林顿时期的国务卿奥尔布莱特、小布什时期的国防部副部长保罗·沃尔福威茨以及小布什和奥巴马两届政府的国防部长盖茨，甚至现任总统奥巴马等，不是他的门徒就是他的旧部，或是他的拥趸。奥巴马竞选总统期间，他曾是其首席外交政策顾问。以沃尔福威茨为代表的新保守主义，在很大程度上也是布热津斯基理论的产物，他曾评价说：“布

热津斯基是公认的最透彻的国际问题分析家和战略艺术一流的实践家之一。”①

纵观布热津斯基的地缘战略构想，不管在冷战时期还是冷战之后，其目的都是为了争夺或确保美国在全球的霸主地位。只不过其目标稍有不同，手段也略有差异。雅尔塔会议后，由于美苏两极格局的形成，苏联成为与美国对抗的目标及其争霸的障碍。因此，冷战时期美国的地缘战略目标和手段是非常明确而具体的，就是依靠强大的经济、军事实力，拉拢盟国直接与苏联对抗，谋取地缘优势，击败苏联，取得霸主地位。冷战结束后，“一超多强”成为世界格局的基本特征。维持和加强美国在国际事务中的领导作用，防止任何可能与之竞争的大国出现，成为布热津斯基所构想的地缘战略所追求的目标。概括而言，冷战后布热津斯基地缘政治支点包括三个方面，而这三个支点中的任何一个坍塌，美国的全球领导地位就将成为泡影。一是通过北约东扩拓展欧洲，建立稳固而强大的欧洲政治军事统一体。欧洲的扩展是为了制约俄罗斯，限制俄罗斯这只“不死的复仇鸟”复活。二是对付中国。在布热津斯基的“大棋盘”上，中国是其重点的防范对象。布热津斯基把中国看作一个地区大国及潜在的战略威胁力量。美国在中、美、日稳定的三角平衡中，对中国既不“绥靖”，也不遏制，而是实施“钝化”政策，利用广泛的国际合作把中国限制在地区范围内。三是美国政府、国务院和国会等部门要统一协调，制定一个全球战略新构想，以确保美国的全球领导地位。

---

① 程亚文：“布热津斯基之‘过’”，载《读书》2012 年第 10 期，第 17—25 页。

第二章　美国海洋战略的利益诉求

众所周知，一国海洋战略的形成与演变都是为了捍卫其海洋利益，而海洋利益正是国家利益在海洋领域的延伸和细化。美国制定和推行国家海洋战略的驱动力来自国家安全需求，其海洋利益的根本诉求在于借助海洋维护国家安全。

作为世界上为数不多的两洋国家，美国有超过 3/4 的人口居住在邻近大西洋、太平洋、墨西哥湾和五大湖地区的沿海地带，美国沿海地区是世界上人口密度最高的地区之一。沿海经济是美国经济的引擎，沿海地区 GDP 早已超过美国 GDP 的一半。美国政府有关文件曾对美国的海洋利益做出了描述，“美国在海洋上拥有众多的重要利益。作为世界上最大的海军强国，海洋关系到美国重要的国家安全利益。美国要拥有海上自由航行及海洋上空自由飞行的能力，这对部署美国军事力量来说是极为重要的先决条件。冷战结束后，如果说情况有什么不同的话，那就是这一需要变得更为突出了。美国也是贸易大国，其经济的发展和稳定的就业，与强劲和迅速发展的出口贸易是紧密相联的，而国际贸易大部分要依靠海洋，因此美国也极其关注海洋的商业利益，即商业航行的自由，另外，美国拥有漫长的海岸线，海洋还关系到美国的资源与环境利益。深海海底隐藏着丰富的具有重要经济和战略意义的矿藏资源。近岸和滨海区的经济活动十分活跃，这些活动包括渔业、近海矿藏开发、港口运输、

旅游、娱乐等。美国的大部分人生活在沿海地带，近海和海洋的环境质量与沿海地区居民的健康和福利密切相关。了解海洋，包括了解全球海洋过程的作用，是人类科学调查的前沿领域之一。"

海洋对于美国的国家安全具有巨大的利益，早在1947年，美国政府就制定了《国家安全法》，这是现代国家有关国家安全的第一部法律。彼时的美国国家安全，主要是针对外来军事威胁而言的，其基本价值观是取得国家军事和外交两个方面的绝对优势，而安全的获得也依赖于军事。冷战后，国际形势发生了变化。1994年1月，克林顿政府在向国会提交的国防报告中指出："传统的国家安全威胁主要是军事威胁，但是新时期国家安全的概念应该扩大，应超出冷战时的安全概念。"① 随着席卷全球的东南亚金融危机、"9·11"恐怖袭击、墨西哥湾漏油等事件的发生，国家安全覆盖了政治安全、军事安全等传统安全领域以及经济安全、能源安全、环境安全和恐怖主义、海盗、贩毒、走私等非传统安全领域。

海洋提供的赖以生存的资源、能源等各种实际利益固然重要，但更重要的是实现国家海洋利益的空间条件、地缘政治环境、地缘经济利益、航线通道的状况等。这些利益与国家安全之间具有密不可分的关系。因而海洋利益在国家安全中占有举足轻重的地位，维护海洋利益是美国实现国家安全需求的必然条件，是谋求和维护在世界政治经济格局中主导地位的必然选择。

第一节　谋求保持稳定的海上安全格局

美国国家安全战略与海洋休戚相关，因此，其对海洋利益的诉

① 朱明阳：《亚太安全战略论》，北京：军事科学出版社，2000年版，第203页。

求首先是追求稳定的海洋安全格局，海上安全是陆上安全的扩展和延续，是国防安全的重要组成部分。长久以来，对海洋安全利益的维护不仅促进了美国的独立和统一，而且对保障国家安全发挥了至关重要的作用。200余年的美国史说明，美国依靠海洋，向外拓宽本土领地和殖民地、发展本国经济，是使其成为世界经济、军事强国的重要因素。

在独立战争期间，掌握大西洋制海权的英国对美国实施严密的海上封锁。即便是建国以后，美国的海上安全形势也并不乐观，不仅受到原宗主国英国的海上入侵，而且时刻面临殖民地残留据点的袭扰。第二次独立战争使美国人认识到利用炮台和海军建立海岸防御体系的重要性，美国开始把海洋作为“护城河”，用海洋把欧洲列强与美国隔开，保护本土安全。美国海军开始在沿海一线建立大量防御体系，随时应对强国来自海上的入侵。此后发生的1885年巴拿马政变、1894年拉美爆发巴西革命等一系列事件使得“保持我们的海军只是作为保护我们的海岸免受完全不可能有的攻击危险的一种预防措施”开始遭到人们的质疑。此时，马汉提出了海权论并受到美国政府和海军界的高度认同，对美国海军建设产生了深刻影响。此后一段时期，美国海军力量飞速发展，至1908年，美国海军实力从19世纪80年代世界排名第12位跃升至世界第2位，仅次于英国海军。以1898年美西战争和1899年美国提出“门户开放”政策为标志，美国海军走上大规模海外扩张道路，并分编为大西洋舰队和太平洋舰队。考虑到英国和德国是美国最大的威胁，美国主要战舰一度集中在大西洋。直到一战后德国海军战败，英国海军受到重创，美国海军才开始把相当一部分力量集中应对日本海军在太平洋的崛起。巴拿马运河的开通以及运河管理权的获得，消除了美国海军在兵力部署上的后顾之忧，美国海军再度实施两洋均衡政策，其主力战舰在太平洋和大西洋两侧分开部署。与此同时，美国还逐步建立起了遍布全球的海外军事基地。

从建国初期海上安全屡屡受到威胁，到建立强大的海军和遍布全球的海外基地网，美国对自身海上安全的维护和海上力量的发展，对国家安全稳定和国家发展起到了至关重要的作用。20 世纪以来，海上安全在美国国家安全需求中的地位和作用更加凸显，海洋甚至成为美国与苏联全球争霸的重要前沿阵地。两次世界大战期间，美国初期奉行孤立主义，后参与世界大战，海上安全得到保障，海军实力大大增强，获得与英国海军平起平坐的地位。二战后，美国成为世界上名符其实的第一大海军国，海上安全利益得到了根本的维护。冷战期间，美苏展开全球争霸。面对国际安全形势的变化、战争形态的发展以及苏联海军迅速崛起的势头，美苏两国军事对抗和军事对峙下，美国海上安全利益受到威胁。1986 年，里根政府提出了与苏联在海洋上全面争霸的“海上战略”，“威慑、前沿防御和盟国团结”三大核心思想对美国此后历届政府的对外政策、全球战略和霸权战略都产生了深刻的影响。

苏联解体后，国际战略格局发生剧变，美国成为唯一的超级大国，其海上安全有了根本性的保证。在新的国际形势下，美国开始大举扩张，海权方面更是如此，基本控制了全球大洋。在对海湾战争进行事后总结中，美国得出的经验和教训认为，只有实施对海洋的有效控制，才能成功地向陆上投送兵力，从而为多国之间联合作战以及美军的诸军兵种行动奠定基础。[①] 虽然全球战争的可能性大为降低，但世界沿海地区的冲突和动荡，依然对美国的安全利益构成严峻挑战，再加上美国的海外利益遍布全球，因此为适应冷战后国家安全的发展需要，美国通过海外军事力量的存在，塑造有利于自身的海上安全环境，不仅强调对世界大洋的控制，还把主要精力进一步投向别国的沿海和近岸海域，维护自身的海上安全利益。其根本目标是确保美国的唯一超级大国地位和建立美国主导的国际体系。

---

① 张炜：《国家海上安全》，北京：海潮出版社，2008 年版，第 194 页。

进入21世纪以来，“9·11”事件给美国以沉重的打击，美国海军“科尔”号驱逐舰在也门被炸，阿富汗战争后“基地”组织部分成员从海上逃离，并伺机组织海上恐怖主义活动，这些来自海洋方向的安全漏洞均对美国本土安全和全球利益构成新的威胁，“海上反恐”成为一项新的重要任务。

第二节　维系对海洋的绝对控制和绝对优势

海洋是美国推行全球战略的重要载体，[①] 维系对海洋的绝对控制和绝对优势是美国地缘大战略的核心之一。美国在建国初期通过大陆扩张成为两洋国家，后又借助《门罗宣言》向拉丁美洲扩张，1898年美国击败西班牙后便以全新的海上强国姿态出现在大西洋和太平洋，开始向海外扩张。强大的海军成为美国外交中的得力“大棒”。美西战争以美国的胜利告终，美国最终获得波多黎各、关岛和菲律宾等殖民地。这场战争的胜利使美国成为世界主要海军强国。[②] 有学者认为，“如果有什么事件可以作为美国崛起成为一个主要的海上强国的标志的话，那就是发生于1898年的美西战争。”[③] 凭借美西战争的胜利，美国在远东的势力急剧上升。1899年美国国务卿约翰先后两次提出“门户开放”政策，要求与其他西方列强共享侵略中国的权利，实现“利益均沾”。早在一战刚结束的1918年，威尔逊就提出包括“公海航行绝对自由”“消除一切经济壁垒”“民族自

---

① Lisle A. Rose, *Power at sea*: *The Violent Peace*, Columbia: University of Missouri Press, 2007, p. 231.

② 曹云华、李昌新：“美国崛起中的海权因素初探”，载《当代亚太》2006年第5期，第41页。

③ ［美］E. B. 波特著，马炳忠等译：《海上实力》，北京：海洋出版社，1990年版，第366页。

决”在内的“十四点原则”，矛头直指英国。二战期间，美国大力宣扬反殖民主义，并迫使英国接受将民族自决作为国际法准则写入《联合国宪章》。美国通过鼓励英国的殖民地独立，瓦解了英国的海权支柱——海外基地，从而削弱了英国的海上霸权。[①] 种种海外扩张帮助美国扩大了在世界各国的政治影响力，为美国下一步向全球扩张打下了坚实的基础。

二战结束后，随着杜鲁门时期“遏制战略”的提出，美苏从战时合作走向对立和对抗。为全面实施“遏制战略”，美国在欧洲实行“马歇尔计划”，帮助西欧复兴，建立北大西洋公约组织，重新武装西德。跨大西洋的军事同盟尤其是部署在大西洋及欧洲海域的军事基地，成为美国对抗苏联的前沿阵地。[②] 在亚洲利用朝鲜战争复兴日本，先后与菲律宾、澳大利亚、新西兰、日本、韩国等国签署了双边和多边条约，并在这些条约的基础上于1954年9月与相关国家签署了《东南亚集体防务条约》，在东亚和东南亚形成了针对中国的战略包围圈。正如斯皮克曼边缘地带理论所认为的，美国对苏联和红色势力的蔓延实行全面遏制战略，实质是在欧亚大陆的边缘地带保持美国的军事优势，以压制苏联向边缘地带突破，进而向西方海上力量挑战。冷战期间，美国执行“全球性远洋进攻战略”，以核威慑和前沿部署为手段，依靠强大的海上实力，准备在必要时动用核力量和常规力量与苏联海军打一场世界规模的海战，遏制苏联在世界海洋的扩张，与苏联争夺世界海洋的控制权，以实现美国称霸全球的目的。[③]

值得一提的是，尽管美国视“两洋战略”[④] 为其全球战略的根

---

① 王绳祖：《国际关系史》第6卷，北京：世界知识出版社，1995年版，第389页。

② 桑红：“大西洋与欧洲沿海的海洋战略角逐”，载《海洋世界》2011年第6期，第22页。

③ 任海平：“调整后的美国海军军事战略”，载《现代舰船》1997年第1期，第4—5页。

④ 大西洋、太平洋及其周边地区是美国传统的战略利益地区，美国全球战略要求美国的海外重点部署在这两个地区。

本，但在其全球扩张战略中，印度洋也占有一席之地。冷战时期，美国在印度洋部署了以迪戈加西亚基地为核心海外军事基地群，辐射至印度洋沿岸各港口，特别是阿拉伯湾、波斯湾和红海地区。迪戈加西亚地处印度洋中心位置，是印度洋空中和海上交通枢纽，战略地位十分重要。自 1971 年美国海军从英军手中接管以来，大规模扩建港湾、码头、仓储、油库、机场跑道等设施，使之成为美国海军在印度洋支援海湾地区作战的重要军事基地。该基地可停靠航母编队和核潜艇，自 20 世纪 80 年代以来部署了 1 个预置舰中队和 7 艘预置仓库船，是向海湾地区投送力量、实施联合远征作战的主要出发地和后勤支援基地。美国非常重视迪戈加西亚岛，把它作为全球绝对不可丢失的 8 个“战略岛”之一。美国海军在印度洋的第二大基地是巴林基地，该基地可控制整个波斯湾及其出入口——霍尔木兹海峡，也可控制红海的出入口——曼德海峡、苏伊士湾和亚喀巴湾，因此美国驻中东特混舰队司令部就驻在此地。海湾危机爆发的当天，就是驻巴林的美国海军中东特混舰队的 6 艘军舰最早作出了具有威慑性的强烈反应。此外，美国海军在印度洋地区还有多处港口和基地的使用权，如科科斯岛的军用设施、塞舌尔群岛的维多利亚港等。①

随着国际形势的变化和苏联国力的日渐衰微，美国获得了对世界所有大洋的控制权，并进一步向远洋的海岸和内陆延伸，从海权出发获得陆权。冷战结束后美国立即对海湾地区发起进攻，战争云集了美国七大航母战斗群，美国海军以此作为地面部队坚强的后盾，实现“由海向陆”力量投送。之所以要控制海湾地区，原因在于该地区在美国全球战略中占有重要地位：第一，这里是世界石油主产地，控制石油等于控制了世界经济命脉；第二，这里是欧亚大陆的

① 刘中民：“印度洋与南亚、西亚沿海的战略角逐（下）”，载《海洋世界》2010 年第 6 期，第 3 页。

中央地带，是俄罗斯、中国的后方；第三，这里是伊斯兰世界的腹地，有利于遏制和打击伊斯兰极端势力；第四，这里对中东局势至关重要；第五，这里是印度洋沿岸地区，也是欧洲经济区和东亚经济区相连结的交通带；第六，美国需要防止这一地区在冷战结束后出现新的区域强国。[①] 因此，从能源、经济、地缘政治角度来看，美国势必要控制盛产石油的海湾地区，并借助海湾战争建立美国领导下的“世界新秩序”。

“9·11”事件以来，为加强对本·拉登和阿富汗塔利班势力的打击，美国海、陆、空力量开始向印度洋及周边境域集结，加紧控制印度洋。美国副国防部长道格拉斯·费思曾指出：“印度洋对美国有重要战略价值，故其在这一地区的海外军事基地数量仅次于欧洲和亚太，美军将全面控制印度洋具有战略意义的航道、海峡和海域。”美国在印度洋的总体战略是，彻底摧毁“基地”组织巢穴，剿灭塔利班残余，进而控制从地中海到帕米尔的广袤地带，完全打通美国对中亚能源的战略通道，控制通向中东大油田的海湾要冲。在发动阿富汗战争、伊拉克战争并采取一系列战略举措增强对欧亚大陆地缘政治“心脏地带”控制的同时，美国通过调整与印度的关系，加强了对印度洋的控制。美国国务卿鲍威尔称，“印度拥有帮助维护广袤的印度洋及周边地区安全的能力”，“是美国对外政策越来越聚焦的国家”。印美的合作主要表现在两个方面：一是双方多次举行海上联合演习。自 1992 年美印海军在阿拉伯海海域进行首次联合演习后，两国海军又在 1995 年、1996 年进行过两次联合军事演习；1998 年因印度进行核试验，美国冻结了两国的海军合作，但不久又恢复了合作；2002 年 9 月，印度海军与美国海军在阿拉伯海举行了代号为“马拉巴尔”的大规模联合军事演习；2003 年和 2004 年，

---

① 白海军：《海洋霸权：美国的全球海洋战略》，南京：江苏人民出版社，2014 年版，第 223 页。

美印两国海军连续两年共同进行“马拉巴尔”海上大型军演。二是加强保护印度洋海上运输线的合作。美国国防部2000年12月发表的《21世纪美国的战略》报告称：“能否保卫美国领土、我们的公民和我们的经济繁荣将取决于自由贸易和能否得到战略资源以及国际水上通道。”美国认为与印度开展海上合作，能保证海上石油运输线的畅通和美国舰船在印度洋上的航行安全。在2002年1月印度国防部长费尔南德斯访美期间，两国军方就在商讨印度海军为美国商船护航的可能。此后印美两国海军高层开始讨论海上合作计划，包括两国海军将展开联合巡逻以及分享情报和有关信息等，以此来维护印度洋海上通道的畅通。印度不仅同意为美国舰艇提供护航、训练基地和后勤补给支持等，还接受美国提出的共同在马六甲海峡进行联合巡逻的建议。根据美印双方达成的协议，作为联合反恐和打击海盗行动的一部分，美、印海军轮流派军舰担负马六甲海峡巡逻执勤。①

近10余年来，亚太地区成为全球政治经济的关键驱动力，世界权力中心开始从大西洋地区转移到太平洋地区。随着伊拉克战争接近尾声以及美国开始从阿富汗撤军，美国全球战略部署的重心也逐渐向亚太地区转移。奥巴马政府提出“重返亚洲”和“亚太再平衡”战略，争夺和重塑亚太地区的主导权，太平洋再次成为其推行全球战略的重要前沿。目前美国海军在太平洋和大西洋的部署大约是一半对一半，而根据新的计划，到2020年，美国海军60%的水面舰只和潜艇将集中到亚太地区，包括11艘航母中的6艘。② 美军在太平洋与盟友及一些利益相关国频繁举行各种海上联合演习，意在通过“联合舰队、联合防御”的方式将其他各国海上力量统合到美

---

① 刘中民：“印度洋与南亚、西亚沿海的战略角逐（下）”，载《海洋世界》2010年第6期，第15页。

② Speech at Shangri-La Security Dialogue by Leon E. Panetta, June 2, 2012, http://www.defense.gov/speeches.aspx? speechid = 1681.

国海军力量之下。[①] 对华制衡是美国亚太战略的重要内容之一，美借助南海问题、中日钓鱼岛之争等海洋权益争端，寻找与中国周边国家之间的利益交集，从而削弱中国对地区秩序的影响，把中国纳入美国主导的国际规则体系之中。

阿拉斯加的存在使美国成为北极国家之一。因此除太平洋、大西洋和印度洋外，美国一直关注并努力维护其北极利益，并于1983年、1994年、2009年和2013年出台了北极地区国家政策。除丰富的资源外，对美国而言，北极的重要性在于其地处欧亚大陆与北美之间的中央地带，是美国对欧亚大国实施战略遏制的重要地缘政治空间。[②]

可见，海洋在美国全球战略中发挥着极其重要的作用，谋求对全球大洋的控制权，不仅是美国推行其全球战略的重要组成部分，也是维系其全球战略的重要支撑。

第三节 维护航行自由是美国的基本利益

海上贸易航线和战略通道在国家安全中的地位凸显，维护航行自由符合美国的基本利益。随着海上经济利益和安全利益的加速拓展，美国认为，促进和巩固全球海上安全、维护海上航行自由是其经济保持长期良好发展势头的重要保证。正如美国海军官方网站所指出的：地球表面的70%被海洋所覆盖，地球上80%的人口生活在紧靠沿海的区域内，全球贸易的90%通过海洋运输完成，“无论如

① 白海军：《海洋霸权：美国的全球海洋战略》，南京：江苏人民出版社，2014年版，第221页。

② 伊民、刘佳：“美国海军更新北极路线图，旨在利益最大化”，《中国海洋报》2014年3月5日，第4版。

何看待上述事实，（维持）在世界水道上的至高无上地位，将始终具有关键意义”。[①] 对此，卡特政府在 1979 年制订了“航行自由计划”（Freedom of Navigation Program），旨在维护其主张的航行自由原则，防止沿海国家的“过度海洋主张”对美国海洋大国地位的挑战，保证美国军事力量的全球机动畅通。[②] 卡特之后的美国历届政府都延续了这一计划，多次发表声明重申“美国的安全和商贸有赖于海洋航行自由和飞越自由的国际承认”，[③] “维护航行自由是美国的基本利益”，对存在“主权争议”的海域坚持“自由航行权”。

海上航行自由之于美国的重要性，恰如俄罗斯学者伊·马·卡皮塔涅茨在《“冷战”和未来战争中的世界海洋争夺战》中所描述的，美国海洋政策的实质是“保持强大的海上战略导弹——核威慑力量和保持对美国国家利益至关重要地区海上交通线自由通航的能力，其中包括对海上交通线终端地区的事件施加影响，直至采取进攻行动和被认为有必要的地区实施陆战队登陆的全面能力”。[④]

长期以来，美国主要通过控制 4 个关键地区（欧洲、东北亚、东亚濒海区、中东和西南亚）来控制整个世界。但是，美国很清楚，根据海权论，美国必须确保对海上通道的有效控制，才能实现对关键地区的控制。正因为海上贸易航线和战略通道如此重要，早在 20 世纪 80 年代，美国海军就制订了控制包括马六甲海峡、霍尔木兹海峡、苏伊士运河在内的全球 16 个最具战略价值的海上咽喉航道的计划。2005 年《美国国防战略》报告强调：“放弃我们历史上拥有的海上优势，将会限制我们的全球达到能力，而这是无法接受的。”美国认为，在包括国际水域在内的全球公共领域展开行动的能力十分

---

① U. S. Navy, “Mission & History”, http://ww. navy. com/about/mission. html.

② 曲升：“美国‘航行自由计划’初探”，载《美国研究》2013 年第 1 期，第 102—116 页。

③ U. S., *National Security Directive* 49, October 12, 1990, available at: http://bushlibrary. tamu. edu/research/nsd. php.

④ ［俄］伊·马·卡皮塔涅茨著，岳书璠等译：《“冷战”和未来战争中的世界海洋争夺战》，上海：东方出版社，2004 年版，第 74 页。

重要，这使美国可以从安全的作战基地向世界任何地方投送力量。这种能力可以为美军提供作战行动的自由度，能在关键地区发挥影响。比如，马六甲海峡是印度洋和太平洋之间的海上咽喉要道，战略地位非常重要，美国一旦控制了马六甲海峡，向东可以遏制中国、日本、俄罗斯，向西可以遏制印度、影响中东。此外，美国强化海上通道安全是为了确保美国能够进出世界各个重要的战略资源产地，为国家发展提供源源不断的战略资源保障。《美国国防战略》报告指出："我们将通过确保进入关键地区的通道、交通线路及全球公共区域的安全来促进美国及其伙伴的安全、繁荣及行动自由。"因此，美国强化海上通道安全就是防止别国力量的渗透，更加牢固地控制海上战略通道，在必要时，可以根据美国的利益切断别国的战略资源输送，保证美国战略资源的输送。①

近年来，美国采取一系列措施强化对西太平洋地区海上通道的实际控制。首先，对驻日本、韩国的美军进行了调整。驻军数量虽然减少，但作出了重新部署，提高了部队的现代化程度以及机动能力。突出了驻日美军的地区职能，美陆军第一司令部将从华盛顿移往日本，准备在座间兵营组建上将级的东北亚司令部，隶属美太平洋总部，负责指挥东北亚地区所有的美军部队。另外，美日两国达成一项军事协议，在台海爆发危机时美国可以使用日本的 11 个民用机场和 7 个港口。其次，加强关岛基地的建设。美军将进一步提升关岛的军备水平和战略威慑力。计划配置 5 艘核动力攻击潜艇，扩建阿普拉军港，必要时将在附近海域增加一个航母战斗群；将安德森空军基地建成战略轰炸机的常驻基地，为 B－2 轰炸机修建了机库，在关岛部署几十枚 AGM－86 空射巡航导弹。关岛基地的作用正在不断得到加强，再次成为美军在西太平洋地区的力量部署中心。第三，为加强实际控制，美军强化与菲律宾、泰国的盟友关系，积

① 俞风流："美国如何维护海上通道安全"，载《当代海军》2013 年第 12 期，第 36—39 页。

极与东南亚各国发展军事关系，谋求“重返”东南亚。美国于越南发展军事关系，企图重返越战期间耗资上亿美元建成的海陆空联合军事和后勤基地——金兰湾；美国和印尼已决定加强情报和安全合作，打击东南亚海域航道的海上恐怖主义活动；新加坡已成为美军第7舰队在东南亚最大的后勤补给和维修基地；美国还计划在澳大利亚北部建立空军基地，部署战斗机和无人机。根据临时协定，美军可在马六甲海峡爆发危机时出兵，并可使用新加坡等国的军事基地进行补给、休整。①

除此之外，印度洋海上通道也是美国的国家利益所在。作为国际贸易往来和能源运输的重要通道，印度洋地区西临蕴藏丰富石油资源的波斯湾，东接经济繁荣增长的亚太地区，如果印度洋地区的海上通道受到阻碍或中断，将对整个亚洲的稳定以及世界经济的发展带来毁灭性的打击，势必会对美国的利益带来极大的负面影响。正因为如此，美国著名学者迈克尔·格林和安德鲁·希勒分析认为，保持印度洋作为国际商业通道的安全、保持海上通道尤其是咽喉通道的航行自由是美国在印度洋的重要而长久的利益诉求。②

综上所述，美国利用海上通道，将其触角伸到了全球的每一个地方，以达到其获得各种利益的目的。

第四节　摄取广泛的海洋经济利益

美国三面环海，东临大西洋，西濒太平洋，南接墨西哥湾，阿

① 俞风流：“美国如何维护海上通道安全”，载《当代海军》2013年第12期，第36—39页。

② Michael J. Green & Andrew Shearer, “Defining U. SN Indian Ocean Strategy”, *The Washington Quarterly*, Vol. 35, No. 2, pp. 177 - 178；王晓文：“21世纪美国的印度洋战略与美国霸权”，载《世界经济与政治论坛》2014年第4期，第20—32页。

拉斯加州由北冰洋和太平洋环抱，夏威夷群岛位于太平洋中部，包括夏威夷、大西洋的4个岛群和太平洋的9个岛群在内，共有26000个岛屿，海岸线全长22680千米。除拥有广阔的大陆国土外，美国还拥有1135万平方千米的专属经济区，是世界上专属经济区面积最大的国家。全国39个州属于沿岸州，沿海地区面积占全国面积的10%。[①] 广袤的海洋为美国提供了丰富的海洋生物、矿产、旅游和空间等资源，也给美国带来巨大的经济利益。美国海洋产业总产值不仅在美国国民经济中占有重要地位，在世界海洋经济中也独占鳌头。据统计，美国紧靠海洋的沿海县每年经济产值总计超过1万亿美元，约占国内生产总值的1/10。美国是世界海洋渔业第一大国，沿海和海洋渔业的国际贸易每年为美国贡献700亿美元。2005—2007年，美国海洋捕捞渔业年均产值为40亿美元，其中阿拉斯加鳕鱼的年均渔获量约为13.6亿公斤，是美国专属经济区中最大宗的作业对象。美国的海洋水产养殖持续增长。水产养殖除了提供食品外，还应用于补给重要的渔业资源和恢复衰退或濒危物种和生境。商业渔业相关产业提供了150万个就业岗位，创造了440亿美元以上的收益。海洋生物资源不仅为美国人提供了丰富的食物、工业原料、医疗保健新药。

美国约18%的石油和27%的天然气是由外大陆架生产的，美国认为确保本国大陆架的石油和天然气资源安全以及优化能源方面的利益对美国至关重要。同时，出于战略上的考虑，美国政府鼓励企业到其他国家的海域开发石油资源。20世纪60年代阿拉伯国家对美国的石油禁运，使美国政府更加意识到海洋油气资源的利益和安全的重要性。

美国也是贸易大国，其经济的发展和稳定的就业，与强劲和迅速发展的出口贸易是紧密相联的，而国际贸易大部分要依靠海洋，

---

① 杨金森：《海洋强国兴衰史略》，北京：海洋出版社，2007年版，第234页。

因此美国也极其关注海洋的商业利益，即商业航行的自由。美国的港口普遍位于敏感的滨海生态系统的核心部位，这些港口支撑着美国水上商业，是美国经济重要的驱动力。美国 90% 以上的国际贸易由海路运输。

第三章　从美国立国到冷战时期的美国海洋战略

美国是一个移民国家，最早的欧洲移民是通过海洋抵达美洲大陆的。美国本土北部与加拿大接壤，东濒大西洋，西南与墨西哥毗连，西临太平洋。阿拉斯加东部与加拿大大陆相连，北濒北冰洋，西北隔白令海峡与俄罗斯楚科奇半岛相望，西临白令海，南濒太平洋。夏威夷群岛位于太平洋中部，距美国沿岸约4000公里。三面环海的地缘优势决定了海洋在美国发展历程中必然拥有重要的地位，美国随后的独立、发展与崛起，也与海洋有着不可分割的联系。美国海洋战略发展大致可以冷战为分水岭分为三大时段，从立国到冷战前，美国经历了从陆权大国到海权大国、海权强国以及综合性海洋强国的变迁，特别是经过两次世界大战，美国的海洋战略发展迅速。冷战时期，美国和苏联成为称霸世界海洋的超级大国。冷战后，苏联解体，俄罗斯退守相关海域，美国成为世界第一海洋强国。第三章和第四章分别分析了冷战前后美国海洋战略的发展及特点。

第一节　美国海上实力的崛起（独立后至1898年）

美国本土境内原为印地安人居住地，16世纪起，西班牙、荷兰、法国和英国相继侵入北美大陆，英国殖民主义者利用对殖民地的政治统治权力，竭力控制殖民地的经济命脉，使之成为英国的经济附庸。从殖民统治的初期起，英国陆续制定了整套的航海法、贸易法、工业法和财政法，把北美殖民地的经济发展限制在英国的势力范围之内，英国对殖民地工商业实行严格控制，并从非洲贩运黑奴来开垦种植园林。1775 年北美殖民地人民开始反抗英国殖民统治，发动了独立战争，1776 年 7 月 4 日美国宣布北美殖民地脱离英国殖民统治的《独立宣言》，成立了美利坚合众国。美国独立之后，逐渐形成了民主制度的理论和国家政体，为国家的长期稳定奠定了政治基础，这是美国成为世界强国的重要条件。

一、 美国海洋的自然禀赋

著名的海权理论家马汉认为，影响一个国家海上实力的因素主要包括地理位置、领土范围、形态构成、人口数量、民众特征以及政府特征六大部分。[①] 美国之所以重视海洋战略发展，与其自然环境和地缘政治、经济利益分不开，这是美国国家海洋战略发展的基础和前提。因此可以说，美国海洋战略不断发展的基础就在于其卓越的地理要素条件和巨大的海洋利益。

从具体地理位置构成来看，美国实际上有着天然的“海洋岛国”属性。美国占据着北美大陆纬度最为适宜的中间地带，东部有大西洋做天然屏障，将其与欧洲诸强有效地分隔开来，进而使其得以长期远离欧陆错综复杂的矛盾与斗争；西部浩瀚的太平洋亦将其与人口稠密、动荡不安的亚洲东部地区相阻隔，来自这一地区的不确定影响也同样最大限度得到了抵消；南北只与墨西哥和加拿大两国接

① ［美］A. T. 马汉著，萧伟中、梅然译：《海权论》，北京：中国言实出版社，1997 年版，第 23 页。

壤，安全优势无以媲美。此外，墨西哥湾和加勒比海则为其保有着丰足的矿产油气资源和潜在贸易航路。同时，这种三海相拥的格局也为美国舰船的扬帆起航提供了多个方向上极其宏大的活动舞台。其所控制的海洋区域的总面积几乎比美国陆地面积大三倍。美国75%以上的人口居住在邻近大西洋、太平洋、墨西哥湾和大湖地区的沿海地带，美国沿海地区是世界人口密度最高的地区之一。海洋不仅为美国提供了赖以生存的资源与能源，也为美国提供了通向世界的便利通道，为其获得全球利益提供了得天独厚的条件。美国利用海上通道，将其触角伸到了全球的每一个地方，以达到其获得各种利益的目的。200余年的美国史说明了这一点，美国靠着海洋，向外拓宽本土领地和殖民地、发展美国经济，是使其成为世界经济、军事强国的重要因素。

首先，从领土范围来讲，美国是世界上领土面积最为广袤的国家之一，拥有着远超一般陆地国家的国土覆盖面积，其境内广布着宽大的平原、纵横的河道以及一望无际的山地。这样的国土构成状况，不仅为美国提供了用于发展工业、制造业的丰富自然资源，而且也为美国提供了宽阔的战略纵深。其次，与美国相邻的加拿大受限于地理位置的较高纬度，国土大面积处于封冻状态，人口则多集中在与美国紧邻的南部狭长地区，其无论是在国家规模方面还是在发展速度与潜力方面都显然无法与美国相提并论。甚至一定程度上，加拿大的生存进步是以美国的强健与否为直接前提的。而南部边界的墨西哥虽然有着密集的人口，但该国深受西班牙封建殖民遗毒的影响，政治上考迪罗体制盛行，境内社会发展程度极为落后、长期动荡不安且自顾不暇，其无意也无力与美国发生任何形式的对抗。因而，与美国相邻的两支陆上力量显然对美国的安全构不成任何威胁，美国的陆上利益也一般不会与这两国产生冲突。此种南北近邻皆弱旅的特点意味着西进运动后的美国既用不着被迫在陆地上奋起自卫，也不会被引诱通过陆地进行领土扩张，故而其国家战略的海洋指向性就显得十分突出，其海上力量的优先发展也便具备了良好的先天条件。

二、 美国海洋战略思想的萌生

（一）独立初期

美国在独立后的一个时期，主要开发建设本国领土，尽管在建国之后的相当长一段时期内，海洋在美国的未来发展中并未显示出重要地位，但利用海洋以及发展海军进行本土防卫的理念却在独立战争时期已经萌生。美国的开国元勋亚历山大·汉密尔顿就曾指出："美国商人与航海家天禀的举世无双的进取心本身就是国家财富取之不尽的来源。"① 由于受到西方海洋商业文明的影响，海上对外贸易成为其国家经济活动的重要内容，也是国家实力增长的重要手段，美国在短短200多年的时间里摆脱了"日不落"帝国的殖民统治与控制。1783年独立战争胜利后的一个时期，美国主要任务是本土开发和建设，在美洲扩张领土，增强国力，防止卷入列强的争斗，避免遭受列强的侵略。这个时期美国奉行的海洋战略是"守土保交"。1783年美国独立战争结束，英国通过《巴黎和约》承认美国独立，并先后把13个州之外大西洋沿岸的大片土地划归美国，美国领土面积达到了230万平方千米，约占今天美国本土面积的30%。19世纪初期，美国通过购买、兼并、武力占领等方式，成功扩大了国土面积，成为世界上国土面积最大的国家之一。

（二）对美洲大陆的扩张

1803年5月美国利用英法两国之间的冲突，从拿破仑手中购得了面积为214万平方千米的路易斯安那，1819年占有了佛罗里达。1823年，美国借助欧洲列强之间的矛盾从中渔利，削弱、驱逐欧洲

① Hamilton，"The Federalist No. 11" Nov.，1787，pp. 342－346.

列强在美洲的势力。时任总统詹姆斯·门罗以国情咨文的形式，发表了重要的外交政策文件——《门罗宣言》，意在巩固美国在美洲的势力。[①] 咨文通过宣扬美洲的共和主义，认为美洲同君主专制的欧洲相比属于完全不同的体系。这就是作为《门罗宣言》理论基础的"美洲体系原则"。"美洲体系原则"强调美洲与欧洲在政治制度方面的本质区别，把整个美洲大陆看作是以美国为首的封闭体系，追求整个美洲大陆的"集体孤立"，人为地在美洲与欧洲之间构筑一道藩篱，把欧洲国家挡在其外，为美国在美洲大陆的扩张开辟空间。美国打着"美洲是美洲人的美洲"的幌子，成功地把美洲划为自己的势力范围，排斥了欧洲大国的势力，取得对美洲大陆的霸权。

1845 年，美国又通过同得克萨斯共和国签订合并条约，强行将得克萨斯变为美国的一个州。1846 年美国挑起对墨西哥的战争，借机占领了墨西哥东北部、新墨西哥和加利福尼亚，最终以 1500 万美元换取了包括现在的新墨西哥、内华达、亚利桑那、犹他、科罗拉多西部和得克萨斯州的 136 万平方公里的土地。[②] 1846 年 6 月，美国政府以战争相威胁，迫使英国签订了《俄勒冈条约》，以北纬 49°线作为俄勒冈北部的边界，将英国在此线以南的势力全部清除出去。至此，美国已经扩大到 48 个州，占据了整个北美洲中部。因此，可以说美国在一个多世纪里，对西半球国家进行了赤裸裸的干涉，颠覆原有政府，建立亲美政权，把不公平条件强加给拉美人民。

1861 年，美国面对国内外分裂势力的挑衅，开始了 4 年的南北战争，战胜了南部邦联分裂势力。通过 1861—1865 年的内战，美国废除了奴隶制，消除了内部分裂隐患，维护了联邦的统一，为美国崛起奠定了政治基础。

19 世纪 80 年代起，美国政界的一些扩张主义者仗着国家经济力

---

① 方连庆等：《国际关系史（近代卷）》，北京大学出版社，2006 年版，第 158 页。

② 方连庆等：《国际关系史（近代卷）》，北京大学出版社，2006 年版，第 158 页。

量的增长，公开提出美国应实行侵略政策。曾两度担任国务卿的布莱恩主张必需实行更为“积极”的外交政策，其基本思想是，美国应取得海上的和贸易的优先地位。此外，美国政府为了排斥英国在拉丁美洲的势力，企图完全控制西半球，进而把拉丁美洲变成美国的市场和工具，遂于1889年组成“泛美联盟”，企图通过关税联盟、金融联盟和美洲洲际银行等，使西半球处于美国控制范围之内。到1893年，西部地区的印第安人反抗势力基本被消灭，美国的陆地版图也由大西洋沿岸推进到太平洋沿岸，美国成为横跨北美大陆、东西两面临海的大国。

（三）美西战争与太平洋和加勒比海的扩张

对美洲大陆的扩张并没有满足美国的扩张野心。1898年，参议员贝维里治在一次演说中非常详细地提出了一个海上扩张计划，他提出：“……我们应该把我们的商船满布各大洋。我们应该建造一支和我们的国势相称的舰队”，“美国的法律、美国的秩序美国的文明以及美国的国旗，将在迄今还是暗无天日满布血腥的大陆上确立起来”。① 为达到扩张的目的，19世纪末期，美国扩张主义者煞费苦心地为那些流传已久的“地缘政治学”、“种族主义”的理论炮制“科学的”根据，先后提出“天定命运”、“命运不可避免论”、美国是“文明传播者”论、美国在其贸易及军事扩张地区特殊利益论等等。其中“天定命运”作为扩张主义意识形态最有力的短语，借助宗教的力量得到了广泛的认同和引用。而此时，恰逢美国海军军官马汉发表了《海权对历史的影响（1660—1783）》，提出了海权论思想。为此，美国将目光投向了更加广阔的海洋，海外扩张成为继大陆扩张后的又一项重要内容。正如美国著名历史学家特纳所指出的那样：“既然想象中的旧边疆已经消失，人们便把眼光投向了美国崭新的边

---

① ［苏］列伊祖波克著，祖波克、庚声译：《美国史纲》（1877—1918年），北京：三联书店，1980年版，385页。

疆，那就是残酷无情而又变幻莫测的海洋。”①

对于刚刚完成陆地扩张的近代美国来说，海洋扩张的首选地区就是广阔的太平洋和毗邻的加勒比海地区。为此，美国共和党创始人西沃德则曾毫不隐晦地说：“我们的人口注定要不可阻挡地冲破北方的冰障，在太平洋海岸与东方文明交会。”“美国必须是支配海洋的帝国，这才是唯一真正的帝国。”② 而此时的太平洋和加勒比海地区恰恰属于西班牙人的势力范围，于是，1898 年 4 月美国利用古巴和菲律宾的民族解放运动，发动了美西战争，经过 105 天的战斗，打败了西班牙，从西班牙手中夺得了西班牙统治数百年之久的古巴、波多黎各、关岛以及菲律宾群岛等战略地区。美西战争展示了美国的实力优势及其在世界现代化进程中的领先地位。正是凭借美西战争的胜利，美国在远东的势力急剧上升。同时，美国于 1898 年将夏威夷正式吞并，并于 1899 年和德国签订分割萨摩亚的条约，占领了土土伊拉岛及若干小岛。其中对夏威夷的吞并有着重要的战略意义，夏威夷的战略地位极其重要，其位于美国通向澳大利亚、菲律宾和远东航线的中继点上，马汉曾经就夏威夷的地位论述到：“它作为一个据点，有力地影响着太平洋地区，尤其是就地理而言美国有着充分的权利来发挥作用的太平洋地区的商业和军事上的支配状况。”

（四）通过积极参与瓜分世界利益促进本国经济增长

1899 年美国提出了“门户开放”政策，③ 进一步把触角伸到拉美和亚太地区。如 1900 年美国参加八国联军，美国海军派“新方

---

① ［美］孔华润著，周桂银、杨光海译：《美国对外关系史》（上），北京：新华出版社，2004 年版，第 384 页。

② 王生荣：《海权对大国兴衰的历史影响》，北京：海潮出版社，2009 年版，第 74 页。

③ 1899 年 9 月 6 日，美国国务卿约翰梅向英、俄、德、法、日、意发出了“门户开放”照会，要求各国在各自在华势力范围内对所有国家的平等贸易机会予以尊重。1900 年 7 月 3 日，在八国联军侵华之际，美国担心列强乘机瓜分中国，损害美国在远东大陆的既得利益，向各国递交了第二次“门户开放”照会。把原来所指各国在中国的租借地和势力范围的“开放”，扩大到了中国全境的“开放”。为防止日俄战争获胜的任何一方独占中国东北，消除瓜分的潜在危机，1905 年 1 月，美国第三次向各有关国家发出“门户开放”照会。

舟”号巡洋舰侵入天津大沽口，参与了欧洲列强对中国的瓜分活动，从庚子赔款中获得3290万两白银，获取了在中国的势力范围和利益。1903年美国在巴拿马城策动政变，使巴拿马脱离哥伦比亚独立，并与巴拿马签订条约，继而获得了巴拿马运河的开凿权和控制权。从此，美国掌握了这一沟通大西洋和太平洋的战略通道，巴拿马运河的开通大大便利了美国对拉美和亚太地区的控制。本土—巴拿马运河—威克岛—关岛—菲律宾岛屿链，体现了美国海权由近及远的扩张脉络。美国势力范围由美洲地区拓展到了亚太地区，从自然空间上成为世界国家版图面积最大的国家之一。

美西战争后不久，美国的海外贸易就迅速跟进，不仅在加勒比海地区扩大范围，而且延伸到亚太地区，极大地刺激了本国经济的发展。1860—1914年，美国出口额就从3.34亿美元增加到23.65亿美元，增加了6倍多。大量美国农产品越过大西洋涌向欧洲。在工业方面，1859—1909年，美国加工工业产值增加了约10倍，19世纪80年代初跃居世界第一。美国在世界工业中的比重由1870年的23%上升到1913年的36%。[①] 经济的快速增长，标志着美国在全球的地位迅速崛起。到1898年美国国土面积已达362万平方英里（约937万平方千米），是最初的11.2倍多。至此，美国的工业已经赶上并超过其他资本主义国家，到19世纪90年代，美国的工业总产值超过了英国，居世界第一。

以上事例说明，经过内战后几十年的快速发展，到19世纪末，美国在经济上已经步入资本主义强国行列，具备了向传统欧洲列强挑战的经济实力；外交上开始从原来的大陆扩张转向海外扩张，积极参与重新瓜分世界的角逐。

---

① 宋则行、樊亢：《世界经济史》（上卷），北京：经济科学出版社，1998年版，第433—438页。

三、 美国海军的诞生与发展

美国作为一个后起的资本主义大国，当其完成了北美大陆的扩张并实现工业化进程后，便把经略国家安全的方式转向利用日趋强大的海军，寻求海外的扩张。

独立战争初期，英国凭借海军优势，对隔海相望的北美殖民地实施了严密的海上封锁，任意袭击美国的海岸和要塞，以保障英国军队的作战和生活物资的供应。为对抗英国海军的海上封锁和袭击，时任陆军总司令华盛顿未经大陆会议授权主动将殖民地的武装船编入现役，组成所谓的"华盛顿海军"。另外，有几个州也建立了海岸卫队，这即是美国海军的雏形。"华盛顿海军"大约有 2000 只私掠船，专门对付英军运输船，破坏英军海上运输线。[①] 独立战争时期的北美殖民地，面对综合实力远超其上的英国，尤其是面对英国极端强大的海上力量显得力不从心且几无胜算。当时的北美大陆军总司令华盛顿也不得不承认："在战争中，陆上部队所做的努力再大，海军依然有决定性作用。"

（一）孤立主义外交政策制约了海军的发展

独立战争后，美国由于财政虚弱，无力支撑耗资巨大的军费开支，解散了这支海军队伍，开始发展商船队。随之，美国造船业和航运业逐渐繁荣起来。美国自独立以后的一个时期，追求海外中立贸易的政策，对外奉行孤立主义外交政策，1796 年华盛顿在卸任时的国情咨文从美国所处的地理环境、与外国的关系，以及缔结同盟三个方面系统地阐述了美国应该奉行的政策理念。美国地理位置的特殊性，能维护美国的利益免于外部强权的干涉。华盛顿认为："这种地理位置允许并促使我们奉行一条不同的政策路线……我们就可

① 王生荣：《海洋大国与海权争夺》，北京：海潮出版社，2000 年版，第 98 页。

以采取一种姿态，使我们在任何时候决心保持中立时，都可得到他国严正的尊重；好战国家不能从我们这里获得好处时，也不敢轻易冒险向我们挑战。”他警告：“一个自由民族应当经常警觉，提防外国势力的阴谋诡计。因为历史和经验证明，外国势力乃是共和政府最致命的敌人之一。不过这种提防，要想做到有效，必须不偏不倚，否则会成为我们所要摆脱的势力的工具，而不是抵御那种势力的工事。”

他告诫美国政府不可放弃美国所处的自然优势，“我们为什么要摒弃这种特殊环境带来的优越条件呢？为什么要放弃我们自己的立场而站到外国的立场上去？为什么要把我们的命运同欧洲任何一部分的命运交织一起，以致把我们的和平与繁荣陷入欧洲的野心、竞争、利益关系，或反复无常的罗网之中呢？”而“欧洲有一套基本利益，它对于我们毫无或甚少关系。欧洲经常发生争执，其原因基本上与我们毫不相干。所以，如果我们卷进欧洲事务，与他们的政治兴衰人为地联系在一起，或与他们友好而结成同盟，或与他们敌对而发生冲突，都是不明智的”。[①] 美国总统华盛顿的告别演说是孤立主义意识形态的经典文献。华盛顿的思想不仅代表了独立早期美国一般民众对外部世界的看法，而且在政治精英群体也成为一种共识，包括托马斯·潘恩（Thomas Painc）、塞缪尔·亚当斯（Samuel Adams）、约翰·亚当斯（John Adams）、詹姆斯·麦迪逊（James Madison）等人在内，就美国的对外关系秉持相同的理念，特别是保持与欧洲的疏离关系。这思想更被托马斯·杰斐逊（Thomas Jefferson）认同与继承，并且投射于对海洋战略的认知。杰斐逊曾坚定地反对美国维护海洋权益，在1784年的《佛吉尼亚记事》中，他主张“我们最好把海洋完全放弃，因为海洋是一个容易招致欧洲海上攻击的环境，主动的对外贸易有可能成为欧洲劫掠的对象，并将美国拖入

---

① 杨生茂：《美国外交政策史：1775—1989》，北京：人民出版社，2000年版，第48页。

战争”。

1807 年 12 月，为回应英国的海上敌对行动，杰斐逊签署了《1807 年禁运法案》。法案规定除非经总统许可，任何美国船只不得驶离本土。这一法案曾被列为历任美国总统最为错误的决定之一，而其体现的孤立主义又在相当长时期内决定了美国海军的发展方向、规模与实力，这一情况直到 19 世纪 80 年代以后得以逐渐改变。

（二）为保护海外贸易建立海岸防御系统

由于没有海军的保护，美国商船队经常受到北非等小国海盗和英法两国舰船的袭击。为此，在美国北部和东部，要求海外贸易和海运保护的呼声日益强烈，当时，力主建立远洋海军的是华盛顿总统的财政部长汉密尔顿，而反对建立一支海军的是代表南方和西部利益的国务卿杰斐逊。通过激烈的辩论，美国国会最终在 1794 年 5 月通过《海军法》，决定重建美国海军。1798 年，设置海军军部，恢复海军造舰工程。① 海军部成立之初，主要支持海洋科研机构在美国海域开展地质、地形和水文等基础调查，美国海军兵员和武器装备并没有因海军部的成立而得到显著发展。此外，还成立了一个包括炮手和工程师在内的委员会，研究美国海岸的防卫体系。经过考察，选取了 21 个地点建立炮台，这一时期所建立的海军防卫体系，构成了美国的“第一代海防”（The First System）。由于资金和技术的匮乏，美国的第一代防御系统建造过程相当缓慢，至 1812 年第二次英美战争之际也未能完成。②

1800 年，托马斯·杰斐逊当选为美国第 3 任总统。杰斐逊是美国民主制度的主要理论奠基人。他的治国思想、内外政策和战略举措等，在美国历史上起到了举足轻重的作用。特别是领土扩张、西部开发、大力发展工业、摆脱国际上的孤立主义，以及与英国、法

① 王生荣：《海洋大国与海权争夺》，北京：海潮出版社，2000 年版，第 81 页。

② 孙凯、冯梁：“美国海洋发展的经验与启示”，载《世界经济与政治论坛》2013 年第 1 期，第 12 页。

国的较量，都有力地巩固了美国的独立地位。1807 年 2 月，杰斐逊提出新的海上防御体系理论，主张海上防御体系由设于海岸战略要地的固定要塞工事、可移动的陆地炮台和可浮动的水上炮台以及机动灵活的炮艇等 4 部分组成。1807—1808 年，在杰斐逊总统的号召下，美国又开始建造第二代海防系统。1812 年由于英国将美国与法国的海上贸易视为眼中钉，在海上强征美国商船和水手，美国被迫向英国开战，于 1812 年爆发了第二次英美战争。尽管在第二次英美战争之际，海防系统正在建设之中，但它们在有效抵御英军入侵方面起到了一定的作用。时任美国众议院议长海恩认为："加强海军不但是对美国最安全的防卫手段，而且是最便宜的防卫手段。"这样一种基于海洋防卫的战略在此后的美国总统政策中得以延续。

第二次英美战争促使美国海军有了很大发展，由于当时美国的海洋战略是"守土保交"和袭击英国商船，甚至到 1861—1865 年的美国南北战争期间，美国还奉行"守土保交"的思想。仅仅把海洋看成为美国的护城河，既不能抵御英国舰船对海岸的攻击，又不能打破英舰的封锁，美国海军只能利用小型炮艇对英国海上商船采取报复行动。这种消极的防御政策使美国损失惨重。幸亏当时英国在欧洲大陆陷于与拿破仑的战争，并且在战争中受到巨耗，所以无法抽调大量兵力支援，英国元帅威灵顿估计如果在美国的战争持续下去，将会得不偿失，于是在比利时缔结了《根特和平条约》，[①] 结束了这场战争。

（三）重建海军，建立本土和两洋分舰队

基于第二次英美战争的教训，美国意识到海军力量的重要。因此，第二次英美战争结束后，美国海军日益壮大，有了很大发展。为了保护海上贸易，美国开始派遣舰队到世界各地进行活动。1835 年，美国组建了东印度分舰队，保护从中国到阿拉伯半岛的美国商

① 王生荣：《海洋大国与海权争夺》，北京：海潮出版社，2000 年版，第 81 页。

业利益，后又建立了太平洋分舰队。1846—1848年间，美国本土舰队和太平洋分舰队参加了兼并现为加利福尼亚州、内华达州、犹他州、新墨西哥州、科罗拉多州以及亚利桑那州大部分和怀俄明州部分地区的墨西哥战争。在1846—1848年对墨西哥的战争中，美国的太平洋分舰队和本土舰队起了积极的作用。南北战争期间，北方凭借一支大约拥有700艘舰船的舰队对叛乱的南方实行了成功的海上封锁，最终挫败了依靠向欧洲出口农产品来购买武器和必需品的南方，维护了国家的统一。内战结束，美国由自由资本主义向垄断资本主义快速发展。在工农业生产迅速发展的同时，美国对外贸易也持续增长。拓展海外市场或至少保证海外市场的开放，已成为美国政府缓解国内工农业产品生产过剩、维持市场繁荣和国内安定的唯一出路。为此，美国的商界领袖们主张美国应重整它的商船队，并建立一支能够为其提供支援的强大海军。与此同时，世界主要资本主义国家相继由自由资本主义过渡到了帝国主义阶段。除美国之外，德国、日本、意大利等国家都成为新兴的帝国主义国家。随着世界各国对外扩张欲望的高涨，列强之间开始了重新争夺和划分势力范围的争斗。海洋也因此成为列强争斗的战场，发展海军已成为列强的头等大事。

为此，1883年美国国会授权建造护卫巡洋舰"亚特兰大"号、"波士顿"号、"芝加哥"号和通信船"海豚"号，这4艘舰船因其首字母别为A、B、C、D，而被称为"海军的ABCD"，它象征美国海军的重建与扩张的开始。在技术上，美国海军吸收了自19世纪60年代以来世界海军装备的发展成果：4艘舰艇舰体均为钢制，以蒸汽为动力，船体为双层水密封舱室，并实现全电气化操控。此外，从1885年开始，国会每年向海军提供造舰经费，海军在数量和现代化方面逐步成长。1884年，美国成立了海战学院，旨在培养高素质海军人才和开展海军军事理论研究。正如海战学院的首任院长斯蒂芬·卢斯所说，海战学院所关注的课题"都与海军战术、海军战略和国家的海军政策有关”。[①]

19 世纪末期，作为美国海军建设、发展和运用蓝本的海权论登上了历史舞台。马汉的海权论主张美国突破传统近岸防御思想的束缚，建设一支具有进攻能力的强大海军，必须掌握“制海权”。“制海权”理论被美国政府接受，为美国制定远洋进攻战略提供了重要的理论依据。根据“海权论”的指导，美国海军逐步改变了过去分散驻屯、依靠小型分舰队作战的方式，而是集中编成两洋舰队，以依靠主力舰队实施海上决战的方式，参与欧洲列强的争夺与战争。

19 世纪 90 年代担任美国海军部长的本杰明·特雷西特别重视海洋对于美国未来发展的作用，他曾经这样说道：“海洋将是未来霸主的宝座，像太阳必然要升起那样，我们一定要确确实实地统治海洋。”在他的领导下，美国海军现代化建设开始正式起步。

1889 年，特雷斯向国会提交了他的第一个海军政策报告，他在报告中详细阐述了关于“控制海洋的主动性”和“战列舰建造”的观点。他说：“美国的防御绝对需要一支作战武装，我们必须有一支战列舰队伍，这样的话才能击退敌人舰队的攻击。”当时美国的参议员马西克也对美国的海军建设进行鼓吹，他反问道：“世界上哪有作为一等强国而无海军之理。”参议员巴特勒主张美国应当放弃传统的贸易掠夺的海上战略，采取建立远洋舰队作战的现代海上战略。特雷斯在报告中建议为太平洋舰队建造 8 艘战列舰，为大西洋舰队建造 12 艘战列舰，同时扩充一支拥有 60 艘巡洋舰和 20 艘海岸巡防舰的后备海军。1890 年美国国会批准了建造 3 艘排水量达到 10000 吨的“航海型沿海战列舰”，1892 年国会批准了建造更加强大而且航程不受限制的依阿华级战列舰，1895 年批准再造 2 艘，1896 年又追加了 3 艘建造计划。1890 年美国海军军费支出为 1408 万美元，到

① ［美］斯蒂芬·豪沃思著，王启明译：《驶向阳光灿烂的大海：美国海军史》，北京：世界知识出版社，1995 年版，第 45 页。

1897 年已经上升到 3940 万美元。主力舰只如战列舰 1895 年前没有装备，到 1897 年已经装备服役了 6 艘。美国海军已经走上了迅速扩充军备的道路。“美国已经开始拥有了一支辉煌的能够傲视群雄的海军队伍，造船厂里一片繁荣景象，美国掀起了海军热，让整个美国都大感骄傲。”①

1898 年美国发动美西战争成为美国海军发展的转折点。1898 年 12 月，美国和西班牙签订了《巴黎和约》，西班牙承认古巴独立，将波多黎各、菲律宾和关岛割让给美国。通过这场战争，美国在加勒比海域和东太平洋地区取得了重要的海军基地，为进一步争夺海洋霸权提供了条件。美西战争标志着美国由大陆扩张向海外扩张的开始，同时也表明美国已抛弃传统的孤立主义转向了海外扩张主义。

1916 年，美国通过《大海军法案》，在这一时期美国各届包括工农业界、学术界、金融界等大都支持海军扩建和备战，美国的海洋扩张战略得到了从政府到国会、从总统到民众上上下下的支持，这些都为美国建设海洋强国在军事上奠定了坚实的基础。由于对海洋发展以及海军力量的重视，美国凭借第一次世界大战的契机，大力发展与扩充海军，实施海洋扩张战略。在第一次世界大战中扮演向欧洲输送兵员和给养角色的美国海军，在第二次世界大战后发展成为世界上最强的海上军事力量。

第二节　由陆权大国向海权大国转变（1899年至第一次世界大战前）

19 世纪末到 20 世纪初，美国已经进入世界强国之列，1901 年，

---

① 李萃：“19 世纪末 20 世纪初美国海军的发展变化”，载《安庆师范学院学报（社会科学版）》2012 年第 2 期，第 10 页。

西奥多·罗斯福总统上台执政，这时候的美国，经济发展已经有了巨大的变化。按照1929年的美元不变价格，1897—1901年美国的国民生产总值（GNP）的平均数为354亿美元；1902—1906年美国的国民生产总值的平均数为450亿美元。其间美国的对外贸易情况也发生了重大变化，1895—1910年美国工业制成品的出口上升了近5倍。① 经济实力的强大和经济形势的变化以及以马汉为代表的一系列海权思想和对外扩张主义的思潮在美国出现，促使西奥多·罗斯福、伍德罗·威尔逊等执政时期美国内外政策开始产生重大调整。

海权论诞生之时正值美国确定从本土防御战略向半球战略过渡、从陆地扩张转向海洋扩张时期。马汉不仅从海洋国家—海权—世界诸强关系的角度为美国海军的发展进行了精心论证，同时针对当时的局势分析了美国海权发展的急迫任务，也就是对美国有着重要战略意义的海上据点和海军体制建设。马汉的海权战略反映了当时梦想称霸世界的美国新兴金融寡头的利益，对近现代美国的政治和军事产生了巨大的影响。美国政坛中的一大批人物，如本杰明·特雷西，亨利·洛奇和西奥多·罗斯福等都是海权论的鼓吹者和实践者。除此之外比较有影响的还包括斯蒂芬·卢斯少将、亨利·泰勒少将、乔治·杜威海军元帅、亨利·洛奇参议员和希拉里·赫伯特等，这些有影响力的人物都接受了马汉的海权论。马汉的海权理论在帝国主义战争时代顺应了美国向海外进行势力扩张的需要，从而为美国海外扩张政策的制定和争夺霸权提供了理论依据。

一、 马汉的海权理论促进海军战略调整

马汉在著名的海权三部曲中分析了近代列强海洋争霸的历史，

① U. S. Dept. of Commerce, *Historical of Statistics of the United States Colonial Times to* 1970, Washington: Government Printing Office, 1971, p. 144.

甚至还将其研究上溯至古罗马舰队与迦太基舰队在布匿战争中的海上战场，然后总结出“海权”是战争获胜的“决定性因素”，“获得制海权或控制了海上要冲的国家就掌握了历史的主动权”的观点。此外，马汉还在《海军战略》等大量关于海军战略和国际时事的文章和著作中系统阐述了他的海权论思想。西奥多·罗斯福对马汉的海军研究大为赞赏，早在马汉的第一部海权著作《海权对历史的影响：1660—1783 年》还没有正式发行时，西奥多·罗斯福就在给马汉的信中写道：“这是一本非常好的著作，令人钦佩。假如这本著作不能够成为一部海军经典的话，我将会感到非常的遗憾。”马汉及其支持者把海军看作美国国防的核心力量和美国未来命运的掌握者，相应地，作为海军力量建设和使用的全局性筹划及指导的海军战略对美国海军的发展产生重大影响。

（一）海权论与美国海军战略调整

1900 年，海军成立了包括马汉在内的海军委员会，负责向海军提供咨询和建议，该委员会信奉“要有一支始终集中的强大的战列舰力量，以便形成一支‘现有的舰队’；要拥有海外基地，特别是在太平洋地区，以便作为维修点和补充站；在中美洲开凿地峡运河以便舰队往返与两个大洋”。[①]

1901 年，西奥多·罗斯福总统上台执政，终于改变了美国海军部对自身作用的定位，也改变了美国人对海洋及其海军的思维方式，开启了美国海军发展史上第一个“黄金时代”，给历史转折时期的美国指向了一条从陆权到海权的前进之路。

西奥多·罗斯福本人即是狂热的大海军和海权主义者，他上台伊始，美国已经成为资本主义世界的第一经济强国，而随着国内市场开发的基本完成，美国的发展眼光已经投向了世界。要保卫和确

---

① ［美］E. B. 波特著，李杰译：《海上力量——世界海军史》，北京：解放军出版社，1992 年版，第 60—62 页。

立美国在世界上的经济霸主地位，就必须有一支能够维护美国海权和经济利益的海军，这与马汉的海权思想是不谋而合的。1890 年，罗斯福就在《大西洋月刊》上发表了对马汉刚刚出版的著作《海权对历史的影响：1660—1783》这本书的书评，他在书评中断言："我们最为迫切需要的就是一支战斗舰队。"① 1900 年，罗斯福在担任副总统期间曾经这样阐述过他的海军政策："我相信，我们确实打算建立一支精良的海军……如果我们不能做到这些，很可能在几年后……我们将不得不接受痛苦的教训。"②

罗斯福上台后说服国会通过他的海军建军计划，其指导思想是战列舰的数量要超过德国和日本，但同时也要使得海军政策获得公众满意。在他的倡导下，美国首先改进海军的指挥和决策系统，加紧建造战列舰，积极推行海军和舰队管理方面的改革，并对海军发展前景和海军事迹进行广泛宣传以扩大海军的影响。同时进一步加强海军的行政管理和统一工作，美国的军事决策机构也开始为海军的发展制订长远的计划。1903 年，美国海军部与陆军部共同组建了陆海军联合委员会，这个委员会的任务是召开定期会议和特别会议，以协调陆军和海军之间的合作与联合作战。1903 年，美国海军联合委员会制订了《海军建设总体规划》，设想到 1920 年建成 48 艘战列舰，其中大西洋舰队 32 艘，太平洋舰队 16 艘。这一方案将确保美国海军在大西洋对德国舰队保持均势，同时也能在太平洋确保菲律宾的防御和维护中国的"门户开放"。

为进一步控制海上战略要道，1902 年美国国会在罗斯福的主张下通过了《斯普纳修正案》授权罗斯福总统向拥有运河开凿权的法国公司支付 400 万美元购买运河区的控制权，随后美国又和哥伦比

---

① ［美］孔华润：《美国对外关系史》（上），周桂银、杨光海译，北京：新华出版社，2004 年版，第 212 页。

② ［美］E. B. 波特著，李杰译：《海上力量——世界海军史》，北京：解放军出版社，1992 年版，第 60—62 页。

亚签订了《海约翰—埃尔兰条约》，由美国向哥伦比亚支付1000万美元同时每年为6英里宽的运河区支付25万美元。但哥伦比亚政府随后拒绝了这个条约，于是罗斯福立即策动了巴拿马地区的反哥伦比亚政府的政变。美国海军封锁了整个巴拿马地峡以阻止哥伦比亚政府对政变的镇压，巴拿马地区的政变在美国的支持下取得了成功。巴拿马独立后3天美国就承认了巴拿马政府，紧接着两国政府就签订了条约，美国取得了宽10英里的被国务卿海约翰称之为“名义主权”运河区，而代价仅仅是1000万美元和每年25万美元的补偿费。经过多年艰苦的修筑，巴拿马运河在1914年正式开通。运河开通后，美国从纽约到旧金山的航程缩短了整整9000英里，到马尼拉的航程缩短了整整6000海里。美国海军更是为此欢欣不已，从此他们有了一条快速而安全的通道，可以迅速地在两大洋之间进行兵力调配，美国海军整合成了一个强大的整体。[①]

（二）促进海军装备力量建设发展

到1905年，罗斯福共批准建造10艘战列舰、4艘装甲巡洋舰、17艘其他不同类型的舰只，总吨位超过了15万吨。1906年，英国第一艘全主炮型的主力舰“无畏”号建成，其速度、火力和装甲方面都取得了引人注目的进步，标志着英国在海上力量方面远远领先于所有其他海上强国。美国自然不甘落后。1906年，美国决定建造“特拉华”号，这是美国第一艘装载最强有力、最大限额数量武器及速度和操作性能一流的“无畏”级战列舰。此外军械部宣布，美国战舰将试图超越同等级的外国战舰。事实的确如此，美国战舰建有更远的射程、更大容量的煤仓，美国的无畏级战舰设计装载达到2700吨煤，而一般的战舰装载量是900吨。

为保证了美国海军的成长壮大，美国国会也不断批准海军的造

① James M. Morris, *History of the U. S Navy*, NewYork: Hunan's People's Publishing House, 2003. p. 87.

舰计划和军费支出预算，仅用了8年时间就建成了一支由29艘巨型战舰组成的远洋舰队。海军军费从1891年的3100万美元猛增至1909年的1.37亿美元，1906年美国海军已居世界第三位，1907年仅次于英国居第二位，并一直将此势头保持到1911年。当美国海军走向世界之后，便根据实际情况进行整合，以适应东西两洋作战的需要。

1907年，美国海军部将16艘战列舰整编为大西洋舰队。与此同时，美国对亚洲太平洋地区的海军分舰队也进行了整编，将所有在太平洋地区的海军武装，统一整编为太平洋舰队，核心的力量是8艘武装巡洋艇和8艘轻型巡洋艇。为了向美国人和全世界展示崛起中的美国海军的实力，1907年罗斯福在总统任期只剩下一年之时，作出了一个惊人的举动——组织美国的主力战舰进行一次全球巡航，向全世界展示美国海军的实力。西奥多·罗斯福也因此被称为“美国海军之父”。

伍德罗·威尔逊总统执政时期，美国海军又一次发生了剧烈的震荡和变化，威尔逊认为，国家如果想在海外扩张贸易，就必须建立一支强大的海军。威尔逊上台时，美国已经成为世界头号资本主义强国，对外贸易额达到了26亿美元。维护美国的经济利益和进行海外经济扩张已经成为了美国对外政策的基调。

1910年，在海军部机构重组中，海军部长梅耶采将海军部根据其职能划分为4个部门，并新设立一个海军部长副官的职位负责协调各部门。副官最重要的职能是使各部门协调运作。在实践当中，这一职位对于海军部的合理调度和组织发挥了巨大的作用。其次是提高海军队伍素质和数量。截至一战前夕，美国已建成39艘战列舰，排水量已从最初的1万吨发展到了近3万吨，造价也从318万美元增至1400多万美元，舰上的主炮均配备有10门以上口径为

12—14 英寸的大炮。[①] 美国现役海军军官人数达到 3635 人，士兵人数达到了 51500 人，另外还有 9921 名海军陆战队士兵。美国两洋舰队宣告成立，标志着一个新兴海洋大国的诞生。

二、谨慎处理与强国的关系，为海洋扩张铺平道路

马汉在《海军战略》中特别强调在军事计划中必须包括政治和国际关系。海权不仅是一个经济和军事问题，而且是一个战略问题，它与国际政治密切相关。

（一）以低姿态提升综合国力，避免挑战强国利益

19 世纪末 20 世纪初期，随着美国国力的强大，美国所面临的国际环境和局势也发生了重大变化：在远东日本的实力在日俄战争后迅速崛起，尤其是其海军力量在不断发展壮大，日本开始谋求在远东尤其是中国大陆建立霸权，严重威胁到了美国在远东的利益。在欧洲，英德两国的矛盾不断激化，逐渐形成了两大对立集团，德国此时为了挑战英国的海上霸权开始大力发展海军，相继通过了几个意图扩充海军的《舰队法》，大力扩充海军军备，德国因其强硬的态度遭到了同时期海上大国与陆上大国的双重挤压，德国海权战略的急功近利最终导致了惨败。

英美两强在北美的地理空间分布和对立的国家利益追求相互作用，加剧了两国关系的恶化。独立的美国崛起于美洲大陆，作为与之相邻的北美另一强权，英国受到了直接的冲击，自然而然地把新兴的美利坚合众国视为潜在敌人。但在 20 世纪初，英国在拉丁美洲的目标主要侧重于经济扩张，而美国的地位一定程度上有利于维护英国在拉丁美洲的经济地位。而这时的美国正走向世界舞台但军事

---

① 刘娟：“从陆权大国向海权大国的转变——试论美国海权战略的确立与强国地位的初步形成”，载《武汉大学学报（人文科学版）》2010 年第 1 期，第 5—8 页。

力量相对薄弱，直接的正面冲突对其最为不利，对美国和平获取世界霸主地位非常有害。早在1894年，马汉在《北美评论》上就发表文章论证了英美联合的种种可能性。马汉认为，正是英国的海军牵制了欧洲的其他竞争对手，使这些国家不能更多地干涉美国的事务。1901年，英国皇家海军大臣赛尔伯恩勋爵也说过："如果可能的话，我将永远避免和美国发生争执，美国人可能会建立和我们一样强大的甚至是超过我们的海军力量。"

因此，这时的美国虽然已成为世界屈指可数的强国，但并没有像俄国等老牌帝国主义国家和德国、日本一些新兴起的强国那样挑战强国的利益，而是在各个国家尤其是欧亚大陆国家间的关系变得日趋复杂化和不稳定的情况下，抓住机遇实施海洋扩张战略，迅速扩充海军实力，大力发展海外贸易，外交上始终奉行"搭便车外交"，提升了综合国力，[①] 并通过支持海上强国的扩张行动打开世界各落后国家的大门。

由于美国一直采取低姿态，其他列强未把它当大国对待。美国的崛起并没有引起其他国家的抵制。当时，美国虽然在经济上具有雄厚的实力，是世界头号经济强国，但在军事力量上却相形见绌，军事实力无法与其他大国相比，在世界军事强国眼中还只是一个二流甚至是三流的国家，尤其是对其海外扩张具有决定意义的海上霸主英国而言。19世纪60年代到90年代初，英国拥有现实的全球性海洋霸权。在这一时期，英国海上实力仍是世界第一，德国也在日益强大起来，德国的日益强大对英美都逐渐形成威胁。为此，美国谨慎处理与英国的关系，由于美国的海外扩张始终着眼于经济领域，基本避免了对领土和势力范围的争夺，英国很少把它视为殖民地争夺中的竞争对手。

---

① ［美］孔华润著，周桂银、杨光海译：《美国对外关系史》（上），北京：新华出版社，2004年版，第212—213页。

（二）在对外政策上选择靠拢英国，孤立德国的方针

随着列强竞争的加剧和国际关系复杂化，美国在对外政策上选择靠拢英国，孤立德国的方针。在美西战争时，世界大国之中只有英国对美国表示支持。美国向英国靠拢这一战略既为自己创造了一个有利的国际环境，同时也削减了当时正盛的海上霸权国英国的实力。到 19 世纪后期和 20 世纪初，随着英国工业垄断地位丧失和美国自身迅速崛起，英国对美国的威胁相应地减小了。但是英国继续竭力扮演欧洲均势操纵者的角色，决心以最大的努力来维护其既得利益和相对优势。由于美国不愿过分恶化美英关系，避免与英国的冲突，遂宣布对欧洲政治保持“中立”，坚决地避免了对欧洲均势政治的介入，甚至在此后相当长的时间里，美国政府仍然埋头解决国内问题，尽力回避国际矛盾。当然，美国的对英政策是一边强调与英国关系中的友好，一边把实现美国本国的利益摆在首位，这对美国和平获取世界霸主地位有非常重要的意义。

为避免恶化美英关系并导致冲突，美国政府在 19 世纪后期就放弃了对加拿大的觊觎，以外交谈判与妥协让步为主。在南北战争中英国因干涉美国内战而产生的赔偿问题，美国通过与英国协商而得以解决。在英美之间阿拉斯加边界仲裁和委内瑞拉危机等问题上美国都作出了一定的让步和妥协。1904—1905 年，英国西印度群岛分舰队永久性地撤出牙买加，表明英国承认了美国在加勒比海的霸权，也表明美英关系越走越近。事实上，美国选择靠拢英国是非常明智的，不仅因为英国在当时仍然是强国，而且双方存在很大的共同利益基础，两国的地缘政治都适合于发展海洋战略，两国都需要对付共同的敌人德国。正是因为美国采取的策略正确，从而营造出了有利本国发展的国际环境。

三、改革税收制度，扩大海外贸易市场

马汉认为，在实施海洋战略的过程中，一个国家尽自己最大努力保护商品业务和贸易市场的行为对本国的经济发展至关重要，尤其在本国准备在全球进行经济渗透或正在进行世界性的崛起的时候，这种经济政策非常关键。为此，19 世纪末 20 世纪初，维护经济利益和进行海外经济扩张就成为了美国对外政策的基调。

（一）在扩大海外贸易市场同时实行高关税政策

美国在这一时期的经济政策主要依靠的是贸易保护主义政策而非技术或经济能力。其主要内容是改革税收制度，扩大海外贸易市场，以此推动经济快速发展。美国自内战以来到一战爆发期间一直保持着高关税的政策。既要扩大贸易又要保护关税，这看似一对悖论，然而在当时不健全的国际经济体系下却正好被美国合理利用：一方面拓展国外市场，扩大近海贸易；另一方面又竖起高高的关税壁垒，保护国内市场及提升产品在海上贸易中的竞争力，促进了美国经济的快速发展。[①] 早在 1789 年，美国国会就通过并颁布了第一个关税法，规定对美国船舶中进口货物征收较为低的关税率，而对外国的船舶货物则实行比较高的吨位税以及入港税。从内战开始到一战爆发期间，美国就一直维持着较高的关税。

（二）以扩大海外贸易推动经济发展

此外，马汉在其《海军战略》中指出“海权的历史，从其广义来说，涉及了有益于使一个民族依靠海洋或利用海洋强大起来的所有事情”。海上航运是实现商品广泛交换的手段之一，当一个国家剩余产品出现之后，就要将其运到海外市场上去，以实现商品的交换，

① 刘娟：“从陆权大国向海权大国的转变——试论美国海权战略的确立与强国地位的初步形成”，载《武汉大学学报（人文科学版）》2010 年第 1 期，第 5—8 页。

换取更多的利润。这时国家必须要借助于足够的运输手段——商船队，才能将商品运往海外市场。因此，商船队的规模及其能力就决定着海外贸易能否顺利实现。事实上，在殖民时代，一个国家的商船队开到哪里，它的海外贸易就推进到哪里，国家的影响力也扩展到哪里。另外，商船队还具有海上武装力量的性质，既可以载上货物从事海外贸易，也可以配上武器成为保护海外贸易的战船。所以，海上强国必然是海上航运业发达的国家，而航运业发达的国家必然拥有大规模的商船队，这是发展海上力量所不可或缺的。

因此，这一时期，美国实施海洋战略的另一个内容是改进商船、扩大海外贸易市场，拓展近海贸易从而增加利润，促进经济发展。19 世纪末，美国政府开始鼓励并支持人民雇佣外国的商船来进行本国的海外贸易的运输。因为美国政府发现如果花钱雇佣别国的商船来运输本国自己出口的货物要比自己投资建设商船来运输便宜许多，更何况一般情况下外国的商船都有来自政府的资金补助。如此一来美国在商船运输贸易上就大大减少了投资成本，从而能够获取更多的海外贸易利润。另外，美国私人性质的企业还控制了在对外贸易中发挥重要作用的大型商船，包括联合水果公司、标准石油公司等等，这些措施使美国的海运业得到蓬勃发展。①

（三）以立法的措施保护本国的海洋贸易

美国特别注意制定各种法律法规来保护本国的商船在与别国的商船贸易竞争中免受过多的伤害。1916 年，美国颁布并执行了《航运法》，认可了航运公会的合法性，从而令其摆脱了反垄断法即反托拉斯法的限制和约束。1936 年，美国修改了之前制定的《商船法》，使其更加人性化，并增加了政府的直接性质的补贴和援助形式，从而扩大了美国商船队的总体规模。

---

① 刘娟：“从陆权大国向海权大国的转变——试论美国海权战略的确立与强国地位的初步形成”，载《武汉大学学报（人文科学版）》2010 年第 1 期，第 5—8 页。

美国政府对本国商船和海运的支持和保护，使得美国在19世纪末造船和航海技术方面取得了可喜的成效并处于世界领先的位置。到19世纪90年代，美国4个大的船坞都被改造用于商船的建造。1889年进行海外贸易的商船中蒸汽船有6837艘，到1914年达到了15084艘。①

美国所实施的对商船和近海贸易的保护以及对高关税的保护都使本国自己的商品很成功地在市场上具有了竞争力，在一定程度上保证了本国商品在出口方面的份额，从而保护了美国在海上的经济发展和附加利益，同时也推动了美国经济向更高层次的发展和崛起。1894年，美国工业方面的产值总额第一次上升至世界的第一位。到1899年，美国的生铁和钢的产量已经分别占世界产量总值的1/3和42%。据统计，1889年美国商品的出口总额是7.5亿美元，而到1914年则增长到25.5亿美元。② 1914年美国制造业的产值达到了200亿美元，对外贸易额达到了26亿美元。美国的国民收入达到370亿美元，人均收入337美元，均占世界第一位。③ 1870年美国在世界贸易中的比重为8%，低于英国、法国和德国，居于最后一位。到1913年，美国在世界贸易中的比重上升为11%，超过了法国上升为第二位。这些数据体现了在19世纪末20世纪初，美国的工业和经济已经基本赶上甚至超过当时的其他资本主义国家，开始成为一个令世界瞩目的强国。

19世纪末20世纪初美国海上扩张战略的实施，为美国下一步的全球战略打下了坚实的基础，海权在其中也起到了积极的推进作用。它帮助美国扩大了在世界各国之间的政治影响力，使美国在二三十年的时间内成功地完成了从陆权国家向海权国家的完美转型，海上

---

① U. S. Dept. of Commerce, *Statistical Abstract of the U. S.*, Washington, D. C., 1914, p. 298.

② Ibid., p. 317.

③ 张玮、许华：《海权与兴衰》，北京：海洋出版社，1991年版，第113页。

扩张代替了陆上扩张。海外市场也随之扩大，带动了经济的增长，美国开始以海洋大国的形象登上世界政治舞台。

第三节　争夺世界海上霸权，成为新兴世界海洋大国（20世纪初至二战结束）

自19世纪80年代以来，美国通过确立与实施海洋战略，到20世纪初期建立全球海洋战略体系的雏形，完成了从陆权大国向海权大国转变，海军实力得到快速发展，海外市场得到拓展，经济实力显著增强，开始了争夺世界海上霸权、迈向新兴世界大国的崛起历程。在一战时期，美国抓住机遇实施海洋扩张战略，利用战争之机迅速扩展海军实力，建立了完善的大西洋护航体系，为适应战争的需要，努力提升海运能力，发展海外贸易，促进经济繁荣，提升了综合国力。到一战结束时，美国已拥有与英国海军实力相当的两洋舰队，从海洋大国转变为海洋强国，二战为美国海洋战略的成功实施提供了新的空间。

二战奠定了美国的超级大国地位。二战结束时，美国从海洋强国成功转变为世界海洋霸主，美国海军也通过这场战争最终登上了世界海军首强的宝座。

一、美国在第一次世界大战期间的海洋战略

一战爆发初期，美国保持中立并借战争之机发展本国贸易。但战争的发展改变了美国的中立政策，由于其自身利益受到损害，美国不得不加入战争。凭借强劲的实力和正确的海洋战略，美国在一战中崭露头角，从海权大国成功地转型为海权强国。

（一）从保持中立借机发展贸易到加入战争

1914 年第一次世界大战爆发的消息传到美国后，美国民众普遍的反应是“我们要和平”。在深受孤立主义影响的美国人看来，这只是一场欧洲人的战争，美国没有理由卷进去。威尔逊遵从美国奉行百年的“中立传统”，用美国与欧洲相距遥远和战争与美国无关来论证美国的中立，反对美国卷入欧洲的冲突。但是，威尔逊的中立意在使美国扮演一个缔造和平力量的角色，并借此机会发展本国贸易。1914 年一战爆发时，威尔逊就表露过自己发展战时贸易的决心：“没有人比我更关心把美国商人的企业带到地球上的每个角落。当我在成为一个政治家很久之前，我就关心这件事。”[①] 他鼓励大企业、大商人以供应战争物资的方式向交战双方提供信贷。它使得美国既免于介入他国纷争，同时又保证国家经济的发展，这是威尔逊在战争初期为美国确定的角色。此外，由《伦敦宣言》明确的中立法[②]赋予美国拥有同所有交战国进行贸易往来的合法权利。对其来说也是相当有利的，可以使美国左右逢源，趁机扩张商业贸易，争夺一战前两大对立集团的市场。

据统计，从 1914 年到 1917 年，美国军火出口从 600 万美元激增至 8 亿美元以上，成为美国战时财富的最大来源之一。1914 年一战爆发时，美国的海洋贸易出口总额是 23.5 亿美元，并且贸易顺差为 5.6 亿美元，而到 1917 年美国参加一战的那一年，其海洋贸易猛增到 63.4 亿美元，与 1914 年的数目相比几乎是其 3 倍，贸易顺差的数额大约为 36 亿美元，与 1914 年相比是其 7 倍左右。[③] 并且美国因

---

① Arthur S. Link, *the Papers of Woodrow Wilson*, New Jersey: Princeton University Press, 1979, Vol. 30, p. 251.

② 所谓《伦敦宣言》（London Declaration），是指 1909 年 2 月 26 日在伦敦海军会议上由英、法、美、德、俄等 10 国签署的海战宣言。该宣言签署的目标是为了明确在战争中交战国与中立国的关系，最重要的是对一直有争议的“封锁”“违禁品”等问题的确定。

③ U. S. Dept. of Commerce, *Statistical Abstract of the U. S.*, Washington, D. C., 1921, p. 840.

拥有当时较为庞大的舰队而具有了强大的护航和运输能力，这使得它的同盟国都愿意从美国获取诸如食品、燃料等战争物资。然而随后英、德两大交战集团对大洋的封锁及其后升级的潜艇战，极大地阻碍了美国的海上贸易和航运自由。首先，英国为阻止德国从中立国获得军需物资，率先在海上实行远距离封锁。英国皇家海军封闭了德国的各口岸及北海周围的海域，禁止中立国与封锁区国家贸易。除封锁外，英国还不断扩大“违禁品”清单，从棉花到铜矿、橡胶再到食品，几乎无所不包。这一系列的举措使严重依赖中立贸易的美国大受打击。而德国为突破英国的海上封锁，则使出杀手锏——潜艇予以还击。潜艇在当时被称为“海底幽灵”，作为一种新式武器，潜艇以其体积小、隐蔽性强以及极佳的突击力，给英国造成前所未有的打击。

“卢西塔尼亚”号事件是美德关系的第一次危机。这艘英国豪华轮船于 1915 年 5 月 7 日在爱尔兰海面被德军潜艇击沉，造成包括 128 名美国公民在内的共 1198 名旅客遇难。这起事故开创了潜艇袭击商船特别是客轮的先例。此后，德国潜艇未加警告地击沉了英国“阿拉伯”号客轮和法国“苏塞克斯”号客船，造成包括多名美国人在内的人员伤亡。德国这种在公海上对非武装商船进行强盗袭击的行为激怒了美国朝野，也激起了美国民众强烈的反德情绪。

1916 年 5 月底，日德兰海战爆发，这是一战中最大规模的海战，也是唯一一次协约国与同盟国舰队主力的大决战。这次海战没有让超级海权大国英国取得战争的完全胜利，反而使其放弃了进攻性战略。

战争结果再一次给美国海军部敲响了警钟，美国再也不能维持中立了。根据战争的发展态势，美国海军部综合委员会认为，目前美国海洋战略的主要敌人是以德国为首的同盟国，主要任务：第一，保护“门罗主义”，将德国的触角排除在西半球之外；第二，控制两大海洋，保护美国的海外贸易，将敌人驱逐出海洋；第三，提升军事实力，以便增强美国在斡旋欧洲战争中的影响力；第四，一旦国会通过宣战，一部分舰队将参与协约国作战或者在北大西洋独立作战。综合委员会还特别警告：德国的舰队在击败英国海权后的十年内会对“门罗主义”造成威胁。这一计划被美国政府认可后，从根本上改变了美国在一战中的中立政策，正式确立了美国站在协约国一边同以德国为首的同盟国作战的方针，也正式确立了战时美国的海洋扩张战略。[①]

（二）以第一次世界大战为契机，实施海洋扩张战略

1917 年 4 月美国正式宣布参战，在一战中，美国借机扩大海军力量，强化沿岸防御，建立大洋护航体系，与日本妥协，联合英、法两国合力打击德国，以实现其全球海洋扩张的目的。

1. 借机扩充海军力量，抢占战略地位

伍德罗·威尔逊上台后，提出了比罗斯福时期更强有力的海军发展计划。1916 年 8 月 29 日，美国国会两院通过了威尔逊签署的《1916 年大海军法案》，要求在 3 年内建造 156 艘新战舰。根据法案的规定，其中 56 艘是需要立刻投入建设的，而重中之重是建造 10 艘战列舰和 6 艘战列巡洋舰。一战爆发之初，在威尔逊总统的授意下，美国有关部门提出了一个扩建海军的计划，准备耗资 5 亿美元，建造 156 艘舰船，包括 10 艘战列舰、6 艘战列巡洋舰、10 艘侦察巡洋舰、50 艘驱逐舰和 61 艘潜艇。1916 年，美国投入了 1. 53 亿美元，建造了首批 4 艘战列舰。此外，美国还特地设立了海军部。随着海上力量的增强，美国在第一次世界大战的海战中发挥了重大的作用。早在大战期间，美国就在着手海上争夺。1916 年，威尔逊说道：“世界上没有一个舰队像美国海军一样需要保卫那么广大的区域。所以我觉得美国应有一个超过世界其他各国的海军。”[②]

---

① 刘娟：“从陆权大国向海权大国的转变——试论美国海权战略的确立与强国地位的初步形成”，载《武汉大学学报（人文科学版）》2010 年第 1 期，第 5—8 页。

② 王绳祖：《国际关系史（十七世纪中叶——一九四五年）》，北京：法律出版社，1986 年版，第 336 页。

为了扩充海军，1916 年 8 月，美国国会通过了海军部的 3 年建设计划，计划完成 156 艘舰船的建造。美国参战后，暂停了建造战列舰的计划，制定了建造 273 艘驱逐舰的新计划。为了解决反潜舰只短缺的问题，1917 年 3 月，美国海军部下令开始建造第一批小猎潜舰。这些船只上都配备有 3 英寸的大炮、机关枪及有后座力的戴维斯炮。后来在战场上又增加了船尾的深水炸弹发射器。截至 1917 年 4 月底，海军部已经下达建造 350 艘猎潜舰的订单，整个战争期间共建了 441 艘。各式各样的猎潜舰广泛用于护航、港口防御及扫雷等行动。除了小型猎潜舰只的建造外，美国还大量生产了数量巨大的水雷。海军作战部长本森倡议在从苏格兰到挪威的北海及多佛尔海峡布置水雷障碍。1918 年，美国海军将 56439 枚水雷运输到战区，并布置在各重要海域，据估计有 19 艘德国的潜艇被水雷炸毁。[①]

战时美国海军的发展不仅仅体现在护航舰只上，参战伊始美国海军就开始着手组建大规模的海军航空兵队伍，美国刚刚参战时美国海军部就制定了建造 700 架飞机的计划，6 个月后又计划扩充到 1700 架，到战争结束时美国海军航空兵的规模达到了 2000 架飞机[②]，在侦察和护航作战中起到了重要的作用。此外，美国借一战之际在海外建立了多个海军基地。美国宣战后不久，美国海军部就迅速在大不列颠岛建立起了 8 个海军航空基地，负责辅助周围海域和直布罗陀海峡到意大利的反潜战。在一战期间，美国海军活动范围涵盖了从加勒比海到地中海，再到北冰洋的广大浩瀚海域，在希腊科孚岛、俄国摩尔曼斯克港、法国比斯开港湾、英国英吉利海峡、爱尔兰海岸、北海及美洲海域的诸多港口都建立了美国的海军基地。

---

① 刘娟：“从陆权大国向海权大国的转变——试论美国海权战略的确立与强国地位的初步形成”，载《武汉大学学报（人文科学版）》2010 年第 1 期，第 5—8 页。

② Allan R. Millett & Peter Maslowski, *A Military History of the U. S.*, New York: Freedom Press Publishing, 1984.

宣战之时，美国现役海军官兵人数是6.59万；1918年11月9日，美国海军舰队已经拥有了3.25万名现役军官和49.7万名现役士兵。[①]

2. 加强沿海防御，确保美国后方海域安全

本土沿海安全是美国实施海洋战略的基础。为加强沿海防御，美国政府动员了全国公众的力量。1914年12月，美国政府成立了“国家安全同盟”，以加强各州民兵和志愿兵的训练。1915年，成立“海军作战部”，负责海军保卫沿海的的作战指挥。同年1月28日成立了海岸警卫队，目的是警卫美国漫长的海岸线，在战时配合海军行动。为了协调好陆海军防务，1916年，成立国防委员会和国家运输局，主要任务是处理包括内政、商业、工农业、交通、军需和劳工等在内的各项重大事务；政府要求成立志愿后备军，防守海岸线，重点防范德国侵入美国。1918年初，德国潜艇进入美国沿海地区。不久，在美国沿海地区，5000吨级的“卡罗莱纳”号货船和其他一些船只被击沉。截至1918年6月初，平均每艘德国潜艇击沉美国6艘总量15000吨的船只。1918年夏，德国将派往美国沿海的潜艇数量增加到了6艘。随着沿海岸受损船只的增加，美国海军部要求东海岸各港口积极组织反潜舰只的巡逻、扫雷等活动，并迅速将亨利·梅奥将军所指挥的大西洋分舰队配置在加勒比和中南美洲海域。同时，海军作战部长本森建立了一支70艘军舰组成的“加勒比海巡逻队”，负责保护协约国在加勒比海、墨西哥湾、巴拿马运河的一切商船航行及其相关财产和利益。此外，美国还继续支持海军陆战队占领海地、尼加拉瓜、多米尼加共和国，完成了对美洲海域的高度控制。[②]

---

① 刘娟：“从陆权大国向海权大国的转变——试论美国海权战略的确立与强国地位的初步形成”，载《武汉大学学报（人文科学版）》2010年第1期，第5—8页。

② 刘娟：“从陆权大国向海权大国的转变——试论美国海权战略的确立与强国地位的初步形成”，载《武汉大学学报（人文科学版）》2010年第1期，第5—8页。

3. 为保持太平洋海权态势，妥协处理与日本的纷争

1915 年，日本乘西方大国在欧洲作战无暇东顾的有利时机，在远东疯狂侵略扩张，并力图控制中国，企图在远东确立战略主导地位。其强行占领中国山东，并与北洋军阀政府签订对华《二十一条》就是这一意图的体现，它显然危及到美国在远东的利益。为此，到一战前夕，美日矛盾逐步加深。美国与日本两国由于其“门户开放”政策和“大陆政策”① 的冲突，在远东地区展开了激烈的争夺，两国之间虽签有一系列协定，约定维持远东太平洋现状，共同维护中国的“门户开放”，但这只是暂时缓解了彼此矛盾。由于日本对中国天然的地缘优势及其独霸中国的强烈野心，一直排斥美国的经济扩张。美国尽管忙于应对欧洲战场，但是不能不关注它在远东及太平洋的利益。为此，美国提出了“太平洋中立化”计划，力图保持各国在欧战爆发前所享有的各种利益。美国向日本表示愿意调停中日争端。但日本拒绝美国的调停，继续向中国施加压力。在当时情况下，美国在政治上对日本的侵略行为可明确表示反对，但在经济、军事上却不可能对日本采取十分强硬的态度，日本的一意孤行进一步加深了美日矛盾。经多次照会后，为在亚洲太平洋地区保护菲律宾和维护对中国的“门户开放”政策，美国无力与日本抗衡，只好以牺牲中国利益为代价妥协，稳定在太平洋的海权态势。在 1917 年夏，美国国务卿兰辛和日本特使石井菊次郎，通过磋商达成谅解。1917 年 11 月 2 日，美日达成《兰辛—石井协定》。美国承认日本“在中国之于日本属地接壤的部分，有特殊利益”，“否认两国政府有任何意图对中国的独立或领土完整加以任何侵害”，两国政府“永

① 在 19 世纪 90 年代，日本内阁首相山县有朋炮制《军事意见书》和《外交政略论》将军事侵略与政治外交混合在一起，提出了所谓的“捍卫主权线、防卫利益线”的侵略理论，明确地把侵略矛头指向朝鲜和中国东北地区。至此，日本的“大陆政策”正式确立并被确定为其基本国策。其主要内容可以概括为三大步骤：第一步吞并朝鲜、琉球和中国台湾；第二步以朝鲜为跳板侵占中国东北进而占全中国；第三步则以中国为基地，北进西伯利亚，南进印度支那半岛及南洋群岛。

远遵守所谓门户开放或在华工商业机会均等的原则”[①]，致使到太平洋战争爆发前夕，朝鲜和中国东北三省已沦为日本殖民地，中国东部沿海地区已被日本分裂为数个傀儡政权。尽管协定是日美妥协的结果，但对于美国来讲这个妥协稳定了美国在太平洋的海权态势，使其能够腾出更多的海军力量来对德作战。

4. 建立大西洋护航体系，确保军队和物资的运送

1917 年，美国对德宣战之后，国会通过了《义务兵役法案》，开始征集陆军、海军和海军陆战队的自愿兵，组建了拥有 62 个步兵师的陆军，计划将其中的 43 个师近 200 万人派往欧洲作战。[②] 6 月，第一批海军陆战队在纽约集结前往欧洲战场。媒体称“海军陆战队将第一个投入到战斗”[③]，护送近 200 万人的美国军队安全跨过大西洋到欧洲战场，是对美国海军部的巨大挑战。

当时，海军部仅有的运输船“汉科克”号和“亨德森”号还在建造中，陆军也只有 4 艘旧运输船和 3 艘货船。面对此种状况，海军部采取紧急措施，将自 1914 年以来扣留的 103 艘德国油轮进行改装，将其中 34 艘大型油轮改装成美国运输船。[④] 与此同时，海军部要求美国船运委员会也提出一个建设商业船队的计划。1917 年 5 月 29 日，本森授权新成立的“巡洋舰和运输武装队”负责所有的美国军队的运输和商船的护航。除了加强护航队伍的建设外，美国还积极武装商船。宣战之前，威尔逊就命令海军部武装所有前往英国周围作战区域的商船。美国专门成立了“应急船队有限公司”，之后，美国 2570 艘的货船、油轮，都安装了大炮、无线电系统，并配备了专业海事人员武装。这些武装商船和海军舰船相配合，确保了战略

① 《中美关系史资料汇编》（第一辑），北京：世界知识出版社，1957 年版，第 468 页。

② Weigley Russel, *The History of the United States Amy*, New York: Macmillan, 1967, p. 359.

③ Ibid., p. 355.

④ Ibid., p. 39.

物资向欧洲的运送。战争结束时，运输武装队已包括有 24 艘护航巡洋舰、42 艘运输船、453 艘货船。1918 年春夏之际，美国大约有150 余万人的军队运往欧洲，其中 7 月就有 30. 64 万人，平均每天高达 1 万人。此外，美国还承担了为英国商船护航的任务。1918 年，海军部成立了海军海外运输指导中心，专门负责提供货船和组织运送美国海军在英国、法国和地中海的作战物资。这一系列行动的展开标志着美国跨大西洋护航体系全面建立。随着护航体系的全面建立和实施，美国的海军力量迅速增长，到 1918 年底，战区已超过 8 万海军官兵和 370 艘战舰，约有 2/3 的驱逐舰担任护航，而从苏格兰延伸至地中海的美国海军基地也达到了 45 个。①

5. 与英法结为联盟，联合打击德国

在一战中，结盟英法，共同打击德国，是美国海洋战略的另一项重要内容。英国长时期都在谋求和美国建立联盟关系，特别是战争时期，面对德国咄咄逼人的海上崛起势头，英国强烈希望和美国合作，英国海军大臣索尔兹伯里将美国形容为“大海那边的亲人”，作为国际政治舞台的后起之秀，美国也期望借助英国的海洋优势实现其大国抱负。这就为美英结盟提供了前提。美国在宣战前，威尔逊要求丹尼尔斯“迅速和英国海军部展开合作……尽快作出合作计划，以便尽可能节约时间”。1917 年 3 月，英国同意将开战以来海军部所有的工作、作战的数据及其计划毫无保留地提供给美国海军部，两国之间建立了紧密的军事合作关系。此外，美国海军部还建立了华盛顿和巴黎之间的紧密联系。

美国参加一战的目标是打败以德国为首的同盟国。1918 年 3 月 21 日，德国对协约国发动了一次大规模的进攻，英法防线出现危机，美国迅速将庞大的军队运抵欧洲战场。1918 年 7 月 18 日，巴黎

---

① Weigley Russel, *The History of the United States Army*, New York: Macmillan, 1967, p. 500.

在第二次马恩河会战中受到威胁，2.5万名美国海军陆战队队员迅速登陆参战，安装在铁路无顶板车上的美国海军大口径炮也轰击了德国的铁路、桥梁和弹药库，把德国军队赶出了法国。与此同时，美国海上护航系统也打败了德国潜艇，完成了对德国的全面海上封锁。德国陆军败退回本土后，公海舰队也发生了叛乱，德国除了投降别无选择。11月11日，德国代表在停战协议上签字。

一战为美国提供了从海洋大国走向海洋强国的机遇，不仅海军力量得到了扩充，而且经济得到跨越式发展。战时的美国因拥有当时较为庞大的舰队而具有了强大的护航和运输能力，这使得它的同盟国都愿意从美国获取诸如食品、燃料等战争物资。据统计，1914—1918年，当欧洲各国的国民生产总值大幅下降时，美国的国民生产总值却大幅上升，从1256亿美元增加到1548亿美元，从而使美国的海外经济更上一层楼。从第一次世界大战爆发的1914年开始到1919年为止，美国的海外投资从之前的36亿美元上涨到后来的72亿美元。值得一提的是，战争爆发前美国还是别国的债务国，而战争之后却成为了英国等国家的债权国，同盟国所欠美国的债务合计约100亿美元之多①，至此美国成为全世界金融中心。

美国这一时期的经济迅猛发展和繁荣，为美国的加速崛起打下了基础，更为代替英国而成为海洋强国做足了准备。一战后的美国冲出美洲，走向世界，在巩固美洲基地的同时展开了全球范围内争夺海洋霸权的斗争。

二、一战后积极备战扩军，争夺世界海洋霸权

一战结束后美国为争夺海洋霸权，不但没有裁减海军军备，反而又率先掀起了新一轮的海军军备竞赛，到1921年11月华盛顿海

① 宋则行、樊亢：《世界经济史》（上卷），北京：经济科学出版社，1998年版，第453页。

军会议召开前夕，美国海军拥有多达 22 艘战列舰、10 艘巡洋舰及 208 艘驱逐舰的庞大队伍。[①] 1921 年美国海军军费开支达到了 7.68 亿美元，占到当年国家财政支出的 15%。[②] 此外，美国还发动道德攻势，以此和英国争夺海上霸权。但当美国意识到这场海军军备竞争无益于美国时则采取政治外交手段而制止竞争。

（一）为争夺战略地位，美、英、日开展海上军备竞争

1918 年，一战刚刚结束不久，美国总统威尔逊提出被其称之为促进世界和平的“十四点和平原则”。其中第二点要求“无论平时或战时都要保证公海航行绝对自由”；第三点消除国家间的经济阻碍，倡议贸易平等；第十二点民族自决等都是针对英国的。威尔逊的意图就是想通过战后美国强大的经济力量夺取世界霸权，尤其是夺取控制在英国手上的世界海上霸权。“十四点原则”的最初构想者豪斯上校就表示：“美国，无论如何再也不会心甘情愿的屈从于大不列颠对海洋的统治。我们有更多的钱，更多的人，更多的资源。”[③] 因此，威尔逊重新抛出了《1916 年海军法案》，决心掀起新一轮的海军军备竞赛以攫取战后世界海上霸权。

在威尔逊的推动下，1919 年美国国会通过了《1919 年海军法案》，规定将《1916 年海军法案》中的造舰计划再翻一番，要求在未来的 3 年内，再建造 10 艘战列舰、6 艘战列巡洋舰、10 艘巡洋舰和 160 艘驱逐舰，同时开始扩编加强美国太平洋舰队，以保证美国的太平洋和大西洋两个舰队都拥有对等的实力。[④]

美国在威尔逊政府的直接推动下掀起了新的海军军备竞赛狂潮，

---

① Department of The U. S. Navy, *Onile Navy History and Heritage Command*: *U. S Navy Active Force Levels*, http: //www. history. navy. mil/branches/org9 – 4. htm.

② Department of the Navy, Office of the Comptroller, *Expenditures of the Navy*, 1794 *through* 30 *June*1960, Washington: Government Printing Office, pp. 43 – 44.

③ 杨生茂：《美国外交政策史：1775—1989》，北京：人民出版社，1991 年版，第 287 页。

④ George Bear, *One Hundred Years of Sea Power*: *The U. S. Navy*, *1890 – 1930*, Stanford University Press Publishing, 1996, pp. 62 – 65.

而此时英国也不得不硬着头皮加入到这场实力悬殊的军备竞赛。虽然英国到1919年就相继拆毁数百艘战舰包括一些主力战列舰，但是首相劳合·乔治态度强硬，甚至扬言不惜为扩建皇家海军舰队花掉最后一个金币，这显然只是一种色厉内荏的政治恫吓。1919年6月，英国海军部决定建造21艘主力舰以彻底压倒美国海军的“1916年计划”，但由于财政上的原因，却最多只能建造15艘主力舰，并且在1920—1921财年中安排的造舰数量还将进一步削减。英国人已经不具备同美国进行海军竞赛的财力。1919年巴黎和会开幕，为了维护海洋霸权，英国联合法国等国对抗美国。和会成立了国际联盟，剥夺了战败国德国的海上权利。美国没有实现自己的预定目标，海洋霸主与新兴海洋强国之间的矛盾激化，英美为争夺战后世界海上霸权一度剑拔弩张。实际上，英美两国在巴黎和会上已经就海军问题进行了一场“巴黎海战”。各主要资本主义国家为争夺海上霸权也展开了激烈的海军军备竞赛。

此时，在太平洋地区通过甲午战争和日俄战争成为西太平洋海洋强国的日本，想获得太平洋地区的优势地位，也悄然加入到了这场竞赛当中。日本海军在相继赢得甲午战争和日俄战争后开始迅速发展，一战结束时已经成长为仅次于英美两国的世界第三大海军。1907年，日本通过了首个《帝国国防方针》，首次提出了要建立一支以8艘主力战列舰和8艘战列巡洋舰为基干力量的“八八舰队”①。其间经过几次修改，到1920年日本国会正式通过了“八八舰队”的预算编制案。为此日本投入了巨大的海军军费：1918年一战结束时日本的国家预算开支为10.06亿日元，其中海军军费开支为2.49亿元，占到了国家预算的23%；1920年日本国家预算开支为15亿日元，海军军费开支为3.98亿日元，占到国家预算的26%；1921年

① ［日］外山三郎著，龚建国、方希和译：《日本海军史》，北京：解放军出版社，1988年版，第76页。

日本的国家预算为15.9亿日元，海军军费开支为5亿日元，创纪录的占到了国家预算的31%。[①] 日本的野心还不仅如此，早在1914年日本乘美国对德宣战的时机派出舰队占领了太平洋上加罗林群岛、马里亚纳群岛及马绍尔群岛，事实上整个赤道以北的中西部太平洋地区已经成了日本海军的势力范围，美国重要的远东殖民地菲律宾和夏威夷之间的联系已经被日本海军所切断。对美国海军来说，日本的这种行动带来了许多不利因素，一旦日本将这些岛屿军事化，美国海军在战时的生命线将被切断，而海军之前制定的种种作战计划在日本的这些行动后无疑已经处于无用的境地。[②] 虽然美国海军在1919年9月正式宣布成立太平洋舰队并开始极力加强太平洋地区美国海军的实力，但是在当时并不能保证于短时期内在太平洋上确立对日本海军绝对优势。

而此时美国所担心的英日同盟问题也在1921年发展到了一个微妙的阶段，此时为期10年的第三次英日同盟即将到期，而美国希望能借新的国际关系体系来结束英日同盟，使其避免在战时同时面对英日两国海军。所以美国政府决定停止这种暂时无益的海军竞赛，利用外交手段来暂时解决美国在太平洋上面临的问题，以保证美国海军今后逐渐取得远东地区的绝对优势实力。

（二）为保证远东地区的优势实力，召开华盛顿海军会议

面对传统的海上帝国英国和海军实力迅速崛起的日本，以及军备竞赛中出现的新问题，1920年12月美国参议院议员威廉·波拉首先提出：美、英、日三国举行裁军会谈，在接下来的三年内各自削减一半的海军建造计划。建议得到新上任的美国总统沃伦·哈丁的支持，同时，美国海军内部也认识到在当时的形势下单纯进行军备竞赛无法在短时期内确立美国海军的绝对霸权。于是，1921年11

① 俞天任：《日本海军的兴亡》，北京：华侨出版社，2009年版，第107页。

② Ernest Andrade Jr.,"The U.S. Navy and the Washington Conference", *Historian*, 1969(5), pp. 70–71.

月，美国召集英、日等九国代表汇聚华盛顿参加国际会议，会议由两个总委员会组成：其一为美、英、日等五国组成的军备问题委员会，其二为九国组成的太平洋及远东问题委员会，而海军军备问题实质上成为了这次国际会议的重中之重，所有会议主要议题或多或少都是围绕着这个核心问题。

在会议上，美国代表首先提出裁撤海军的原则和美国的海军裁撤计划：美国放弃 15 艘在建和计划中的新式主力舰，总吨位达到 61.8 万长吨[①]，同时放弃 22.7 万长吨的旧舰；日本应放弃正在建造和计划中的 7 艘新式主力舰共计 28.9 万长吨，废弃 10 艘旧舰共计 15.98 万长吨。英国终止两个级别新型主力舰建造计划，同时废弃 3 艘即将开工的主力舰共计 12.36 万长吨，废弃 10 艘旧舰共计 36.77 万长吨。削减后美、英、日海军主力舰的总吨位分别接近 50 万长吨、50 万长吨、30 万长吨，[②] 这个数据是经过美国海军的计算得出来的。在会议召开前，美国海军部专门召集相关海军专家经过大量论证认为，要弥补美国在太平洋地区海军基地的短板，至少要保持住美国海军在太平洋地区对日本海军 3 ∶ 2 的优势，这一方案由时任美国海军部长埃德温·邓比批准。

在三天后召开的第二次全体会议上，英国代表团原则上同意了美国提出的军备削减方案。战后困顿的财力已经无法支撑英国参加军备竞赛，此时已经急于从军备竞赛中脱身。早在这次会议召开前的 1920 年 3 月，英国议会就决定放弃长期坚持的“两强标准”，并开始将外交政策重点转向美国了。

日本虽然在出席此次会议前就表示愿意接受海军军备裁减，但是在美国提出具体的裁减计划后，并没像英国一样表现出合作的态度。因为在参加华盛顿会议前，日本政府下达了明确指示：“对美海

---

① 长吨、短吨是英制单位，1 长吨约为 1.016 吨。

② Naval Historical Foundation, Washington Navy Yard, *U. S. Navy: A Complete History*, Washington: Hugh Lauter Levin Associates Publishing, 2003, pp. 346 – 347.

军绝对要保持 7 ∶ 10 以上的比例，如在此比例以下则绝对没有让步的余地。”[①] 日本代表团首席海军随员加藤宽智中将认为：“日美海军之间最终肯定会爆发战争，像日本这样明显对美国处于绝对劣势的国家如果不拥有强大的海军常备兵力，一旦开战将无依无靠，日本作为主权国家和世界强国本应该保持和美国同等的军备，保持 7 ∶ 10的比例已经是最大的让步了。”[②] 英国人也支持美国人的比例计划，甚至提出了更苛刻的 10 ∶ 5.5 的计划，会议上，美英两国联合起来对付日本。在美英双方联合的强大压力下，日本只好妥协，表示愿意同意美国提出来的有关削减计划。日美双方经过反复的讨价还价，终于达成了有关限制防备区域的最终协定，随后美日两国又与英国达成了相关防备区域的协定。1922 年 2 月 6 日，美、英、日、法、意五国签署了《限制海军军备条约》。条约第一章第四条规定美国和英国的主力舰总吨位不得超过 52.5 万长吨、日本不得超过 31.5 万长吨；第一章第七条规定美英两国航空母舰总吨位不得超过 13.5 万长吨、日本不得超过 8.1 万长吨；第一章第十九条规定美国除在本土和夏威夷群岛等地、英国在东经 110 度以东除澳大利亚和新西兰等地、日本在其拥有的太平洋诸岛屿不得扩建和新建海军基地及海军维护修理设施。第二章第一部分规定了美国可以保留 18 艘主力舰总吨位为 50.065 万长吨、日本可以保留 10 艘主力舰总吨位为 30.132 万长吨。同时条约规定了关于主力舰、航空母舰的标准定义，但是整个条约没有对主力舰和航空母舰以下的辅助舰只如巡洋舰等进行相关限制，只是在第一章第十一条规定不得建造超过 1 万长吨的作战舰艇（除条约规定的主力舰及航空母舰外）。

该条约的签订宣告了持续多年的各强国海军军备无序性竞赛的

---

① ［日］外山三郎著，龚建国、方希和译：《日本海军史》，北京：解放军出版社，1988 年版，第 84 页。

② 刘怡、阎京生：《旧日本海军发展史》（第二卷），武汉大学出版社，2011 年版，第 66 页。

结束，海军军备限制和条约时代正式到来，而美国则在发展主力舰方面提高到与英国平起平坐的地位。在这以前，从没有一个国家的海军势力敢与英国匹敌。华盛顿会议及其相关海军协定的签署是美国在一战后试图攫取世界海上霸权以图进一步夺取世界霸权的种种尝试失败后的一种妥协和试图控制均衡局面所作出的一种姿态，所以，华盛顿会议标志着英国海洋霸权的衰落和美国海洋霸权的崛起。

（三）进入军备控制体系，引入全新战略战术观念

华盛顿会议后，受《华盛顿海军条约》以及《伦敦海军条约》等国际性军备控制条约的影响，美国海军延续多年的发展建造主力舰的政策随之终结。华盛顿会议后美国海军立即开始了大规模的裁减，15 艘主力舰相继退役，准备建造的 13 艘主力舰也终止了计划。虽然海军大规模的裁撤和削弱引起了海军内部的极大不满，但也有许多海军人士意识到，放弃海军过去多年坚持的打造大主力舰队以及围绕这个中心所产生的战略战术及作战计划，进而尝试和发展新的战略战术，打造一支平衡的舰队以适应未来战争的需要，这是一个非常好的机会。

首先，在 1921 年 2 月，时任美国陆军航空队副司令的威廉·米切尔准将在国会提出依靠飞机就可以获得海空两方面的控制权，并通过实验得以证实。这一提案及实验的成功震撼了整个美国海军界，美国海军认识到了航空兵以及以航母编队为基地的海航飞机编队在未来战争中将要起到革命性作用，因此美国海军在华盛顿会议召开前就已经明确表示航空母舰和海军航空兵的发展不应该受到海军军备条约的限制。华盛顿会议签署的条约满足了美国海军的这一要求。

1922 年，美国国会批准了一项 5 年计划以便加速海军航空兵现代化建设，至此美国海军的航母和航空兵力量开始正式起步。1927 年，美国海军的两艘正规航母“列克星敦”号（Lexington CV－2）和“萨拉托加”号（Saratoga CV－3）建成服役。“虽然合众国海军在航母上起步比英日两国海军相对晚，但是通过这两艘大型航母的

服役，合众国海军在掌握航母这一对未来海权至关重要的力量上反而走在了世界前列。”[①] 到20世纪20年代中后期，美国海军开始正式研究航空兵战术以及利用飞机携带鱼雷执行对舰艇攻击的相关战术，美国海军的航母和航空兵实力及相关战术的研究应用开始正式起步并且发挥日益重要的作用。

在美国海军航空兵力量发展的同时，美国海军的作战战术也在不断创新和发展中。其中突出的是对航母战术的研究和应用，在整个条约时代，美国海军共有三艘航母在役，除了最早的由运煤船改装的实验性航母“兰利”号（CV－1 Langley）只能用于航母性能测试以及海航飞机试验等实验性工作以外，另外两艘航母“列克星敦”号（CV－2 Lexington）和“萨拉托加”号（CV－3 Saratoga）都是根据《华盛顿海军条约》由战列舰改造的正式航母，美国海军利用这两艘仅有的航母发展出了大量新式战术。

首先就是开始研究以航母为中心，由巡洋舰和驱逐舰为护卫舰只的海上航母编队战术。早期美国海军航母编队还是采用从战列舰编队沿用过来的横列或纵列战术。在1930年以后，美国海军开始尝试新式的航母处在中心位置的战术编队，并成功地研究开发了多种新型的战术理论与作战方法，为今后航空兵力量的继续发展直至在战争中作出决定性贡献奠定了良好的基础。同时，在旧式战列舰的战术上，美国海军也进行了有益的探索和研究，使主力舰队战术有了一定进步。

其次，大幅度修改海军制定的作战计划，其中某些重要的计划可以说是重新制定。早在1911年，美国陆海军联合委员会便开始制定一系列以颜色为代号的战争计划，其中针对日本的计划代号为“橙色”，到1913年时该计划已经大体成型。1919年陆海军联合委

① Trent Hone, “Building a Doctrine: USN Tactics and Battle Plans in the Interwar Period”, *International Journal of Naval History*, 2002 (11), p. 40.

员会对计划作出了大幅度的修改。1924 年，陆海军联合委员会推出了新的“橙色”计划，新计划将未来作战的重点放在了确保攻击和控制日本海上运输补给线以及马尼拉基地上，明确了海军是作战的主力，但是这个新计划完全超出了当时美国海军的能力范围。为此，1928 年 4 月，陆海军联合委员会又对“橙色”计划进行了修改，在修改的计划中确认在未来的战争中海军的任务是取得制海权，配合陆军取得中太平洋地区的前进基地，继而利用取得的基地向西太平洋和菲律宾进发。1934 年 3 月，美国国会通过了关于允许菲律宾独立的《泰丁斯—克达菲法案》。按照该法案，1936 年起菲律宾将开始为期 10 年的自治并于 1946 年正式独立。同年，日本单方面宣布废除海军条约并正式退出军备控制体系。1935 年 4 月，美国陆海军联合委员会提出新的战争计划修改方案并最终获得通过。从 1924 年到 1937 年，“橙色”计划至少进行了六次修改，虽然在这期间国际形势发生了很大变化，但它始终是大多数美国战争计划的基础。

1939 年 6 月，经美国陆海军委员会批准将“橙色”计划上升为“彩虹”系列计划，“彩虹”计划共分 5 部分。(1) 彩虹 1 号”，设想美国参战时没有主要盟国，美国的首要任务是保卫南纬 10 度以北地区，保证“门罗宣言”原则不受侵犯，保卫美国本土、属地和海上贸易路线。在太平洋，维持巴拿马、夏威夷、阿拉斯加战略三角的防御，直到大西洋的形势好转之后，才在中太平洋集中舰队，对日本发动战略攻势。(2)“彩虹 2 号”，假定美国、英国、法国联合行动，美国在欧洲大陆和大西洋实行有限介入。在太平洋，美国采取迅速行动，横渡太平洋，打败日本，保护西方各国在远东的利益。(3)“彩虹 3 号”，假定美国参战时没有主要盟国，美国武装部队在贯彻“彩虹 1 号”所规定的确保西半球安全的同时，在太平洋，则要尽早从夏威夷向西太平洋推进。(4)“彩虹 4 号”，假定美国参战时没有主要盟国，用美国军队保卫整个西半球，派遣美军到南美洲，与南美洲各国在东大西洋采取联合行动，在太平洋方面将如同“彩虹

1 号”那样保持战略防御，直到大西洋形势许可美国海军转向太平洋时，才采取进攻行动。(5)“彩虹 5 号”，设想英国、法国是美国的盟国，将采取联合行动，贯彻“彩虹 1 号”，美国除了保卫西半球安全外，应尽早将力量送往东大西洋以及非洲和欧洲大陆作战，同所有盟国协同行动，先打败德国和意大利，然后再掉过头来打败日本。

美国海军重新修订的相关战争计划，在对未来计划的海军舰只的建造、新式战术，尤其是航母编队战术的应用、两栖作战的研究、后勤补给技术的发展等方面都起到了积极的推动作用。虽然这一计划在海军看来还是超出了海军的实际能力，但是在条约时代整个的国际大背景下，该计划被认为还是可行的。

这一时期，美国海军无论是在新式军舰的设计制造、新式飞机的设计制造、雷达及新技术的研究应用方面都取得了长足进步，可以说这一时期海军在技术方面的进步是以华盛顿会议为转折点，美国海军在新技术的研究应用上开始逐渐占据世界首位。这些进步和成果为今后海军在技术方面的突破和大发展奠定了基础，为美海军最终赢得战争的胜利作出了重要的贡献。

（四）复兴海军，全速扩充海军建设

1933 年 3 月，富兰克林·罗斯福就任美国总统，美国海军开始摆脱之前 10 余年的低迷时期，缓慢复兴。罗斯福本人是坚定的大海军主义者，曾担任过海军助理部长，对海军事务有着极大的热情以及高度的战略眼光和专业性。早在威尔逊政府执政初期海军政策相对迟缓时，罗斯福就坚持要大力发展海军。在 1916 年美国通过了新的造舰计划和法案后，罗斯福本人亲自参与了相关的军舰设计建造计划。在科罗拉多级、南达科他级战列舰的设计建造图纸上都留有罗斯福的修改意见和签名。也正是因为罗斯福本人对海军的熟悉和关心，他在就任总统后必然会改变海军政策并极力促进海军的发展和复兴。

罗斯福总统执政不到 100 天就通过《国家工业复兴法案》开始

实施复兴海军的计划。1933 年 6 月，罗斯福总统正式签署了该项法案，法案的主旨是对大萧条时期遭受重创的美国工业和制造业进行调整，利用国家政权对工业制造业进行干预以恢复重整制造业。法案的第二部分授权总统建立公共工程局，批准拨款 33 亿美元进行各种公共工程建设，罗斯福随之签署了一项行政命令将其中的“2.38 亿美元拨付海军，建造总计有 12 万吨的 32 艘舰艇。包括 2 艘航空母舰、4 艘巡洋舰、20 艘驱逐舰和一些小型舰只”。[①] 同时，罗斯福总统要求海军重新评估其战略和作战计划。

罗斯福政府加速复兴海军建设的另一个重要背景是 20 年代末 30 年代初爆发于美国的经济大危机席卷全球，主要的资本主义国家都被卷入其中，尤其是德国和日本遭受的冲击更加严重。为了缓解危机，这两个国家不约而同地转向军国主义，试图利用侵略扩张的方式转嫁危机缓和国内矛盾。1933 年，纳粹党上台执政；1934 年，希特勒成为德国国家元首，德国迅速开始了扩军备战，欧洲的安全框架和局势开始变得岌岌可危。美国所面临的安全形势愈发严峻，因此罗斯福政府决心推进海军重整的步伐，可以说这一时期的国际形势和外部因素促进了海军的复兴和重整。

在 1933 年至 1936 年罗斯福总统的第一个任期内，美国海军开始大量恢复军舰的建造工作，并将大量的新设计和新技术应用在了这些新造舰只上。虽然这些舰只都是按照相关条约所规定的技术标准建造的，但是舰只建造工作的恢复是美国海军开始复兴的重要标志和转折点，清楚地表明了罗斯福总统对待海军的态度。1937 年，富兰克林·罗斯福在总统选举中再次获胜，开始了他的第二个总统任期，美国海军经过 1933 年至 1936 年罗斯福总统第一个任期内的逐步恢复与发展，其在役的战舰数量和总吨位已经接近于海军军备

---

① ［美］阿伦·米利特、彼得·马特洛斯基、威廉·费斯著，张淑静等译：《美国军事史》，北京：解放军出版社，2014 年版，第 393 页。

条约所规定的上限数量。海军在人数编制、军费拨款、新式舰船的建造、新武器系统的研发、新战术的发展研究等方面也取得了一系列的成果。

1937 年后，随着欧洲局势的恶化和远东地区日本侵略中国战争的爆发，美国面临的国际安全局势骤然恶化，尤其是在亚太远东地区，这一事变给美国政府当局和海军方面带来了极大震动，成为罗斯福政府推动国会实行新海军发展扩充政策的重要契机。随着日本军国主义扩张侵略步伐的日益加快，日本海军在全面退出军备控制体系后实力开始急剧增长并在西太平洋区域逐渐占据优势，美国海军急需加快发展扩充步伐才能有效应对日益加剧的战争威胁。在这种情况下影响美国海军发展的因素主要是国际安全局势的变化和美国当局国防、安全和外交政策的变化，扩张国防实力以加快应对战争威胁以及为未来美国参战提前准备已经成了海洋战略的重点。罗斯福第二个任期开始后，美国海军开始逐渐摆脱各种军备条约的相关限制，扩充发展的步伐迅速加快，全速开始了海军的扩充建设并在 1940 年后达到了高潮。

至此，经过 1922 年华盛顿海军会议直至第二次世界大战爆发将近 20 余年的时间，美国海军经历了低谷、复兴直至全面复苏扩军备战，已经以一种全新的面貌投入到争夺海洋霸主的大战中。

三、 二战时期的美国海洋战略：从海洋强国到世界海洋霸主

1939 年由于资本主义体系的内在矛盾以及由此引发的自由主义、法西斯主义和社会主义三种制度的大角逐，爆发了具有巨大破坏力的第二次世界大战。二战期间，美国依靠国家强大的工业经济实力、科技实力和海军自身技术、战术水平的不断提高，最终在二战中确立了自己世界头等海军的地位，实现了从海洋强国到世界海洋霸主的华丽转变。

（一）实施新的战略计划，积极备战

美国在二战参战前，通过采取一系列积极措施，为直接卷入战争做了相关战略准备。

在罗斯福总统开始第二次任期，抓紧谋求实现新的大规模海军军费拨款，责成海军实施新的战略计划并改变政府安全政策之时，1937 年 12 月 12 日发生了日本海军舰载机攻击并击沉在中国长江上航行的美国炮舰“班乃”号及另外三艘美国民用轮船的“班乃号事件”，这次事件在美国国内引起了极大的震动。应对日本的挑衅，美国国会批准了罗斯福总统和海军方面的扩大军舰建造、补充人员编制、加快建造基地的一系列事宜及其相应的拨款要求。美国国会加快动作改变海军政策的同时，罗斯福总统也加快了政策转变。“班乃号事件”发生后，罗斯福总统在同海军部长的私下谈话中就表示要考虑放弃“中立政策”并制定几个封锁或者对日本作战的详细计划。在 12 月 17 日的内阁全体会议上，罗斯福总统提出了他有权对日本实施经济制裁并考虑采取海军行动。

同时，总统指示美国海军加强沿阿留申群岛—夏威夷—关岛—威克岛一线的海军锚地、加强航空兵基地的建设和舰队实力，以便今后对日本的封锁和作战；决心通过扩大提交给国会审议的 1938 财年海军拨款，以建造更多的舰只。此后，海军部正式研究并提交给总统 1938 年扩大舰只建造数量的报告和详细计划。

这些计划包括：新的造舰数量计划、新式主力舰只的设计建造、对 1935 年修订的作战计划的重新修改、海军编制和陆战队人数的扩充。美国开始研究着手在西海岸扩建舰队级锚地和基地、菲律宾和关岛沿线的基地整备等等一系列具体措施，以应对急剧变化的国际形势。1939 年 2 月罗斯福总统正式下令海军部成立新的大西洋分舰队，并下令 1939 年的舰队联合演习分别在加勒比和夏威夷水域进行，这是在 1922 年华盛顿会议后美国海军首次在两个大洋的水域进行舰队演习。这表明了罗斯福决心实行更大的海军扩张计划，即在

两个大洋同时扩充美国海军的战略。

1939 年 9 月，第二次世界大战欧洲战争爆发后，美国政府加快了其海军建设和更新的步伐，1940 财年预算编制上增加了更多的军费拨款。在美国海军部和海军作战部的努力下，1940 年 2 月国会批准了 1941 财年的相应预算，预算批准了 21 艘战舰的建造计划，包括全新型的“埃塞克斯”舰队级航母首舰、2 艘全新的依阿华级战列舰、2 艘轻型巡洋舰、8 艘驱逐舰和 8 艘潜艇的建造计划。1940 年 7 月 19 日美国国会通过《两洋海军法案》，为美国海军在第二次世界大战中增强舰队实力提供了保障。

《两洋舰队法案》通过后，1941 财年的造舰计划已经成为了美国海军自 19 世纪末以来规模最大最激进的扩张计划，计划再扩充 228 艘战舰，包括 4 艘舰队级航母、5 艘新型主力舰、6 艘重巡洋舰、25 艘轻巡洋舰、151 艘驱逐舰和 37 艘潜艇。至 1941 财年，美国海军的造舰计划通过两次追加达到了 343 艘，在海军部造舰部门的协调下美国的造船企业开始全面转向战时体制全力造舰。在加速造舰的同时，海军航空兵联合陆军航空队提出了一项迅速扩充航空兵实力的计划，扩编 84 个航空兵大队和 7800 架作战飞机，这项计划也迅速得到了国会和政府的批准，作战飞机的建造也开始全面加速。

二战爆发后，德国先后占领了奥地利、捷克斯洛伐克、波兰及荷兰、比利时、卢森堡，进而占领法国，并直逼英国，使英国陷入四面交困的绝境，对于美国继续在欧洲事务中施加影响极为不利。同时，美国在远东地区的利益受到损害，日本在远东的侵略扩张日益猖獗，其目标是建立所谓“大东亚共荣圈”，但环太平洋尤其是东南亚地区因其重要的地理位置和丰富的战略资源也是美国的必争之地。因此，日本的侵略行动势必同美国的利益发生冲突。美国国会已经开始清楚认识到，在国际局势对合众国安全越来越明显的威胁下，只有全力加强海军扩充建设才能应付军事威胁。美国国内的社会舆论也开始发生明显变化，法国沦陷后，美国的民意测验表明，

85%的美国人认为美国必须加强备战，罗斯福总统敏锐地把握住了主流民意的变化。1940年6月11日他发表了演说，发誓要动员美国的武装力量，同时还要向相关抵抗侵略的国家提供军事和海军援助。在罗斯福的积极推动下，1941年3月，美国国会通过《租借法案》，国会授予总统在其认为有利于国家防务的时候，“在其所管辖的兵工厂、工厂和船坞内制造或以其他手段获得任何防务物资，以供给总统认为其防务对美国防务至关重要的任何国家政府；向任何这样的政府出售、转让、交换、借予、租给或其他方式安排任何防务物资”。这是美国战时外交政策，同时也是美国的战时军火贸易政策和军事援助政策。可以说，《租借法案》是美国为实现其国家目标的战时明智选择。《租借法案》成为美国在战时援助欧洲盟国、抵御德意法西斯进攻的重要方式和手段。根据《租借法案》，美国共向英国等数十个反法西斯国家提供了500多亿美元的物资。据此，美国迈出了国际外交事务与国内政治斗争紧密交织的关键性一步，走上了在外交上与其他反法西斯国家结成联盟共同对敌，积极参与国际事务并争取实现美国世界领导地位的道路。

美国海军作出了从太平洋地区抽调舰只充实新组建的大西洋舰队的计划，以及将太平洋地区海军集中到夏威夷地区整编太平洋舰队以准备同日本作战的计划。同时，美国海军开始制定新的战争计划，进一步加快基地建设、人员训练和飞机建造的速度，正式进入了参战前的全力备战时期。

（二）先欧后亚，夺取两洋战场胜利

随着欧洲战场的发展，美德关系恶化。1941年2月美国宣布冻结德国在美资产，4月扩大到美洲安全区，同时，罗斯福宣布美国实行海上巡逻制度，美国海军开始在西半球巡逻，其目的在增加与德国潜艇短兵相接的机会。5月27日，罗斯福宣布美国进入全面防御状态。9月，罗斯福下令美海军可向德舰开火。10月，国会要求修改《中立法》，武装商船。美国就这样一步步走上了对德开战的

道路。

1941 年 11 月 25 日，日本的一支航空母舰离开千岛群岛，远程奔袭美国在夏威夷珍珠港的海军基地，大量陆军在印支南部待命突击马来西亚。美国领导人虽然从截获的电报中获悉日本要想进攻某地，却没想到是袭击珍珠港。12 月 7 日晨 7 时 55 分日本开始袭击珍珠港，以极小的代价给美国造成了沉重的损失：瓦湖岛上所有飞机不是被毁就是受损。珍珠港内 8 艘战列舰失去了战斗力，同时美国 2322 名陆海军人员死亡。日本军队还对香港、马来亚、新加坡、菲律宾、印度尼西亚和缅甸等国发起进攻。12 月 8 日，美英两国对日宣战。12 月 11 日，德意两国对美宣战。美国正式参加了第二次世界大战，自此扩张主义占据了美国霸权战略的主流。

参战后，美国改变了前期的太平洋防御政策，坚持先欧洲后亚洲，继而扩展至全球的战略。对这一战略的制定，乔治·马歇尔将军发挥了重大作用。马歇尔时任美国陆军总参谋长，早在美国参战之前，他就极力主张采取“首先击败德国”的战略。他在致罗斯福的一封信中指出：“东方的问题很大程度上要取决于欧洲问题的解决。”这一想法后来成了美英两国的共同战略。① 1941 年 3 月，美英两国军方代表签订了《ABC—1 参谋协定》，确定了两国首先打败德国，再对付日本的原则。这是一项包括所有地区陆地、海洋和空中的世界范围的协议，其中设想英国和美国可能联合采取行动反对任何敌人。日本的偷袭激怒了美国社会，美国人民强烈要求政府集中力量打败日本，在美军内部，远东陆军司令麦克阿瑟和诸多海军高级将领也强烈要求将重兵投入太平洋战场反击日本。

然而在美国全国上下都要求去打击日本的情况下，罗斯福及其幕僚们为什么还坚持欧洲第一战略呢？其主要原因：一是德国的力

---

① ［美］美国陆军军事学院著，友生等译：《西方近代战略家》，北京：军事译文出版社，1984 年版，第 27 页。

量远比日本强大。德国在占领了西欧各国后，在人力、物力和资源方面大大超过了日本。1941 年，德国及其盟国和被占领国的钢产量达 4000 万吨，煤 3 亿多吨，汽车 60 多万辆，武器生产居世界第一位。并且早在 1939 年便有情报说德国已经开始研制一种威力极强大的新式武器——核炸弹。这些都说明德国是轴心国集团中力量最大的，无疑对美国安全构成了严重威胁。所以美国海军部长诺克斯声称："我们知道谁是我们的大敌，谁是必须首先打败的敌人。他不是日本，也不是意大利。他是希特勒和希特勒的纳粹分子，希特勒的德国。"[①] 二是美国主要的经济中心和大城市都集中在东海岸，相对的靠近欧洲。而美国西海岸距美国的经济中心十分遥远，西海岸距日本较东海岸距欧洲的距离要远的多，所以美国惧怕德国更甚于日本。三是德国为保护在南美日益增长的利益而沿大西洋南下的危险迫在眉睫，如果法西斯国家统治欧洲大陆必然对美国和西半球的安全构成威胁。四是苏德战争爆发后德国的进攻十分迅猛，苏军一溃千里，美、英担心苏联迅速战败或与德国媾和。五是美国和欧洲特别是西欧有密切的经济联系。美国海外投资的大部分是在欧洲，仅在英国就占有美国 120 亿美元海外投资的 42%，在欧洲各交战国也有 32 亿美元的投资，而在亚洲却不足 10 亿美元。美国同亚洲的贸易额也仅有 10.8 亿美元，而同欧洲 1937 年的贸易额就高达 22 亿美元。[②] 所以美国军政界得出一致结论：纳粹德国对美国构成的威胁比日本所构成的威胁要大得多，美国的战略重点应该是欧洲。因此美国把德国列为它称霸世界最危险和最强有力的敌人，打败了德国，美国自然而然就成了世界霸主。为此，美国在二战期间和盟国间先后举行了一系列最高级会议，这些会议都紧紧围绕"先欧后亚"这个总体战略，分别制定出对德意日法西斯作战的各项具体作战计划和方针。

---

① ［英］约翰·科斯特洛：《太平洋战争》，王伟等译，上海：东方出版社，第 75 页。

② 朱贵生等：《第二次世界大战史》，北京：人民出版社，1982 年版，第 287 页。

随即，美国在大西洋和太平洋主动出击，与德、日展开了激烈的海权争夺战。在大西洋战场美国与德国进行激烈的潜艇战和两栖登陆战。1942 年 1 月到 6 月，美国遭遇了其历史上最大的“海上绞杀”，德国潜艇屡次出现在美国东部沿海，兴戎起衅，偷袭商船。将近 234 万吨船只在西半球被德国潜艇击沉，同盟国被潜艇击沉的船只加起来总量达 280 万吨。有历史学家曾将这和珍珠港袭击的损失相提并论，德国的这种优势一直保持到 1943 年 5 月。1943 年 7 月，由于已拥有足够护航的驱逐舰，美国立即组成护航航母方队专门猎杀大西洋德国潜艇。到 1944 年 4 月，德国在大西洋的潜艇只剩 50 艘。二战中美国北大西洋的护航舰船有 8233 艘，共为 47997 艘商船进行过护航。另外在中、南大西洋到地中海的航线上，美国一共组织了 24 个护航方队，成功护送 53.61 万部队前往欧洲战场，且没有 1 艘部队运输船或者游轮遭受损失。

反潜战的胜利为欧洲第二战场的开辟扫清了较为安全的海洋之路，这是大战最终取得胜利的重要前提。此后，美国海军先后进行了北非登陆作战、西西里登陆和诺曼底登陆战。1944 年 6 月 6 日，诺曼底登陆战打响，这次战役是迄今为止世界上规模最大的一次海上登陆作战，近 300 万士兵渡过英吉利海峡前往诺曼底。战役持续了 2 个多月，最终盟军 92.9 万兵力、58.6 万吨物资和 17.7 万辆坦克成功登陆，并解放巴黎，诺曼底战役结束。诺曼底成功登陆宣告了盟军在欧洲第二战场的开辟，使纳粹德国陷入两面作战，有利于迫使其无条件投降，以便美军把主力投入太平洋对日作战，由此加速了二战结束。从 1943 年开始，随着欧洲和北非战场盟军的胜利，美军开始将较大的力量投入到太平洋战场，加强了攻势。盟军还制定了新的战略：一是实施封锁，切断日本和东印度群岛之间的石油运输线；二是对日本城市进行持续的轰炸；三是如有可能，直接进攻日本本土。美国和盟军经过制定周密的战略携手作战，终于打败了德意日法西斯集团，取得了二战胜利。

（三）联合英国、苏联，建立反法西斯同盟

二战初期，英国单独抗击着德国，加上轻敌思想和防务布置不当，英国遭受了惨重的损失，英伦三岛受到德机空袭的严重破坏。特别是攻英战役失败以后，德国便把全部海军放在了大西洋运输线上，把切断英国的生命线——海上运输线作为对英作战的关键，集中攻击英国的海上运输船队，围困封锁英国，以迫使英国屈服。英国依据它所面临的形势和自己的海军优势，确定了其基本的战略任务，即保卫英伦三岛，抗击敌人的空中入侵，保卫英国通往北美的大西洋运输线，保卫从地中海到中东到远东的海上运输线。同时，在大西洋海战中，英国反复强调英美两国携手控制全球海洋的重要意义。1940 年 12 月 7 日，英国首相丘吉尔在给美国总统罗斯福的信中表示，美国的安全和大英帝国的独立都建立在海权基础之上，为此英美两国应该携手控制全球海洋。丘吉尔提议由美国海军来控制太平洋，英国海军则负责大西洋防务，他强调这种安排对于确保英美两国的海上贸易通道的安全意义重大，同时也可以让战火远离美国海岸。

美国支持英国，除了因为德国是美国最有力的竞争对手外，还出于战略上的考虑。长期以来，正是靠英国海军控制大西洋，美国才能自由地把强大的舰队部署在太平洋来对付日本。为了维护本国的安全和利益，美英两国愿意支援苏联的反法西斯侵略的斗争。1940 年 8 月，罗斯福和丘吉尔在大西洋的一艘军舰上会晤并发表联合声明，史称《大西洋宪章》。宪章表达了美国和英国联合世界人民共同打败纳粹暴政的决心。1940 年 9 月，英美两国又签订了驱逐舰交换基地协议，美国将 50 艘旧驱逐舰交给英国护航队使用，作为交换条件，英国把大西洋中的百慕大等 8 个岛屿租让给美国，美国可以建立军港、军事基地、飞机场。这样，英国不但把这 8 个岛交给美国保护，同时美国还为英国在大西洋的运输船队提供了护航。

除此之外，美国从英国手中接管了格陵兰和冰岛的防务，这些

地方将为美国提供在中大西洋的基地。1940 年 4 月 10 日，美国政府宣布，由于与丹麦驻华盛顿公使和英国加拿大政府达成协议，美国今后将“把格陵兰包括在我们的半球合作防务范围之内”①，几天后美英两国就开始秘密商谈安排由美国部队进驻冰岛的问题。这一切都表明了美国和英国在世界战略上逐步协调一致的趋势。

1917 年十月革命后，美国一直对苏联实行不承认政策，罗斯福就任总统后，鉴于国际形势发生了巨大变化，美国不得不调整对苏政策。为缓解危机，美国资本急需打入苏联市场，同时，为了抗衡德国和日本的崛起与扩张，维持欧亚力量的均势，十分有必要联合苏联。美国国内大部分人都赞成与苏联建交，产业界的一些大公司也持赞成的态度，因为苏联广大的市场对他们有很大的吸引力。于是，1933 年 11 月美苏两国开始了建交谈判。美国采取求同存异的态度，把立即建交放在第一位，其他问题留到以后解决，双方很快达成建交协议。美英两签署《大西洋宪章》后，苏联宣布同意《大西洋宪章》的基本原则，这样，美英苏三国联合反对法西斯就有了共同的原则基础。

1941 年 9 月 29 日至 10 月 1 日，美英苏三国在莫斯科举行会议，签订秘密协定书，规定美英向苏提供飞机、坦克和其他军用物资。这次会议进一步加强了苏美英三国的军事和政治合作关系，使盟国能动员一切力量来反对法西斯，为建立国际反法西斯联盟铺平了道路。1941 年 11 月 7 日，罗斯福发表声明，宣称保卫苏联对美国“是极其重要的”，国会批准将《租借法》的范围扩大到苏联。太平洋战争的爆发，进一步推动了国际反法西斯统一战线的形成和壮大，1942 年 1 月 1 日，美、英、苏、中等 20 个国家的代表在华盛顿签署了《联合国家宣言》宣布所有的签字国家保证运用其全部军事与经

① 世界知识出版社编：“美国和冰岛有关美国军队防御冰岛的换文”，载《国际条约集 1934—1944》，北京：世界知识出版社，1961 年版，第 329 页。

济资源，反对德意日三国及其仆从国家，不单独同他们签订停战协定或和约。这样，世界各国人民在打败法西斯的旗帜下实现了大联合。时任美国国务卿的科德尔·赫尔热烈评价《联合国家宣言》的发表，他说："联合国家的宣言在历史上最大的共同作战努力中，把代表绝大多数居民的26个自由国家的决心和意志联合起来了。这是一个活生生的证据，说明遵守法律、爱好和平的国家到了必要的时候能够团结起来使用武力去维护自由、正义和人类的基本准则。"《联合国家宣言》的签署标志着国际反法西斯同盟的形成。

（四）实行睦邻政策，建立美洲共同防御体系

美国自建国以来就非常重视拉美地区在美国国家安全方面的地位与作用，从"门罗宣言"的发表到19世纪后期"泛美主义"的提出，都表明在美国的安全战略视角中，拉丁美洲是美国的后院，是美国本土安全的一道屏障，决不允许别人染指。由于拉丁美洲拥有许多重要的战略地区、丰富的战略资源和自然资源，在20世纪30年代德、意、日三国从全球战略出发，通过经济、政治和意识等渠道加紧对一些拉美地区的渗透，竭力扩大自己在这些国家中的势力，企图把某些拉美国家变成他们发动侵略战争的重要基地或盟友。德国对拉丁美洲20个国家的投资，到第二次世界大战前夕已达10亿美元，其中半数在阿根廷。在拉美各国的进出口贸易中，与英、美的下降趋势相反，德国在不断增加。以1929年和1938年相比，德国在拉美的进口总值比重由10.6%增加到17.8%，美国则由38.7%下降到35.1%，出口总值的比重，德国由8.1%提高到10.3%，美国则由34%下降到31.5%。[①]

面对法西斯国家的渗透和侵略，出于战略的考虑，1933年3月4日罗斯福就任总统的时候宣称美国准备调整对拉美政策，对拉丁美洲各国实行"睦邻"政策。此前，美国拉美政策中美洲体系的性

① 樊元等：《外国经济史》（第3册），北京：人民出版社，1983年版，第63页。

质是美国的殖民主义体系，“睦邻”政策则是强调在彼此谅解相互信任的睦邻合作基础上构建美洲体系，由武装干涉转向睦邻合作。经济上，美国主张互惠贸易，增强与拉美国家平等合作关系。1938 年 4 月，罗斯福批准成立由副国务卿、陆军参谋长和海军参谋长组成的常设联络委员会，除国内任务外，负责向拉美的防御组织提供武器，罗斯福还鼓励将全国军事计划转变为西半球防御计划。

为取得拉美各国对这些防御计划的支持，罗斯福和国务卿赫尔决定于 1938 年 12 月 9 日在秘鲁利马召开第 8 次泛美会议，会议上组成牢固的西半球反纳粹阵线。赫尔通过驻阿根廷、巴西、智利等 8 个拉丁美洲国家的使节，向驻在国表示，美国认为欧洲战争是对西半球和平的威胁。为了保证美洲大陆的和平，美国建议，根据 1936 年布宜诺斯艾利斯会议和 1938 年利马会议通过的公约和宣言，举行美洲各共和国的外长协调会议。经过赫尔艰苦努力后，美洲各国在维护它们的团结和共同反对一切外来威胁这个重大原则问题上取得了一致看法，通过了《利马宣言》，重申了 21 个美洲共和国联合抵抗任何法西斯或纳粹对西半球和平与安全威胁的决心，大致上确定了美洲国家战时合作框架。

二战爆发后，美国政府迅速采取行动以加强西半球防御，安排召开美洲各共和国外长会议。1939 年 9 月 23 日，21 个拉美国家外长在巴拿马城召开会议，会议重申 1938 年《利马宣言》的原则，并表示“愿为维持美洲的和平及全世界和平的重建”而努力，并一致通过了共同中立条例，会议最显著的成就是通过《巴拿马宣言》，提出在加拿大以南大西洋岸周围 300—1000 英里（约合 482—1609 千米）的区域内建立一个安全区，由 21 个共和国划定。巴拿马会议所通过的各项决议和宣言，是完全符合美国利益的，有利于西半球防御，也有利于反法西斯战争。

1940 年 4—5 月间，德国攻占丹麦、挪威、荷兰、比利时和卢森堡。美国意识到不仅美洲有遭受直接攻击的危险性，法国和荷兰在美洲的殖民地也有可能落入德国等法西斯国家之手，法国和荷兰分别据有圭亚那的一部分，荷属圭亚那盛产铝土，是美国炼铝工业的重要原料产地。法属马提尼克、瓜德罗普和荷属库拉索、阿鲁巴等岛屿，都具有重要的战略价值，上述诸地的命运问题为美国和一些拉丁美洲国家所关注。1940 年 4 月 9 日，美国与丹麦公使达成协议，在格陵兰建立海空军基地。

1940 年 6 月 17 日美国向德、意两国政府发出照会，并通报英、法，宣布：现在由欧洲国家掌握的位于西半球的任何领土，如果转让给其他非美洲国家，美国一概不予承认。与此同时美国还向拉丁美洲国家建议，提前召开原定于 10 月 1 日举行的第二届美洲各共和国外长协商会议。对于美国的建议，拉美国家予以了积极的响应。1940 年 7 月 22 日至 30 日，第二届美洲各共和国外长协商会议在哈瓦那举行，会上通过了《哈瓦那宣言》，会议发表声明反对直接或间接地进行旨在改变欧洲国家在美洲殖民地宗主权的活动。会议宣布，对美洲任何一个共和国的进攻，就是对美洲所有共和国的进攻。以美洲及四周水域为安全区，由美国海军巡逻。哈瓦那会议后，美国在 1941 年 11 月派兵占领了荷属圭亚那，巴西派观察员参加。1942 年 5 月，美军占领了荷属库检索和阿鲁巴两岛，委内瑞拉可定期派观察员前往。

罗斯福在呼吁美洲国家共同御敌的同时，采取实际行动来发展同拉美国家的防务合作。1940 年 6 月，美国国会通过法案，准许向拉丁美洲国家出售武器。6 月 22 日，罗斯福签署命令，为在美国军事学校里培训拉丁美洲军官提供资助。6 月 10 日至 24 日，美国派遣军事人员赴拉丁美洲各国，就防务合作问题进行具体商谈。1940 年 9 月至 1941 年 2 月，哥伦比亚、古巴和尼加拉瓜分别同意向美国提供军事基地。通过同加勒比海沿岸国家所签订的协定，美国海军和军事前哨已遍布加勒比海整个地区。1941 年 4 月，美国同墨西哥达成协议，相互允许对方军用飞机飞越本国领空和在本国机场着陆。

不久后，美国同厄瓜多尔达成了类似的协议。

根据1936年美国—巴拿马条约第10条的规定，美国同巴拿马达成协议，美国可在运河区以外的一些地区建立空军基地和防空设施。1941年8月，美国和加拿大建立了联合防御体系。墨西哥—美国联合防务委员会于1942年1月12日宣告成立，厄瓜多尔同意让美国在加拉帕戈斯群岛和圣埃伦娜半岛建立空军和海军基地。委内瑞拉准许美国飞机自由飞越自己的领空。哥伦比亚将普罗维登西亚岛交给美国作为加油站，允许美国陆海军观察员着便服进驻巴兰基利亚、麦德林和库库塔等地，美国海军为追逐敌舰有权驶入哥伦比亚领海，美国军用飞机可飞越哥伦比亚领空。另外，秘鲁同意美国在塔拉拉建立空军基地。

通过以上步骤，美国和拉美各国一道建立起反法西斯侵略的防御体系，在参战前巩固了战略后方，免除了后顾之忧。同时，美国同许多拉丁美洲国家缔结的双边协定大大地推进了美洲防务合作的发展，并为第二次世界大战期间美洲国家团结起来反对法西斯的斗争奠定了基础。到二战结束时，美国通过租借协定在拉丁美洲建立的军事基地已经有90多个。

第二次世界大战对世界各国来说无疑是一场灾难、一场浩劫，欧洲大部分国家遭到战争的极大破坏和削弱。在欧洲，西欧大国的“内耗”让它们失去了抵制美国资本冲击的基本能力。苏联虽然在政治上和美国平起平坐，但是作为其政治、经济中心的欧洲本土在战争中遭到极大破坏，医治战争创伤是苏联在战争结束后的首要任务。

然而，第二次世界大战之际，美国利用太平洋战争的机会，将本国在海上的势力范围扩展到了西太平洋；通过与英国的租借法案，将力量深入到了大英帝国传统的势力范围之中；通过参与惨烈的欧洲战争，为其掌握战后欧洲的命运打下了基础。至二战结束之后，美国经济已无任何国家能与之相媲美。美国在资本主义世界工业中所占的比重，从1938年的36%增长到1948年的54.6%，是西欧和日本总和的两倍多。美国黄金储备占资本主义世界的70%，国外投资1948年达313亿美元。[①] 美国不仅在经济上成为世界的一流强国，其海上力量也远远超过了英国。到二战结束时，美国在全球拥有484个军事基地。战争结束后，美国又进一步加强了对西北太平洋的控制。

1945年9月6日，美国以“盟军”的名义完成了对日本的单独占领。1946年，美国参谋长联席会议制定了一项“边疆西移”计划，将第七舰队开进日本，占领琉球与小笠原群岛，建立冲绳海军基地。1947年，美国又占领马利亚纳群岛、加罗林群岛和马绍尔群岛等岛屿。美国在太平洋、大西洋和地中海等海域都建立了海军司令部，派驻了强大的海军力量。美国拥有1250万军事人员，其中海外驻军750万人，大型舰船1200艘，实力远远超过英国皇家海军。真正成为了世界上最强大的海洋霸主。

第四节　维护海上利益，控制世界海洋财富（1945年至冷战期间）

第二次世界大战之后，世界迎来了较长时期的和平发展。然而，世界各国对各类国家主权管辖范围外区域的利益博弈却未曾间断。随着科技的进步和国际关系的变化，以及世界人口数量的快速增长，重要原生资源，包括能源和食品的日益稀缺，促使人类开发和利用的海洋的步伐加快。海洋蕴藏的巨大资源引起了各国的普遍重视，国际上要求扩大领海范围和增加毗连区渔业专属权的呼声渐高。作为世界第一经济大国，美国已具备了大力发展海洋事业的前提条件，

① 黄绍湘：《美国通史简编》，北京：人民出版社，1979年版，第654页。

迫切需要寻求一个与政治大国、经济大国、军事大国相匹配的海洋强国的战略地位。为适应国际形势的变化，最大限度地维护自身利益，美国政府开始转变发展思路，海洋战略向多元化发展。对海洋的研究和开发逐渐从军事目的转向资源开发和利用上，并将影响力渗透到若干相关领域。随着海洋发展总体思路的逐渐转变，美国政府开始在政治、军事、科技等相关领域实施海洋战略。

一、重视海洋利益，谋求大陆架、海底与极地资源

随着世界各海洋国家对海洋的不断探索，人们逐渐认识到海洋里蕴藏着丰富且极有价值的海洋资源。当时被各国所公认的是海洋被划分为领海和公海两部分。数世纪以来，由大炮射程划定领海宽度“3 海里领海宽度规则”是不成文的国际惯例。这一主张在 1794 年获得美国国会批准。在 1930 年的海牙国际海洋法编纂会议上拟订《领海法律地位草案》，明确了领海属于沿海国领土并允许外国船舶无害通过的法律制度，这一规则正式获得通过，成为国际法准则。二战后，由于技术的进步及能源需求的剧增，石油工业开始在近海开采石油，各国对海底的勘测工作也已取得大量资料，足以证明大陆架是大陆板块的自然延伸。由原来大炮射程划定领海宽度的传统已不能适应新的国际现实，国际上要求扩大领海宽度的呼声渐高。并且国际联盟 1930 年召开的国际法编纂会议未能就领海宽度达成协议，一系列国家（主要是拉丁美洲国家）陆续采取单方面行动，将其领海界限扩大到 3 海里范围以外。例如，乌拉圭、哥伦比亚、伊朗、古巴、希腊和意大利先后宣布领海界限为 6 海里；墨西哥宣布领海为 9 海里；危地马拉和委内瑞拉则宣布领海为 12 海里。美国作为世界强国在海洋资源利益争夺上当仁不让起主导作用。

（一）《杜鲁门公告》与美国的大陆架主张

美国大陆架政策的出台在很大程度上取决于国内利益的平衡。

美国政府关注美国大陆架利益的国内利益集团主要由两种行业的力量构成：一是渔业利益集团；二是石油工业集团。这两个利益集团主宰了美国的大陆架政策的走向，从而促使美国的《杜鲁门公告》出台并产生了极大影响。

1.《杜鲁门公告》出台的背景

早在1936—1938年期间，日本渔船开始在阿拉斯加布里斯托湾渔场捕捞鲑鱼，尽管1931年日本和美国曾达成协定，保证日本的活动将不会干扰美国的鲑鱼业。鲑鱼当时是美国渔业产值中最高的一种鱼，阿拉斯加是美国鲑鱼生产的主要基地。从1927年至1936年，美国和加拿大共同投资1600万美元用于鲑鱼资源养护和管理。但从1936年开始，日本政府支持渔业人员对布里斯托湾的鲑鱼资源进行调查，不但使阿拉斯加鲑鱼产业界担心鲑鱼资源因此而枯竭，而且在美国国内引起强烈反日情绪。为了保护沿海各州和私人的大规模投资，渔业利益集团给美国政府施加了强大的政治压力，要求采取行动限制外国公民在阿拉斯加大陆架上覆水域捕鱼的权利。1937年7—8月间，国务院官员斯特金在阿拉斯加州渔业局官员以及阿拉斯加鲑鱼业代表的陪同下，对西雅图至布里斯托湾一带的渔场进行了实地考察。在与渔业利益团体代表广泛接触后，斯特金报告国务院，渔业界认为日本的捕鱼活动对美国鲑鱼产业构成了威胁，应控制美国领海以外海域的捕鱼活动。渔业利益集团的要求也迅速在美国国会引起回应。1937年，国会参议员博恩（Homer T. Bone）提出一个议案，要求将美国沿海管辖权范围扩大到水深182米等深线处，以便对渔业资源进行必要的保护和养护。此后，阿拉斯加州众议员戴蒙又于1938年2月在众议院提出更为激进的议案，要求外国公民不得在阿拉斯加沿海远至大陆架外延以内的水域捕捞鲑鱼，要求国会授权美国总统建立鲑鱼业执法区域。

此事也引起罗斯福总统的注意。1937年11月，他在一份备忘录中询问国务院法律顾问摩尔，他是否可以发布一项总统声明，宣布

禁止在阿拉斯加沿岸海区进行一切捕捞活动，建立一个海洋保护区。在另一份备忘录中，他又询问是否可以禁止在阿拉斯加大陆架区域捕鱼。对此，摩尔委婉地告诫称可能会引起国际麻烦，保护沿岸鱼类的行动很难奏效。美国对本国沿海渔业衰退的忧虑也有增无减。此外，随着水下石油资源的钻探与开采技术的提高，美国对超过 3 海里的大陆架上的石油也有开采要求。早在 1920 年，加利福尼亚州已经对其沿岸的油气田进行商业性开采。1937 年，普尔和苏佩利奥尔石油公司在墨西哥湾内距路易斯安那州海岸 1 英里处发现了石油，这次发现开创了墨西哥湾大规模石油开发。1941 年英美石油公司又在墨西哥湾另一地点发现石油，这里距路易斯安那州海岸线 2 海里，距美国可行使领海管辖权的界限只有 1 海里。当时，由于是在战争期间，石油产品的需求量急剧增加。为此，1939 年 7 月 1 日，美国总统罗斯福在致司法部长、国务卿、内政部长及海军部长的备忘录中建议设立新的跨部门联合委员会来研究大陆架矿产权问题。1940 年 3 月 13 日，总统授权成立了“海床石油矿产土地研究委员会”（Interdepartment Committee to StudyTitle to Submerged Oil Lands）。

此外，1938—1939 年，已经有数个国会委员会在全面调查近海石油开采问题了。若干次听证会都把注意力对准了 3 海里外的海床的所有权和管辖权问题。例如，第 75 届国会众议院司法委员会举行了题为“美国对水下石油储层的权利”的听证会，第 76 届国会参议院公共土地和勘测委员会也举行了同样题名的听证会。由于美国国内利益集团和美国国会就美国大陆架利益问题向美国行政部门施加了巨大影响，美国国务院和内政部在这些压力之下分别对美国大陆架渔业和石油资源问题进行了研究。

2.《杜鲁门公告》及对美国海洋利益的影响

1944 年 7—8 月，国务院和内政部的磋商小组已就声明草稿达成初步的一致意见，同意通过发表总统公告的方式，宣布对水下土地和资源行使管理权。1945 年 1 月 22 日，内政部和国务院终于拟好了向总统提交的联合备忘录。备忘录综合了内政部和国务院的意见，规定“在总统批准备忘录之后两个月内，并在征求相关外国政府意见后”，由总统签署并发布美国大陆架政策。由于罗斯福于 4 月 12 日逝世，国务院和内政部于 4 月 30 日再次联合向继任总统杜鲁门汇报了此事。杜鲁门于 5 月初同意继续推进既定政策。

1945 年 9 月 28 日，美国总统杜鲁门宣布了两个早已拟好的文件，即《大陆架公告》和《公海捕鱼声明》，统称《杜鲁门宣言》。

在《大陆架公告》中，杜鲁门声称，“认识到全世界对于石油及其他矿藏的新资源的长远需求，美国政府鼓励发现和有效利用这些资源”，“鉴于专家指出这些资源大量存在于美国沿岸大陆架之下，同时随着现代科技的发展，这些资源的利用已经或即将成为现实”，“鉴于应对这些资源保护并谨慎利用，在着手开发这些资源时承认对这些资源的管辖权是必要的”，“鉴于美国政府认为毗邻国家对于大陆架的底土和海床的自然资源行使管辖权，是合理的、公正的，因为利用和保全这些资源的措施的实际效果取决于来自岸上的合作和保护，因为，可以把大陆架看成是沿海国家的陆地延伸，因而自然地属于……”，因此美国政府认为“处于公海下但毗邻美国海岸的大陆架底土和海床的自然资源属于美国，受美国的管辖和控制”。

在《公海捕鱼声明》中，杜鲁门宣布，“鉴于迫切需要保全和养护渔业资源，美国政府认为，在捕捞活动现在已经或将来可能得到大规模发展和保持的、与美国海岸相邻的公海的那些区域内建立保护区是正当的。在这种捕捞活动现在已经或今后将要由美国自己的国民来发展和维持的区域内，美国认为，建立边界明确的保护区是正当的，保护区内的捕捞活动将由美国管理和控制。在这种捕捞活动现在已经或今后将由美国国民和其他国家的国民联合进行合法的发展和维持的区域内，边界明确的保护区可以依照美国和其他有关国家之间的协定建立；这种保护区内的所有捕捞活动将按照这些协定的规定进行管理和控制。如果相应地承认美国国民在这种区域

内可能存在的任何捕捞利益，那么任何国家依照上述原则在其沿岸水域建立保护区的权利将得到承认。建有这种保护区的区域的公海特点及其自由无阻通航的权利决不会因此而受到影响。”由于担心美国单边主义行为会激起世界各国的强烈反对，公告对大陆架上覆水域和大陆架本身均未提出主权主张，只对资源主张管辖权。《杜鲁门公告》体现了美国的矛盾心态：一方面不容他国染指本国的沿海利益；另一方面又想尽可能大地攫取国际海洋利益，因为把其他国家的领海限制在较小的范围内，对海洋大国无疑是最有利的。

公告发布后，在美国国内和国际上产生了极大影响。在美国国内，因为是美国首个海底权利声明，直接触发了新一轮国家提出大陆架权利主张的浪潮，并导致了内政部权力的膨胀，对国内政治产生了深远影响。在国际社会就海底问题陷入长期争论的同时，美国国内围绕深海采矿及国家管辖范围之外的海底疆界问题，爆发了一场公开的长时间争论。从内政部掌握海底资源开发租借权开始，美国政府内部就存在着关于渔业利益、石油利益和军事利益的争论，主要的分歧集中在国防部和内政部之间。其中的分歧或趋同主导了政府在海底界限问题上的两次政策转向。这场争论既是美国政府内部的体制之争，同时也是“美国化”与“国际化”的体系之争。在《杜鲁门公告》出台后，内政部获得了极大的政治回报。杜鲁门总统在发表海底公告与渔业公告的同时，公布了一项行政命令，即“美国大陆架的资源置于内政部长的管辖与控制之下”①。

在国际上，《杜鲁门公告》引起了一场蓝色“圈地运动”。一些西方国家重提 12 海里领海宽度的主张，拉丁美洲国家则宣称 200 海里领海。20 世纪 40 年代末 50 年代初，许多海洋国家继美国之后开始了延伸领海海域的运动。截止到 1955 年，很多国家都将自己的领

---

① Lawrence Juda, *Ocean Space Rights: Developing U. S. Policy*, N. Y: Praeger Publishers, 1975, p. 24.

海海域扩大到了200海里。这种涉及到大多数国家的大面积领海扩张运动的影响力甚至波及到了后来的三次联合国海洋法会议以及著名的《联合国海洋法公约》。

（二）美国领海宽度诉求与三次联合国海洋法会议

《杜鲁门公告》引起其他国家纷纷效仿，由于各国单边宣言中声明的领海宽度范围各不相同，各国海洋利益的矛盾冲突加剧，其结果是，为主权国家所控制的海洋面积激增，而“公海”面积锐减，这也意味着海洋自由原则适用空间的压缩，从而引起了世界海洋秩序的紊乱。为了规范海洋制度，协调海洋秩序，以解决领海宽度问题为首要，联合国曾分别于1958年、1960年和1973—1976年召开了三次海洋法会议，旨在编纂国际海洋法，确定海洋各海域的法律地位，调整各国从事各种海洋活动的关系。作为当时最强大的海洋大国，美国推动和参加了联合国三次海洋法会议，并为维护本国海洋利益做了孜孜不倦的努力。

1. 为维护海洋航行自由，坚持“3海里领海宽度原则”

美国在第一次联合国海洋法会议前做了充分的准备。艾森豪威尔总统在海洋法会议前的国情咨文中指出此次会议的总原则，即美国“必须维护海洋自由”。这意味着，美国从国家安全利益和经济利益的角度，从限制苏联集团军事机动性的目的出发，提出所能接受的最大的领海宽度就是3海里，而捕鱼区就是9海里。具体来说，美国政府坚持3海里领海基于以下方面的考虑：（1）国家领海宽度的扩大会导致公海航行危险的增加，而造成这种影响的原因有很多，譬如，当时世界上只有大约20%的灯塔建于12海里或更远的海面上，12海里领海对商业和航行有不利影响。（2）扩大领海宽度会阻碍全世界的海上贸易和航行，容易增加争端，导致国际紧张局势。例如，船舶正常通过12海里领海受干预的风险增加将导致保险费用的增加，从而增加航运费用。（3）扩大领海宽度会增加沿海国有效巡逻和执法更广阔海域的负担。（4）对中立国而言，在未来的冲突

中，3 海里领海比 12 海里领海更利于保持中立。（5）扩大领海宽度会妨碍情报收集活动的开展，会对军事和海军战略与战术产生不利影响。（6）领海宽度扩大到 12 海里，将使现有的公海面积减少超过 3000 万平方海里（约 1029 万平方公里），任何公海范围的缩小都会导致更多的海洋贸易纷争，并且加大对航海自由的限制。

此外，二战结束后，国际上原来的反法西斯统一战线分裂为美苏为首的两大阵营，并陷入紧张的对立状态。因此，从遏制苏联的军事行动方面来说，3 海里领海比 12 海里领海更有利于限制苏联潜艇的机动性，换言之，扩大领海宽度将使苏联潜艇获得更大的机动性。以上表明，美国坚持 3 海里领海宽度主要出于安全、政治、商业等方面的切实利益考量，其中关于限制苏联潜艇机动性的考虑明显体现了冷战思维。

为了使大会达成有利于美国海洋利益的关于领海宽度问题的协议，美国不遗余力地做会前的准备工作。为使其他国家在主要问题上站在美国的立场。国务院指示各驻外使团与其他国家政府就领海宽度、海洋资源养护及国际捕鱼权利等问题进行会前外交讨论。这种外交讨论旨在使这些国家政府了解美国关于养护和渔业问题的处理办法，获取其对于弃权程序和渔业毗连区的态度，从而为美国确立这些问题的最终立场提供参考。此外，国务院、内政部和国防部等部门进行了实地访问。国务院和内政部的官员分赴丹麦、联邦德国、希腊、冰岛、印度、荷兰、挪威、巴基斯坦、葡萄牙、西班牙、瑞典、泰国、土耳其和英国等国介绍渔业问题情况。海军部官员率领一批人马奔赴伦敦、奥斯陆、波恩和马德里，向这些国家说明扩大领海界限可能导致的安全方面的后果。

另外，国务院和国防部的代表与加拿大代表在纽约举行了特别会谈。国务院还向这些外交使团发送了关于领海界限扩大对美国和自由世界安全可能产生的不利影响的评论资料，以便促进外国政府理解并支持美国的领海宽度立场。美国务院还指示研究 12 个陆锁国代表团人员，并向其发送相关资料，力图向陆锁国政府阐明其 3 海里领海立场符合陆锁国对进入公海和享受公海自由的追求，而渔业养护立场则同样会使陆锁国获益。美国的最终目的是希望这些国家中的大部分都能够在海洋法会议中支持其立场。

1958 年 4 月 27 日，在第一次联合国海洋法会议中，美国始终秉着“维护海洋自由”这一原则，在支持和主张 3 海里领海的基础上，基于维护本国安全利益和渔业利益等方面的国家利益，极力反对任何多于 3 海里的领海提案。而苏联在会间却提出了 12 海里领海宽度的原则，与美国的原则大相径庭。在意识形态斗争的氛围中，美国坚决反对苏联的 12 海里领海提案。

由于在第一次联合国海洋法会议上各国对领海宽度问题争论非常激烈，为了使大会达成有利于美国海洋利益的关于领海宽度问题的协议，美国被迫作了较大让步，放弃 3 海里领海的提案，支持加拿大的“3 +9”模式提案，竭力确保 3 海里的领海宽度，并运用外交等多种手段极力促使其他国家对加拿大提案的支持。美国接受 9 海里的捕鱼区宽度，原因是“有助于减少一些国家要求更宽领海宽度（超过 3 海里）和毗连渔区宽度的可能性”。美国渔业部认为，“如果美国阐明理解沿海国家渔业方面的需要，就会令那些因渔业利益要求超过 3 海里领海宽度的拉美国家转向支持美国曾提出的 3 海里领海宽度的原则。”① 然而，在会上，美国与其重要友国即以英国为首的西欧国家和加拿大间的协商遭到彻底失败，领海宽度问题在此次大会上没有达成任何协议，美国维护 3 海里领海宽度的愿望落空。

但是，在第一次联合国海洋法大会上，来自 68 个国家的 700 个代表团签署了 4 个条约，即《领海与毗连区公约》《公海公约》《捕

① Doc. 331, Memorandum From the Director of the Office of Iner-American Regional Political Affairs to the DeputyAssistant Secretary of State for Inter-American affairs, FRUS 1958 - 60, Vol. II, p. 644.

鱼与养护公海生物资源公约》和《大陆架公约》。领海宽度问题悬而未决，只得将其推后到即将召开的第二次联合国海洋法会议中解决。

2. 领海宽度主张由“3+3”转变为“6+6”模式

由于第一次联合国海洋法会议没有能够就领海宽度和毗连渔区这两个至关重要的问题达成协议，联合国于1960年召开第二次海洋法会议。在两次会议间的两年当中，扩大领海或毗连渔区的沿海国数量有所增加，例如：1958年，中国宣布领海宽度为12海里；巴拿马的领海宽度从3海里扩至12海里。这种情况促使美、英等国更加竭力维护其传统的狭窄近海界限政策。

基于第一次联合国海洋法会议失败的教训，3海里的领海宽度不能为多数与会国所接受，毗连渔区的界定问题受到美国充分的重视。在两次海洋法会议期间，美国为第二次联合国海洋法会议的召开积极筹备，并最终使美国在第二次海洋法会议的领海宽度主张提案由“3+3”模式转变为“6+6”模式（即6海里领海宽度附加6海里的毗连渔区）。美国认为狭窄的领海宽度（3海里或“6+6”模式）符合当时自由世界所有国家的共同利益。因此，美国确立了第二次联合国海洋法会议中力争的目标，即争取通过狭小领海宽度并附有最小范围毗连渔区的提案。此时，美国已经将6海里领海宽度视为可接受的范围之内，这也是出于对抗苏联12海里领海提案的目的，退而求其次的一种选择。

在第二次联合国海洋法会议前，美国国务院召开会议讨论美国在会议上的立场，与会者包括国务院、内政部和国防部等部门的官员。美国对拉丁美洲、西欧、阿拉伯世界及亚洲的一些国家做了访问，探寻各国在领海宽度问题上的态度，并极力要求这些国家对美国代表团在会议中的立场全力支持。鉴于在第一次联合国海洋法会议中的失败，再幻想3海里领海宽度的提案为大会所通过是不现实的，而没有毗连区的提案也不可能为与会各国所接受，所以美国重新制定了提案，即6海里领海附加6海里捕鱼区。提案规定在6海里捕鱼区内，外国渔船在经常捕鱼的海域，可以获得继续在那里捕捞的权利，但不能超过近5年内的捕捞产量。

1960年3月17日至4月26日，88个国家参加了在日内瓦举行的第二次联合国海洋法会议。会议讨论紧紧围绕领海宽度和毗连渔区，并且没有分设小组委员会，全部讨论均在全体委员会进行。美国代表团派出包括代表、顾问、技术秘书等在内的庞大阵容。

会上美国、英国和加拿大各自递交了一份提案。加拿大提出6海里领海宽度和6海里毗连渔区，然而并没有将传统捕鱼权附加在提案中，而英国提出6海里领海宽度和6海里毗连渔区，并附加无限期使用传统捕鱼区权利的条件，美国虽然也希望英国的这一提案能够通过，但是，支持该提案的国家仅限于一些发达国家，而近海国家尤其是大部分亚非和拉丁美洲的国家都积极支持加拿大提案。尽管如此，加拿大提案和美国提案未必能够获得大会的最终通过。经过利益权衡，美国采纳了其盟友西欧国家和加拿大在第一次海洋法上提出的“6海里领海加6海里捕鱼区（6+6）”提案。美国认为，只有在加拿大提案基础上，加上传统捕鱼权，并加之以一定年限，这样的折中提案才有可能获得2/3的票数，以避免大会再次失败或是12海里领海提案的通过，美国将这种选择视为最后的底线。

美加联合提案迫于当时的情形，折中了英国提案和加拿大提案。在加拿大提案的基础上，增加了10年的传统捕鱼权；在英国提案的基础上，改变了原来的永久传统捕鱼权，在其上加了一个年限。这样一来，便迎合了大多数代表团的想法，成为了当时最能符合多数国家利益要求的提案。美加“6+6”模式提案得到了当时包括英国、德国、挪威、爱尔兰、巴基斯坦和以色列等在内的多种不同性质国家和地区代表团的支持。然而，在大会进行最后投票时，只因一票之差没有达到2/3多数。

美加“6+6”模式提案最终“流产”了，而以解决领海宽度问题和毗连渔区问题为目的的第二次联合国海洋法会议无果而终。其实，美国对“6+6”模式提案没通过并不觉得惋惜，因为美国认为“6+6”提案比较3海里领海宽度的提案并不是理想的提案。美国认为只有较窄的领海宽度才符合“自由世界”所有国家的共同利益。

20世纪60年代，国际政治的变动、海洋科学技术的发展和单方面海洋主张的激增等等情况都不同程度地对美国国家利益和政府组织产生了重大影响，并促使美国政府积极推动联合国召开第三次海洋法大会，同时制定有关海洋法问题的政策。在第二次联合国海洋法会议之后，英国和加拿大拟定“多边协议”计划，即令第二次联合国海洋法会议中的美加“6+6”模式提案成为一个多边协议而非国际法的计划，并希望美国能够参与并大力支持。但是当时美国的艾森豪威尔政府认为只有“6+6”模式的国际法才能够使美国的海洋利益最大化，而“多边协议”并不能够约束包括苏联在内的一些国家，这从根本上不符合美国的国家利益，所以美国未接受该项建议。

到肯尼迪政府时期，美国与英国和加拿大两国围绕是否谈判多边协定进行了商讨，最终作出了拒绝谈判多边协定的决定。美国肯尼迪政府对海洋法中领海宽度问题的政策是始终以3海里领海为唯一的标准，坚决反对12海里的领海宽度，并强烈抵触6海里领海宽度的多边协议，以使美国获得更大范围利用公海的权利。国家安全利益和经济利益，以及冷战背景下与苏联的对峙和抗衡，构成了美国肯尼迪政府政治决策的核心因素，此间美国的最终目的即是尽可能地使美国海洋利益达到最大化。

3. 确立12海里领海和自由通过海峡政策

到20世纪60年代后期，越来越多国家单方面宣布实行12海里领海或者12海里捕鱼区，而实行200海里领海或捕鱼区的国家亦有所增加，其中包括9个拉美国家。这些拉美国家按照它们宣称的200

海里领海或专属渔区的范围禁止别国捕鱼的原则，多次扣押美国捕鱼船。这不仅直接损害了美国的渔业利益，还损害了美国在拉美地区的安全利益。经过利益权衡，美国国会于1966年10月通过立法把美国的专属渔区扩展到12海里，国会的这一做法遭到美国海军方面的反对，因为他们认为只有把各国领海限制在较小的范围内才能更好地为美国的安全利益服务。

为了保证与美海军利益最密切相关的“自由通过海峡”的权利，1967年，美国海军上尉卡莱尔·杰弗里（Geoffrey E. Carlisle）最早提出修改1958年关于领海和毗连区的规定中存在相关“无害通过”[①]方面的规定，要求“自由通过”[②]海峡的权利。

1967年8月17日，马耳他常驻联合国代表阿维德·帕多请求联合国秘书长在22届联合国大会议程中增加制定一个“用于谋求人类福利，和平地利用各国现行管辖范围以外公海海底及底土上的资源”的条约的议程。[③] 同年，联合国大会采纳了帕多的提议，并通过决议成立一个特设委员会研究各国管辖范围外的海床洋底的和平利用问题，1968年该委员会更名为“和平利用国家管辖范围以外海床洋底委员会”，简称为“海底委员会”。海底委员会会议签订条约禁止了海底核武器的放置。联合国海底委员会会议（1968—1973年）的召开早于第三次海洋法会议，美国在海底委员会会议关注的问题：一是如何确定沿海国家管辖权限的边界线；二是如何管理超出沿海国家管辖权限的公海地区。美国的立场是：参照《大陆架公约》对大陆架边界的规定，尽快制定能被国际社会认可的海底边界线，从而

① “无害通过”的概念最早出现在1958年《领海与毗连区公约》的条款16（4）中，规定通过领海要遵循“无害通过”，沿海国家将不允许飞机飞跃其领海上空，潜艇通过一国领海水域时必须浮出水面且挂旗，一些国家还要求军舰通过时必须事先通知该国并且必须挂旗的规定。

② “自由通过”在海洋法中指的是应用于公海航行范围内的通过，即在公海范围内奉行“航海自由”的原则。在公海范围内，不仅允许军舰、潜水艇不受任何限制的通过，还允许飞机自由飞跃。

③ ［美］曼贡著，张继先译：《美国海洋政策》，北京：海洋出版社，1982年版，第49页。

能在超出沿海国家主权范围之外的海底和底土上开发和利用自然资源。

为应对沿海国单方面扩大领海宽度的行为愈演愈烈，尽管冷战方兴未艾，美国和苏联之间海洋控制权争夺甚为激烈，但是随着海军实力的上升，苏联逐渐发展为海洋强国，其在寻求制定海洋法方面的利益日趋与美国相近，两国都希冀完善海洋法应对因单边扩张日益恶化的国际海洋形势。

在共同利益的驱使下，1965 年美国和苏联在华盛顿非正式讨论了召开新海洋法会议能否解决领海宽度的问题，并就同时解决渔业和海峡问题方能解决领海宽度问题达成共识。为了把领海宽度扩至 12 海里对公海自由的损害降至最低，维护公海航行和飞越自由，捍卫海洋自由原则，美国提出自由通过和飞越国际海峡。1967 年夏，苏联正式接触美国，征询其关于召开新海洋法会议以确立 12 海里为最大领海界限的意见。美国表示只有通过和飞越国际海峡权利得到充分保护才同意 12 海里领海，并表示愿意参加专家会谈。

1968 年 7 月到 12 月，美苏双方进行了两轮专家级会谈，主要商讨新的国际法会议问题，达成了一项条约草案。这一草案包括三项内容，即领海方案、海峡方案和渔业方案。其目的在于以给予沿海国渔业优惠政策换取他们在领海与海峡问题上对美苏两国立场的支持。美苏两个相互冷战和争霸的大国，能在海洋政策上达成一致，最重要的原因是，有了“自由通过”的权利，海洋大国才能很好地保持军事和商业机动能力。

从 1969 年到 1972 年间，即在联合国第三次海洋法会议筹备期间，美国从其海洋利益出发，通过接受苏联提出的 12 海里领海宽度条件，达成了在 12 海里领海宽度内的“自由通过国际海峡”原则，实现了美国在全球范围的海空机动性。美国和苏联之所以能够达成 12 海里领海宽度和自由通过国际海峡原则的原因是，尼克松政府制定海洋政策时是将海洋利益置于意识形态利益之上的，美国以自身渔业利益的某些妥协换得了12海里领海宽度下的“自由通过海峡”原则并获得别国认可。此外，还因为“超级大国”海军的另一个使命是控制海洋，其中包括确保商业通航自由等。为了使各种使命顺利执行，超级大国的海军力量依靠的就是自由通过国际海峡的权利。

美苏两个超级大国极力力争自由通过和飞越海峡的权利，这其中既包括维护主权方面的要求，又含有争夺霸权的成分，其中对于商品、能源自由输出海峡的规定是正当的，属于主权中发展权方面的要求；而追求海洋大国的霸权，把国家利益扩大在他国领海范围内的“自由通过”，尤其是军用飞机和军舰、潜艇的“自由通过”，则侵犯了其他国家的主权，明显带有霸权色彩。

（三）尼克松海底政策声明和大陆架与海底立场

1969年8月，美国政府制定了一份海底原则决议草案作为参加海底委员会会议的美国代表团的指导性文件。决议草案包括四部分：第一部分说明国家管辖范围之外存在海底区域的事实；第二部分是各国开发和利用海底区域应该遵循的原则；第三部分是划定海底区域界限的建议；最后一部分是关于海底区域法律制度的建议。1970年5月23日，美国发布了尼克松总统海底政策，强调：沿海国享有200米等深线内的海底自然资源的主权权利，200米等深线以外的整个海底区域及其自然资源均受国际制度管辖，并将被视为人类共同遗产。200米等深线至大陆边缘包括大陆隆起统称为国际托管区域。在国际托管区域里，作为国际社会托管人的沿海国有权颁发资源勘探和开发许可证与征收国际特许权使用费用于援助发展中国家的经济发展，并且可以获得这种使用费的1%作为报酬，不过沿海国颁发资源勘探和开发许可证的权力不能影响其他国家开展科学研究等其他活动。在托管区域的向海区域（大陆边缘以外区域，即是海底区域），将建立国际机构管理资源勘探和开发活动并颁发许可证，征收该区域的国际特许权使用费。声明的发布和美国《联合国国际海底区域公约草案》的提交标志着美国大陆架和海底立场的确立。

在国际海底划界和资源分配问题上，美国提出并坚持市场自由竞争原则，主张对国际海底进行“自由开发”，实质上是利用美国的技术、资本和军事优势，维持美国对海底资源的绝对控制权以及海底潜艇的自由活动权。发展中国家则以“帕多提案”，宣告国际海底及其资源为“人类共同继承财产”，其勘探、开发应为全人类谋福利，并应特别顾及发展中国家的利益和需要。

1970 年 11 月 20 日，海底委员会会议开始后，美国代表团按照拟定的海底原则决议草案阐述本国立场。12 月 17 日，第 25 届联合国大会通过了四项关于海洋法和海底的决议案，这些决议都获得了美国的投票赞成。其中第 2749 号“关于国家管辖范围以外海床洋底及其底土的原则宣言”（简称“原则宣言”）的决议案中，宣布国家管辖范围以外海床洋底及其底土以及区域的资源是人类的共同继承财产。同日，联合国大会还通过 2750 号决议决定召开联合国第三次海洋法会议，并决定这次海洋法会议将处理国家管辖范围之外的深海底区域（海床、洋底和底土）及其资源的国际制度和国际机构的构建问题，以及公海、大陆架、领海宽度、国际海峡、毗连区、公海捕鱼和生物资源养护、海洋环境保护和科学研究等制度问题。海底委员会将充当海洋法会议筹备委员会，负责于 1971 年和 1972 年召开筹备会议，商讨会议议程，制定海底制度和其他海洋法问题条款草案等。

1971—1973 年，海底委员会经过艰苦卓绝的努力，基本完成了第三次海洋法会议的筹备工作。而在此期间，美国外交政策出现重大变化并面临严重挑战，美国关于海洋法问题的政策也因此受到影响。寻求缓和与苏联的关系，开启对华关系，实现越南战争停火等都是尼克松政府外交政策的重要内容，其中前两者更是尼克松政府优先考虑和处理的事项。在这种情况下，海洋法问题主要由政府中层机构即国务院法律顾问办公室（1970—1973 年）负责。在 1971 年 8 月的筹备会议上，美国代表团向海底委员会提交了《美国关于领海、海峡和渔业的条款草案》，美国代表团团长史蒂文森表示，如果船舶和飞机自由通过和飞越被领海覆盖的国际海峡之权利得到保证，美国就接受12海里领海条款。至此，美国的12海里领海与自由通过和飞越国际海峡立场确立，而且开始进入国际谈判阶段。

这一时期，美国关于海洋法问题的政策出现了重大调整：一是同意200海里专属经济区；二是针对深海底采矿作出巨大让步。同意200海里经济区是美国调和沿海及经济利益的最重要表现，亦是美国向沿海国近海资源管辖权让步的表现。此后美国对沿海国近海资源管辖权的让步大大减少，仅以微弱的方式存在。这一情况的产生归因于美国国内沿海及经济利益集团和沿海国要求扩大近海管辖权的要求和推动。尽管这与美国一贯反对扩大沿海国管辖权的立场相悖，但是美国显然有充分的应对之策，因为它同意200海里专属经济区的前提条件是保证经济区内的航行自由，而这一要求获得与会者的普遍同意，这就免除了美国的后顾之忧。后来美国代表还公开表示赞成专属经济区以换取发展中沿海国支持其自由通过和飞越国际海峡的立场。同时，同意200海里专属经济区，意味着美国的大陆架和渔业立场也随之改变。前者接受大陆架界限扩至200海里但不止于200海里，而是支持沿海国大陆架管辖范围延伸至200海里以外的大陆边缘；后者正式接受200海里渔业管辖权，美国所关注的渔业问题主要限于经济区框架进行讨论。到1976年夏季海洋法会议结束之时，美国的渔业谈判目标已经基本实现，而大陆架谈判亦胜利在望。美国政府就深海底采矿问题作出重大让步，旨在打破这个问题以及海洋法谈判的僵局，促进全面海洋法条约的早日达成。从表面上看，以亚非、拉美发展中国家组成的77国集团等国际谈判者的坚决不让步是促使美国调整深海底采矿政策的主要原因，实际上这只是外力的作用。从深层次看，美国自身内因才是让步的根源所在。这是因为它极度希望早日结束谈判，早日达成国际协定。1977—1980年间，联合国海洋法第三次会议的谈判主要围绕深海底

采矿问题开展。这次会议是联合国主持的规模最大，最复杂、也是最困难的全球性谈判，其间充斥着各种各样的冲突，涉及国际经济结构、国际关系、国际层面的决策以及资源分配。复杂性还体现在参与谈判的国家在谈判结束之际多达155个，涉及的各类问题达400多个。此次谈判，美国采取了有效的谈判策略，寻求海洋法条约替代选择和启动国内深海底采矿立法活动，并在寻求修改草案的过程中作出了妥协。最后，在发展中国家和发达国家的相互让步之下，会议产生了《联合国海洋法公约》草案，这是海洋法谈判走向胜利的标志。

1981—1982年，海洋法谈判进入最后阶段，1982年《联合国海洋公约》的产生和开放签署标志着历时9年的第三次海洋法会议圆满结束。里根政府上台后，立刻审查美国关于海洋法问题的政策，消极参加1981年海洋法会议，并最终拒绝签署该公约。

第三次海洋法会议结束后，里根政府实施了包括航行自由与飞越计划等在内的一系列重要海洋政策，而后继的克林顿政府则积极参加联合国关于国际海底区域开发制度的修订工作，并签署了1994年《执行协定》。此后，美国历届政府也都以维护海洋自由原则为己任，拒绝加入现行的《联合国海洋法公约》，而这也是美国一直以来奉行的凌驾于国际海洋秩序之上的海洋霸权政策。

（四）极地政策及对极地利益的诉求

位于地球两端的南、北两极及其所属海洋是地球系统的重要组成部分，是全球最为重要的“冷源”，对全球环境变化具有重要的影响。在地球的长期地质演变中，极地地区蕴藏了丰富的油气资源、矿产资源和生物资源。据已查明的资源分布来看，煤、铁和石油的储量为世界第一，其他矿产资源还正在勘测过程中。南极拥有当今世界最大的富铁矿藏。南极地区的石油储存量据估算，约500亿—1000亿桶，天然气储量约为30000亿—50000亿立方米。此外，南极洲还是人类最大的淡水资源库。在北极只有少量的人类活动，而南极则长期无人类居住。独特的极地环境提供了特有的科学研究资源。另外，从地缘上来说，南极是联系南美洲、澳洲和非洲的最短的海空航线，如果在南极地区建立军事基地，就可以在未来的战争中，有效地控制连接三大洲南部的空中航线，控制合恩角和好望角周围的水上航道。二战后，尚不属于国家主权管辖的大陆架区域被世界各沿海国在很短的时间内瓜分完毕，南极大陆和北冰洋，由于自然条件的制约，并没有被瓜分。因此世界上许多国家对这两块净土垂涎欲滴，纷纷对地球的两极进行各种名义的活动，两极地的主权归属问题则引发了多个国家之间的激烈争夺。美、苏（俄）等国在极地主权问题上的博弈至今仍在延续。美国极地政策的制定，也与极地地区巨大的经济价值和潜在的军事应用价值等特征密切相连。冷战时期，出于遏制苏联的需要，美国政府更是将两极纳入到国家安全政策中。

1. 南极战略与利益诉求

二战之前的很长时期内，美国官方只是有限度地参与南极探险，美国民间力量在南极探险中扮演了主要角色。第二次世界大之后，世界各国对南极的争夺态势大大强化，美国政府则组织了数次大规模的南极考察行动。二战前后的这些活动使美国国内利益团体形成了对南极的利益诉求，从而促使美国政府制定了相应的南极政策。

第一，从民间到官方的南极考察。

二战之前和之后美国都积极参加了对南极的探险和考察活动。早在 1819 年至 1820 年间，由谢菲尔德率领美国船队，在南极半岛地区进行考察。1839 年至 1840 年，由多个国家联合资助的探险活动深入到了南极大陆，领导者是美国海军军官查尔斯·威尔克斯，此次官方探险活动首次证实了南极大陆的存在。1853 年，美国“东方”号船长赫德发现了以其本人名字命名的赫德岛，并向美国政府建议对该岛提出主权要求，但没有结果，这是美国公民首次向政府建议主权问题。此后的数十年间，除了定期的捕鲸活动，美国的南极探险活动一度中断。直到1928年至1930年以及1933年至1935年，在私人机构资助下，美国探险家理查德·伯德等人又首先拉开了南极航空探险的序幕，两次对南极进行了探险活动，取得了巨大成功。

然而，1908年英国宣布对包括南极半岛在内的扇形区域①及其水域拥有主权，继之澳大利亚、新西兰、法国、智利、阿根廷、挪威等国也争相效仿，但这些主权要求并没有得到世界各国的承认。一直到二战前，美国官方的政策是不承认其他国家对南极的领土分割，不主张在当时条件下对南极提出领土主权要求。1924年，美国政府发表由国务卿查里斯·埃文思·休斯起草的关于南极的第一个政策性声明。声明认为，在有效占领原则被欧洲各殖民国家认可的情况下，只靠发现理论是不够的，“即使正式占有了这块土地，也不能说明获得正式控制权，除非发现国派人居住在上面。……国务院不打算对这个地区提出领土主权要求”。军方也对南极主权要求持谨慎态度。②

1938年5月，英国、澳大利亚、新西兰、法国和挪威相互承认了各自在南极洲的领土主权。这一事件刺激了罗斯福政府，罗斯福决心扯掉南极领土追求的最后一丝羁绊。1938年7月，他下令国务院欧洲部研究南极主权问题。备忘录要求，坚决反对其他国家的主权要求，通过“有效占领”原则取得南极洲的控制权。备忘录就发现、发现后的考察、正式声明占领和执行行政管理等方面作出了具体规定。1939年1月7日，美国政府成立了南极考察队，国会为此拨款35万美元。政府秘密邀请伯德帮助执行南极考察计划，拟在1939—1941年间组建美国南极考察队，考察的目标是永久占领以前美国公民曾提出过主权要求的地区，避免其他国家侵犯自己的权利。

---

① 1907年，加拿大参议员帕斯可·普瓦里耶首次提出“扇形原则”，“扇形原则”是指位于两条国界线之间（指经度线）直到北极点的所有陆地和水面都应属于邻接这些土地的国家。

② ［美］德博拉·沙普里：《第七大陆资源时代的南极洲》，北京：中国环境科学出版社，1991年版，第39—40页。

罗斯福指示考察队，不要惊动他国，避免引起领土的竞争，考察队应布设一些主权标志，安置一些带有主权标志的石碑，细心纪录每一个环节，秘密保存考察纪录等等。但美国的南极活动因第二次世界大战爆发而中断。

到20世纪40年代末，南极洲争夺战越来越激烈。英国、澳大利亚、新西兰、法国、智利、阿根廷、挪威共7个国家根据“扇形法则”和“先占原则”对南极提出领土主权要求，面积占南极大陆的83%。许多国家纷纷派出了考察队，在南极上空投掷领土主权要求的标志和旗帜。美国也希望继续拥有对南极进行开发、科学调查和利用南极潜在资源的自由。

为此，在1946年12月到1947年3月，美国海军实施了代号为“跳高行动”的南极探险活动。“跳高行动”的目的是：训练人员，在寒带测试材料；巩固并且扩展美国人在南极地区的权利；确定在南极建立并保持军事基地的可行性，并且调查可能建立军事基地的场所；发展在冰上建设和维持基地的技术，丰富这一地区的水文、地理、地质、气象和电磁状况的知识。这次行动的核心目的是尽可能地完整绘制南极海岸线及内陆的空中绘图。参加此次行动的有太平洋和大西洋舰队的13艘舰船。大西洋舰队派遣了包括旗舰“奥林匹斯山”号（Mount Olympus）以及新的航空母舰“菲律宾海”号（Philippine Sea）等舰船，太平洋舰队派遣了包括驱逐舰“汗帝森”号（Henderson）以及水上飞机供应船“卡瑞塔克”号（Currituck）等，共派出4700名武装人员和51名科学家参加这个计划。考察一共安置了68个主权标记，对77.7万平方公里的地区进行了摄像。

“跳高行动”之后，美国公开宣布将对南极进行探索和调查，尽管当时国务院和海军部希望对南极的部分地区提出领土要求，但这次探险实际上并未对南极提出正式的领土要求。此后海军参谋长行动会议又于1947年12月5日—1948年1月15日实施了代号为“风车行动”的南极调查行动，这次考察的任务包括建立地面控制点和

继续进行制图，此次调查行动中美国成功地在南极设立了30个地界标做参考点。

从1928—1948年的20年间，美国对南极进行了10次探险，外加两次美国参与的探险。由于充分利用了飞机，美国渗入南极内陆，发现了大片未被开发的地区。

第二，南极战略的形成与利益诉求。

由于美国海军的若干次南极探险考查活动，美国政府和军方已对南极的重要战略位置，基本的地形地貌，海湾、冰层和冰山分布等基本信息有了较深入地了解。苏联对南极表现出的热情，再加上另外7个国家对南极已提出了领土主权要求，这迫使美国政府把美国军事利用南极的政策提前摆上了国家安全委员会的议事日程。

1948年7月13日，美国国家安全委员会颁布了题为“南极”的NSC21号文件，提出了美国当时南极政策的两个要点：第一，美国应对南极提出领土要求，但要在与已对南极提出领土要求的7个美国盟国达成协议后；第二，国际八国共同托管。美国企图建立一个由美国主导的、高于各国的管理机构，将各国的利益和行为置于公开的管理之下，但其核心是要将苏联势力排除出南极范围。1948年8月9日，经过与各南极领土要求国单独磋商后，美国向英国、阿根廷、澳大利亚、新西兰、智利、法国和挪威发出邀请函，正式邀请各国就南极领土问题进行公开谈判，目的是“增进南极的科学考察和研究”，确定“南极国际化的某种模式”。美国为了将苏联排除在外，没有邀请其他国家。苏联也向各领土要求国和美国发备忘录：“苏维埃政府不承认在没有苏联的参加下通过的关于南极地位问题的任何决定。”但由于侵朝战争以及当时各种复杂的国际因素，各领土主张国意见的分歧，美国提出的“共管”方案遭到澳大利亚等国的强烈反对，关于南极国际化的建议最后归于失败。

“共管”方案失败后，美国曾积极寻求提出主权要求。但由于一系列因素的制约，美国终于认为提出主权要求不符合美国的政策目标，甚至与其相悖。规避南极风险，防止冷战扩大化，同时又保证南极问题的解决，才符合美国的国家安全利益。为了既维护美国利益又解决国际上对南极问题的争端，美国认为如果同包括苏联在内的国家签订一项多边条约，成立一个多国的南极管理机构，可能会更有效地实现美国的目标。1959 年，北半球的 6 个国家——苏联、美国、英国、法国、比利时、日本和南半球的 6 个国家——南非、新西兰、智利、阿根廷、澳大利亚、新西兰，分别派代表前往美国，就南极大陆的领土主权问题展开讨论，经过 60 多轮的谈判，各国最终达成协议，一致通过了《南极条约》。

《南极条约》最主要的法律效力，就是冻结南极主权，停止主权争议。《南极条约》规定：南极只用于和平目的；鼓励和提倡南极的科学考察和国际合作；在条约有效期内不承认、不争论、不公认对南极已提出的任何领土主权要求，在今后也不能对南极提出新的领土主权要求等。在《南极条约》签订后的数十年中各国共同签署了《保护南极动植物议定措施》《南极海豹保护公约》《南极海洋生物资源保护公约》《南极矿产资源活动管理公约》《关于环境保护的南极条约议定书》等近 200 余项具有法律效力的议案和措施，这些条约、公约、协定构成了南极条约体系。在此过程中，美国自始至终起着主导作用。

美国之所以如此积极地将南极政策推向和平合作的道路，其主要原因是冷战开始后美、苏在政治、经济、文化和科技等领域展开全面竞争。20 世纪六七十年代，美国因受越南战争和国内民主运动的影响，在两极争霸的世界政治格局中由五六十年代的攻势转入守势。因此其南极政策发生了很大的变化，美国政府积极主张寻求一种法律与政治渠道来管理和保护南极地区，而不是用武力来解决。美国的执行官员们也清楚地明白，南极条约体系和南极地区非武装状态是成功实现美国在该地区利益的根本保障。1970 年，尼克松总统提出：维护《南极条约》；确保南极仅用于和平目的，而不成为国

际社会冲突的目标或场所；鼓励进行科学研究和国际合作；保护南极环境；制定相应的措施保护南极生物和非生物资源的合理利用。1982 年，里根总统在《美国的南极政策与规划》中宣布，美国的南极规划将维持美国在南极积极而有影响的存在，以确保美国在南极的一切利益。

2. 北极战略的形成与利益诉求

12 世纪，北欧海盗发现了位于北极地区的斯瓦尔巴群岛，从那时起，各国便开始关注北极圈内的浩瀚海洋。北极的海面部分即北冰洋，四周被大陆环绕，其面积约 1475 万平方公里，是世界四大洋中面积最小、平均水深最浅的一个海洋。北冰洋洋底地形最突出的特点是：大陆架发育非常广阔，面积约 400 万平方公里，占整个北冰洋面积的 1/3。地缘政治学者认为，北冰洋是沟通亚、欧、北美三大洲的捷径，是欧亚大陆与北美大陆向北的共同延伸。由于俄、美等世界主要大国和军事强国都集中在北半球，北极圈距离这些国家有着大致相同的最短距离，因此，北极又被战略家们称为地球的“制高点”。此外，北极地区蕴藏着极其丰富的石油、天然气等资源。北极地区重要的战略价值，包括极大的地缘优势、丰富的自然资源、潜在的航运价值以及极高的科研价值，是推动美国争夺北极利益，制定和完善北极战略的根本原因。

第一，从北极探险到考察活动。

18 世纪末 19 世纪初，美国探险家在商人赞助下开始了北极探险活动。1850 年，美国就曾经在一位商人的资助下，派出了“先进”号和“救援”号两艘船只，在海军上尉德·海温的指挥下，参加了救援约翰·富兰克林[①]的行动。1852 年，“先进”号再次进入北极地

① 约翰·富兰克林（John Franklin），英国船长及北极探险家，1818 年到 1845 年间，曾多次进入北极地区指挥探险活动，1845 年在探索北极的西北航道之旅中失踪，其下落在之后 10 多年间成为了一个谜。当时，美国此举名义上是为了援救约翰·富兰克林，实质上是希望能够达到北极点。

区，但最终还是未能进入北冰洋。1860 年，美国又一次派出“美国”号前往巴芬湾试图开辟通往北冰洋的通道，结果无功而返。1867 年 3 月 30 日，美俄正式签订购买阿拉斯加的协议，这笔当时由约翰逊总统与俄沙皇达成的交易，曾遭到许多美国人的揶揄，阿拉斯加被讥讽为“西华德的冰箱”“西华德的愚行”。这笔世界上最大的土地交易，不仅显著改变了美国的地缘政治版图，还同样改变了美国人对美国作为一个国家的整体认知，美国也顺理成章地成为了名副其实的北极国家之一。8 个有领土位于北极地区的国家通常被称为“北极国家”，分别是加拿大、美国、俄罗斯、丹麦（格陵兰岛）、冰岛、挪威、瑞典和芬兰。20 世纪初期，挪威获得了斯瓦尔巴群岛的所有权，而丹麦则通过荷兰海牙国际法庭的裁定，得到了格陵兰岛。

1870 年，美国国会通过了格兰特总统关于向北极派遣考察队的建议，并拨款 5 万美元。这是美国在 19 世纪第一次也是唯一一次全部由政府出资支持的北极考察。1871 年，美国人豪尔驾驶着“极地”号蒸汽帆船，进入了北冰洋。1882 年到 1883 年，由国际气象组织发起，以极地地球物理学为重点的第一个“国际极地年”，将极地活动从探险时代带入了科学考察时代。美国在其间建立了两个北极观测站：一个位于阿拉斯加的巴罗角，另一个位于加拿大的埃米尔斯尔岛的最北端。

1908 年和 1909 年，两名美国探险家弗雷德里克·库克和罗伯特·皮尔里各自率领两支队伍前往北极探险，并分别到达极点，后者现在一般被视为是到达北极点的第一人。在皮尔里的行程中，他的助手马修·汉森将美国国旗插在北极的冰层上，以宣示美国对北极的拥有。这次里程碑式的胜利，宣告了北极地理发现时代的结束，此后，北极的领土主权、自然资源、航运与科研价值便成了各国关注的焦点。

1907 年，加拿大参议员帕斯尤可·普瓦里耶做了长篇演讲，呼

吁加拿大政府保护本国在北极的领土权益，并在此次演讲中首次提出了划分北极的“扇形原则”，作为加拿大对所有北极岛屿拥有主权的基础。他声称：“位于两条国界线之间直至北极点的一切土地应当属于邻接这些土地的国家。”这一理论的提出标志着北极权益争端正式明朗化，北极领土之争也由此展开。[①]

1911 年，美国签署了《毛皮海豹保护公约》。1914 年，针对“泰坦尼克”号海难事件，美国签署《国际安全航海条约》，并开始实施北极冰山巡航。1920 年，包括美国在内的 18 个国家签署《斯瓦尔巴条约》。[②] 1925 年，加拿大议会通过了一项对《西北领地法案》的修正案，要求任何打算前往加拿大西北领土的科学家和探险者都要得到加拿大政府的许可和同意。加拿大提出的北极领土要求包括：加拿大以北，东经 60°和西经 141°之间直到北极点的“扇形”区域（格陵兰岛在这一区域中的部分除外）。苏联紧随加拿大之后，也参照“扇形原则”对北极部分区域提出主权要求。1926 年 4 月 15 日，苏联中央执行委员会颁布了一条法令，宣布在东经 32°4′35″、西经 168°49′30″和北极点三点之间的“扇形”区域中的陆地和岛屿都属于苏联的领土，并展开了数次科考行动以收集数据，支持它们的领土要求。苏联在其教科书中早已明确写到：北极是苏联领土不可分割的部分。

针对这些主权要求，美国政府都不予承认，也非常顾虑。为此，1928 年，美国地理协会在“北极问题研究”报告中明确指出“今后北极活动的动力将是科学，而不再仅仅是探险”，并提议召开世界范围的国际会议来确定北极科学研究的目标。1929 年，美国国会批准并拨款组建美国北极考察队，并参加了 19 国联合实施的环北极地球

---

① 邹克渊：“两极地区的法律地位”，载《海洋开发与管理》1996 年第 2 期，第 36 页。

② 该条约使斯瓦尔巴群岛成为北极地区第一个，也是唯一一个非军事区。它承认挪威“具有充分和完全的主权”，该地区“永远不得为战争的目的所利用”；但各缔约国的公民在遵守挪威法律的范围内，可自主进入，从事正当的生产和商业活动。

物理观测站。1933 年，美国国务院发表了题为《两极地区：在南极与北极领土要求的研究中，对地理与历史资料的考虑》的报告。随后，该报告成为美国对极地领土主权问题的原则基础。从 19 世纪 80 年代初到第一次世界大战爆发前，美国在北极地区从探险时代进入了科学考察时代。

第二，北极政策及北冰洋的权益之争。

二战爆发后，北冰洋通道成为盟国抗击德国的重要战略依靠，很多西方的援助物资都是通过北冰洋不断地运进苏联的。苏德战争爆发后，盟国为了支援苏联战场，解决苏联战场上物资缺乏问题，在北冰洋开辟了两条秘密航线，其中北极航线的作用尤为重要。

两次世界大战及随后的冷战期间，北极的军事战略价值凸显，为争取战略上的主动，在二战结束前后，美国就已经开始考虑在世界各地建立以美国为中心的军事基地圈，“防止并反击未来可能发生的对北美大陆的攻击”①。1945 年后美国开始加强在北极地区的军事存在，1946 年起美国飞机便在极地地区进行考察，为美国建立北极地区军事基地提供依据。同时，美国海军和海岸警卫队调兵遣将，向北冰洋挺进。1945—1946 年，美国在北极地区开展了北极军事探险的“霜寒行动”（Operation Frostbite）项目，以探索人员与设备在极寒条件下的承受力。以美国航空母舰“中途岛”号（Midway）为首的舰队到达格陵兰（Greenland）的戴维斯海峡（Davis Straits），在那里人员和设备受到一个严酷的测验。受到极冷的远洋和大风雪的洗礼，人员在极其寒冷的条件下操练，以证实这样的条件下人和机器设备是可以正常发挥作用的。

1946 年夏季，美国实施“北极熊行动”（Operation Nanook），派出特遣舰队，在加拿大北极圈和格陵兰“建立一个属于美国气象局的天气观测和气象报告站”。同时，利用破冰船“东风”号

---

① Pier Horensma, *The Soviet Arcitc*, New York: Routledge, 1991, p. 75.

（Eastwind）和一辆水上飞机供应船“诺顿”号（Norton Sound）在巴芬湾（Baffin Bay）地区冰堆的左边界航行。在北极建立天气观测与气象报告站可以对北极进行天气观测，而且这些观察站可以作为情报收集处。1947 年，美国在阿拉斯加的巴罗城成立了美国海军北极研究所。1950 年，美国开始实施从阿拉斯加至冰岛的庞大军事设施建设计划。

此后，随着美苏争霸的斗争愈演愈烈，在北极地区，沿北冰洋沿岸双方都开始建立强大的包括高灵敏雷达网、截击导弹、战斗机群及侦察卫星的早期预警系统，以密切监视对方行动。1958 年 8 月，美国核潜艇“鹦鹉螺”号（SSN－571）首次穿越北极地区的冰层，1959 年 3 月 17 日美国“鳐鱼”号核潜艇（SSN－578）首次在北极点破冰上浮，这掀开两国潜艇在北冰洋激烈暗战的序幕。美国曾花费巨资在北极建起一个规模惊人的早期预警系统，以监控从阿拉斯加横跨加拿大到格陵兰的整个天空，旨在防止来自苏联的核攻击。

从 1958 年至 1991 年，美国核动力潜艇在北极共进行了 25 批（约 52 个艇次）的军事潜航行动；同期，苏联海军开展了约 160 批类似活动。[①] 20 世纪七八十年代，陆基洲际导弹和导弹运载的战略核武器渐渐取得主导地位，由于北极是两国间距离最短的地区，一度成为全球洲际导弹布设密度最大的区域之一。

在与苏联军事对抗的同时，美国加强北极地区的立法和战略研究。1953 年，美国国会颁布《外大陆架法案》，管辖范围包括阿拉斯加陆架区、阿拉斯加湾、北太平洋、白令海、楚科奇海和波弗特海域。尼克松政府时期，美国国家安全委员会于 1971 年 12 月 22 日发布了第 144 号国家安全决策备忘录，创立机构间北极政策小组（IAPG），负责审查美国北极政策的执行和评估。1980 年 12 月 2 日，

---

① 李益波：“美国北极政策的新动向及其国际影响”，载《南京政治学院学报》2014 年第 3 期，第 86—93 页。

美国国会通过了《阿拉斯加国家利益土地保护法》（PublicLaw 96 - 487），要求内政部、国防部和能源部进行北极研究，目的是“为联邦政府制定一个全面的北极政策”以开发和使用北极资源，并关照北极独特的自然环境和当地居民的需求。1983 年，美国白宫发布了罗纳德·里根总统签署的《1983 年美国北极政策指令》，美国开始逐步形成全面且具有针对性的北极战略。

二、 为争当世界海洋霸主， 发展海洋科学技术

美国的海洋学研究始于 19 世纪中叶，在将近 100 年的时间里，曾经一直落后于欧洲老牌资本主义国家。但是由于第二次世界大战的刺激，海洋科技有了一定发展。1957 年 10 月 4 日，苏联发射了世界上第一颗太空人造卫星，1957 年 11 月 3 日，苏联又将第二颗卫星送入轨道，苏联表现的超凡技术震惊了美国。美国政府意识到苏联这一空间技术必然会应用到海洋空间和海洋开发领域。为此，美国政府不仅在 1958 年成立了国家航天航空局（NASA），而且美国国家研究理事会于 1959 年发表专题报告，呼吁美国政府增加对海洋科学技术研究的投资，以保持美国海洋科学技术的世界领先地位。同年，美国海洋学委员会也发表了题为《1960—1970 年的海洋科学》，并将海洋战略的主导思想定位为：通过发展海洋科学技术，推进海洋经济的发展。与此同时，支持成立与国家航空航天局相类似的、独立的国家海洋机构以统筹海洋工作的呼声日益高涨。以此事件和若干个主要事件为契机，科学和技术的国际竞争成为美国海洋发展的核心内容之一。特别是 20 世纪 60 年代以来，海洋科技得到迅速发展，跃居世界领先地位。

（一）加大投入力度发展海洋科学技术

同欧洲国家一样，美国早期建立的一些海洋实验室也是针对生物学和渔业研究的。美国在 1873 年建立第一个海洋生物站（科德角

附近的佩尼基斯岛）。到 20 世纪 20 年代以前，美国共有 8 个这样的生物站或实验室。这些设施多为附近大学的生物学家和学生在夏季使用，而且活动范围局限于沿岸水域。第二次世界大战对美国的海洋科学发展起了重要的刺激作用。为了解决海战所面临的紧迫环境问题，美国政府在历史上第一次重视了军事海洋学研究，同时促进了整个海洋科学的发展。二战后，海军就为一些主要大学研究所预支了 3 年的研究经费，同时投资建立新的研究设施。在海军和其他政府机构的支持下，美国在战后短短 5 年中就增加了 24 个海洋研究所，差不多相当于战前研究所的总和。进入 50 年代以后，美国虽然仍在继续扩充和建立海洋研究机构，财政支援和人力也有所增加，但是由于各种因素的牵制（朝鲜战争、财政危机以及海军偏重“战舰加航母”的装备发展等），其海洋科学的发展陷于迟滞不前的状况。例如，在等级森严的美国科学界，50 年代海洋学家的地位非常低，只有极少数海洋学家被选入科学院。在 1958 年授予博士学位的 2780 人当中，只有 13 人是海洋学家，[①] 这也从一个侧面反映了当时美国忽视海洋科学的程度。当时海洋科技尚未单独纳入国家计划，组织分散，经费不足，装备陈旧。尽管在 1956 年美国海军和其他几个政府机构曾经自发地组织了一个非正式“海洋学协调委员会”（CCO），但只是对一些共同关心的问题发表一些议论而已，实际上根本起不到规划和协调作用。这种状况同战后美国野心勃勃地实施“全球战略”很不相称，导致了 50 年代后期谋求海洋科学上的重大变革。

到 20 世纪 50 年代后期，美国政府已开始意识到海洋科学的重要性，这主要是受到苏联与其争夺海洋霸权的刺激的结果。据美国官方报告，苏联早在 1955 年就宣布参加以海洋研究为主的“国际地球物理年”（1957—1958 年），并提出了一个比当时任何国家都要庞

---

① 张继先：“美国海洋科学发展的历史概况”，载《海洋科技动态》，1975 年，第 5 页。

大的海洋学规划。苏联在科技上的进步给美国一个警醒，美国开始重视海洋科学与技术的研究与发展。1957 年美国政府指定国家科学院成立一个海洋学特设委员会，研究海洋科学对美国的战略意义，找出使美国海洋科学转劣为优的关键所在，并且提出这一领域发展的规划建议。

1959 年 2 月，美国科学院发表《1960—1970 年的海洋学》研究报告，与此同时，海军批准了以军事海洋学为主的《海军海洋学十年规划》（基本内容包含在科学院的报告里）。科学院的报告首先论述了海洋科学对美国军事和经济的战略意义，指出海洋的重要性“接近了宇宙的挑战”，“海洋和外层空间的问题是同样迫切需要解决的”。报告突出强调了海洋学基础研究的重要性，提出了“美国海洋学成长的关键取决于基础研究”，“应用海洋科学的进展速度在很大程度上有赖于基础海洋科学的进展”这一根本指导思想。

在此前提下，报告就技术政策问题提出三点建议：第一，加强对海洋科学的支持，10 年内使基础研究活动至少要有成倍的增长；第二，加强对基础研究的的支持，为此拟定远洋调查方案，要求 10 年内在海洋调查上要有双倍的努力；第三，加强对应用科学的支持，特别是对军事、海洋资源和海洋放射性研究方面的支持。三者之间的关系概括起来就是：基础研究摆在首位，结合系统的海洋调查，而基础研究和调查必须紧密地与应用研究和发展计划并进。在此基础上，报告分别就“教育和人力”“新的船只”“岸上设备”“远洋调查”“探测工程”“海洋资源”以及国际合作和财政预算等提出专题建议书。例如：建议海洋学博士在 10 年内成倍增长；建议 10 年内建造价值 2 亿多美元的 70 艘新船；建议发展调查潜艇、大型载人浮动平台、遥测浮标、飞机和新型探测仪器，等等。

科学院划时代的报告立即轰动了美国，获得参议院的一致通过。美国国会议员纷纷要求建立统一的国家海洋学计划，增加海

洋学投资，以加强美国的海洋科学，重新赢得失去的海洋领先地位。1963 年，美国制定了《1963—1972 美国海洋学长期规划》，其总体目标是：了解世界海洋及其范围、特性和作用，将所了解的内容用于国家利益，用于加强国家的军事、文化、国际形势和经济发展。其具体目标是：加强基础科学，加强军事海洋科学，利用世界海洋中的资源，利用领海中的资源，保护生命，保证海上作业的安全。为此，美国政府采取了一系列旨在加强海洋科学的重大措施。

（二）建立协调机构，加强规划管理

1960 年初，在联邦科学技术委员会之下建立了美国政府在海洋科学方面的第一个规划协调机构——“机构间海洋学委员会”（ICO），由 8 个联邦部门（共计 22 个有关海洋的机构）的局长级代表组成，第一任主席是海军研究与发展助理部长。该委员会负责制定并协调实施《国家海洋学年度计划》。就从这一年度开始，美国政府把海洋学单独纳入国家规划，并在前述科学院报告的基础上进一步制定了海洋学发展计划。

1. 扩大研究活动，面向深海远洋

直到 20 世纪 50 年代末，美国对海洋各种环境要素的了解“还只限于离岸 10 海里的海区”（科学院报告）。针对这种情况，美国政府在 60 年代初接连通过几项立法，把有关联邦机构的活动扩大到深海远洋，1961 年首先取消了对海岸与大地测量局的行政及地理限制，使其业务范围从单纯的辅助航行安全和沿岸水域的测绘工作扩大到深海远洋的调查；接着又扩大了海岸警卫队的业务范围，增加了海洋学研究；第二年又把联邦地质调查局的活动扩大到国家管辖范围以外。

2. 增加财政支持，重视基础研究

1961 年 3 月，肯尼迪总统一上台就向国会提出一项特别咨文，提出“海洋与宇宙同等重要”，为了生存“美国必须把海洋作为开拓地”，要求大幅度增加海洋学预算。1962 财年的海洋学预算从上一年度的6000 万美元激增到1 亿美元。此后美国政府海洋学预算逐年增加，到1966 年度即达1.375 亿美元。这一阶段美国海洋学的重点放在加强基础研究、与此有关的调查及仪器发展方面。

这一系列的措施使美国的海洋事业在20 世纪60 年代开始了崛起。1966 年，美国国会在国家性质的科学基金会内部增设了国家海洋补助金计划①，这为美国海洋科学、相关其他科学和法律法规研究提供了经济基础，为提高美国的海洋科学研究能力提供了可能性。该计划对美国的海洋科学技术发展起到了重要的作用。

1966 年美国政府通过一项法令规定，总统是海洋科技的最高决策者和领导人，并成立了一个以副总统为主席、政府各主要部门部长为成员的“美国海洋资源和工程发展委员会”（即斯特拉顿委员会），负责协助总统对全国海洋事务进行领导。1969 年，斯特拉顿委员会制定了《我们的国家和海洋——国家行动计划》。1986 年美国率先制定了“全球海洋科学计划”，指出海洋是地球上“最后的开辟疆域”，谁能最早、最好地开发利用海洋，谁就能获得最大的利益。

1990 年，美国又发表了《90 年代海洋科技发展报告》，明确提出以发展海洋科技来满足对海洋不断增长的要求，将海洋科技纳入社会发展的总体规划，以便“继续保持和增强在海洋科技领域的领导地位”。1992 年，由230 多个海洋机构参加的“海洋联盟”成立，为建立联邦政府与民间企业、海洋科技机构与企业间的伙伴关系提供了组织保证。这个非营利的新组织的主要任务是

---

① 海洋补助金计划（Sea Grant Program）创立于20 世纪60 年代初。1966 年10 月，约翰逊总统亲自签署了国家海洋补助金大学和计划立法的修正案，其目的是把美国沿海和大湖区的大学与研究机构的智力连通起来，对从事海洋特别是与沿海海域开发利用有关的科学研究项目提供资金援助。多年来，海洋补助金计划主要致力于资助沿海各州和各地区的海洋资源开发最重要的学术问题研究。

团结海洋界各种力量和成份，提高公众对海洋及沿海资源经济价值的认识，增强海洋产业国内技术产品生产能力和经济实力。为达此目的，1992 年下半年成立了“全国海洋资源技术总公司”，它的主要职能是加速海洋资源开发和技术产品的开发，密切产业界、科研机构和大学的伙伴关系，组织有关海洋资源开发的重大经济项目和环境项目研究。

（三）为军事和资源开发利用开展大规模海洋调查

20 世纪 60 年代，随着海洋事业的崛起，美国的海洋调查迅速发展起来，根据需要对各大洋进行了大量的综合调查和专题调查。美国积极倡导和参加国际合作调查，由于美国调查技术力量强，特别是出于争霸世界的需要，其海洋调查具有面向世界大洋、调查内容广泛的特征。与此同时，美国也根据本国的需要进行各种专题调查。到 70 年代，每年平均有近百艘左右的调查船进行约 50 航次的各种大型海洋调查活动。其中每年约有 30 艘船进行远洋调查，调查时间累计约 6000 天左右，每船平均约 200 天左右。

与沿海调查相对来说，美国早在 20 世纪 50 年代就把调查研究的重点放在深海大洋上，其次才是海岸带调查和大陆架调查。美国当时这样做并不是偶然的，而是因为深海大洋占整个海洋面积的 80% 左右，在军事上有更加重要的战略地位和实用价值，深海的隐蔽和保护的性能，对于潜艇的隐蔽、导弹的发射、卫星的飞行都具有重要的意义。深海大洋又是未划定的公有区，有丰富的资源，按照“谁先控制海洋，谁就控制世界”的海权论，美国对深海大洋更有兴趣。

1. 开展太平洋调查

自 1839 年开始海洋调查以来，美国在太平洋做了大量的海洋考察工作，在太平洋调查中较多的是北太平洋，特别是邻近美国的东北太平洋调查最多。但此后比较重视西太平洋调查，如西北太平洋的大陆边缘地震、重磁测量等。自 1979 年起，还进行大规模的《西太平洋合作调查》。美国通过世界海洋资料中心和国家海洋资料中心，广泛收集国外资料，目前掌握的太平洋资料非常详细。

2. 开展印度洋调查

20世纪60年代以前，美国对印度洋的调查很少，后来由于国际印度洋调查活动而掀起高潮。这期间调查的重点是海洋环境水团与生物之间的关系。70年代以来，由于美苏争霸的需要，美国才真正开始重视印度洋调查，但偏重于军事及资源开发。印度洋调查的重点课题是东印度洋表层流场、阿拉伯海季风环流、印度洋水产等。

3. 开展大西洋调查

美国对大西洋的调查也相当多，20世纪60年代以来，美国"通过国际热带大西洋合作调查"与"热带大西洋试验"掌握了许多大西洋资料，但这阶段的调查多集中在赤道区。调查的重点是：中大西洋东北部的上升流、西南大西洋亚热带辐合、热带大西洋试验、大西洋两侧大陆边缘和中大西洋海岭的矿床资源、北大西洋的生物资源及南大西洋鱼种等。

从20世纪70年代以来，美国除了继续提高常规海洋调查船及船用仪器设备的现代化水平以外，还大力发展资料浮标、深潜器、飞机、卫星等新的海洋立体观测系统。如研发了大容量浮标、深海潜器深海调查潜艇和水下居住实验室，成功发射了资源卫星等。

三、 建立海洋管理体系， 强化海洋环境资源管理

大规模的海洋资源开发利用使美国海洋环境资源面临严重威胁。旅游业的发展受到限制，海洋生物栖息地在逐渐消失，与此同时，水质下降、沿岸渔业资源衰竭、重要栖息地的破坏等海洋生态退化问题不断出现。全球气候变化导致海平面加速上升、暴雨和水灾加剧，而越来越多的人在海边建房造屋也使美国海岸面临因风暴潮造

成的生命财产损失增加。1969 年 1 月，加利福尼亚州圣巴巴拉湾的严重溢油事件引起了广泛关注和担忧。这一系列环境事件对海洋政策的发展也起到了导向作用。

为此，美国自 20 世纪 70 年代以来，采取了一系列加强海洋管理的重要举措，其中包括制订国家海洋政策，建立海洋委员会和海洋政策委员会，成立相对独立的海洋管理机构，以及不断加强海洋管理法律体系的建设等，制定了相关的法律法规和相应的管理措施，投入大量资金和人力，由联邦、各州及地方政府分工协作共同管理海洋。

（一）建立责权明确的海洋管理体制

20 世纪 60 年代后期，在能源危机和其他经济问题的压力下，美国认识到虽然海洋科学技术是实现海洋政策目标的重要手段，但科学技术本身并不能弥补经济潜力的匮乏，因而激发了国家海洋发展目标的转移，即从以发展海洋科学技术为中心，转移到以开发利用海洋资源为中心上来，并在优先发展秩序上注意资源开发目标和环境保护目标的安排、协调和均衡。为此，美国成立了以副总统为主席的海洋委员会，即斯特拉顿委员会，审议专家提出的海洋工作的新建议，即 1969 年对美国海洋政策的第一次审议。

为了确保“充分和合理地利用海洋环境”，斯特拉顿委员会把海洋视为“蕴藏着丰富资源的待开发的前沿阵地”，提交了题为《我们的国家与海洋——国家行动计划》的报告，该报告提出的建议多达 126 条。这是一次关于美国海洋政策方面的真正意义上的全面性研究，超出了海洋学范畴，涉及到海洋问题的方方面面，包括了联邦政府的组织形式、海洋在国家安全中的作用、油气资源及其他海洋资源潜在的经济贡献、保护海洋环境以及促进美国渔业的重要性等。其中主要建议旨在协调海洋资源开发的政策，同时为加强海洋环境管理与资源开发，建议成立国家海洋与大气机构，管理国家的民用海洋与大气计划。此建议很快被列入总统的行政机构咨询委员会的议事日程。1970 年 10 月，政府独立机构——国家海洋大气局（NOAA）成立，负责管理海洋及资源，保护海洋，制定国家海洋政策，并具有海洋科研和技术力量为全国提供服务，参与国际海洋事务和合作。

40 多年来，NOAA 始终是美国管理海洋资源，保护海洋、海岸、大气资源，制定国家海洋政策，并利用其管理、研究和技术专长提供实际服务的重要机构。此外，矿物管理局等涉海部门兼负海洋环境资源管理职责。斯特拉顿委员会建议成立 NOAA 的初衷，是希望成立一个独立的、全面负责海洋事务的联邦机构，加强海洋的统一管理。然而这一愿望没有实现，首先交通部就不愿意交出海岸警备队，最终导致了美国集中与分散管理相结合的管理体制。

美国海洋管理机构主要包括：

1. 国家海洋大气局（NOAA）

NOAA 隶属商务部，局长由商务部负责海洋和大气业务的副部长兼任。国家海洋大气局成立后，根据任务的需要，对管理机构进行了全面调整，将所属部门改组为国家海洋渔业局等 6 个部门。1977 年，其机构又一次进行了调整，由原来的 6 个部门调整为 5 个。1980 年，国家海洋大气管理局又成立了海洋矿产与能源局。1982 年，国家海洋大气局再一次进行改组，增设了国家环境卫星、资料和信息服务局，以加强对卫星和资料的管理，同时加强了环境预报服务功能。目前，NOAA内设 5 个办公室：顾问办公室、外事办公室、审计办公室、行政管理办公室和 NOAA军队指挥办公室。下设 6 个局：国家海洋局、海洋与大气研究局、国家海洋渔业局、国家气象局、国家环境卫星资料信息局、海洋矿产与能源局。与这 6 个局直接发生业务关系的还有两个直属 NOAA 的部门，它们是沿岸海洋规划处和全球规划处。

表 3.1 国家海洋大气局下设 6 个局的基本情况

名称	主要职能
国家海洋局	国家海洋局下设海岸与大地测量处、海洋资源保护与评估处、海洋与地球科学处和大洋与海岸资源管理处。其职责范围包括：进行海洋及海岸带测量，编绘航空及航海导航图，发布潮汐预报，搜集包括美国沿岸水域、大湖区及全球海洋的物理特征资料，评估近海污染造成的影响，管理近海资源和国家的海上和河口特殊保护区系统，与各沿海州政府和联邦政府各部门密切合作，促进近海资源的利用和保护。另外，美国国家海岸带资源办公室也隶属于国家海洋局。这是 1972 年由国会提案并批准建立的国家级管理机构。其职责是对有关陆域、河流、湖泊和海岸线的管理以及政策总体协调和项目管理与实施工作，这些项目包括恢复、促进海岸带和海洋资源等方面。该办公室负责美国海岸带地区（包括北部五大湖区一部分）的综合管理。目前已向 29 个州（国家批准授权）提供资助。该办公室还设有海岸带信息中心，负责搜集和处理美国海岸带信息
海洋与大气研究局	海洋与大气研究局下设海洋研究规划处和若干环境研究实验室。其职责是研究美国和全球的海洋与大气问题，改进天气警报和预报，研究活动多在下设的 4 个环境研究实验室进行。除此之外，还支持大学的研究，并设计先进的观测仪器，改进海洋和大气过程的理论模型，开发灾害预报技术，提高预报水平
国家海洋渔业局	国家海洋渔业局下设执法处、渔业保护和管理处、国家事务处、贸易与工业处、研究与环境信息处、受保护资源管理处及区域性渔业中心。该局的主要职责是管理、保护美国专属经济区内的水产资源，检查各项计划，促进美国水产业的发展。国家海洋大气局通过海洋渔业服务局管理、保护并预报海洋水产资源，实施《马格纳森渔业保护与管理法》（MFCMA），限制外国渔船在美国 200 海里海域内的捕获量

续表

名称	主要职能
国家气象局	国家气象局下设气象处、系统操作处、水文处、系统开发处、国家气象中心、国家资料浮标中心及6个区域气象中心。其主要任务是关注天气变化，警惕灾害天气发生，及时向全国600多个地区发布天气警报和预报。在迈阿密设立了国家飓风中心，在檀香山设立了太平洋飓风预报研究室，在堪萨斯建立了风暴预报中心。13个河流预报中心分布在美国主要河系水网上，并设立了2000多个水文站，提供有关洪水和水位的警报和预报资料。国家气象局还为夏威夷和阿拉斯加的警报中心提供海啸警报系统，用以监测因地震引起的海啸。另外，国家气象局还注重专门性服务，每年为国内外航空、航海、渔业等部门及私人用户提供海洋气象服务
国家环境卫星资料信息局	国家环境卫星资料与信息局下设卫星作业处、卫星资料与分析处、系统开发处、国家气候资料中心、国家海洋资料中心、国家地球物理资料中心等部门。这些部门的职责是管理国家的民用地球观测卫星系统及包括全球气象学、陆地科学、海洋学、地球物理学、太阳及天体物理等学科的资料中心，开发和提供资料信息产品，为保护生命财产、商业活动、能源开发、全球食品资源分布评估、自然资源的开发和管理等提供服务。此外，该局还在全国范围内设有43个实体单位，500个试验点，是世界上第四大卫星观测和遥感机构，设有最大的海洋环境数据库，并与世界上10000多个城市联网
海洋矿产与能源局	海洋矿产与能源局于1980年成立，负责海底采矿和海洋热能转换系统有关法规的制定

2. 海岸警备队

海岸警备队创建于1790年，1967年划归运输部领导，是美国海上执法管理的主要机构，也是美国最早组建的海上执法队伍。其总部设在华盛顿，下设有大西洋地区和太平洋地区两个司令部。大西洋辖区总部设在弗吉尼亚州的朴次茅斯，管辖包括中、东部40个州和海外属地波多黎各在内的1036万平方英里陆地，以及包括墨西哥

湾和加勒比海在内的426万平方英里通航水域，下设第1、第5、第7、第8和第9分区。太平洋辖区总部设在加利福尼亚州的阿拉梅达，管辖包括西部各州、阿拉斯加和夏威夷在内的740万平方英里区域，下设第11、第13、第14和第17分区。

此外，海岸警备队还设有供给司令部和海上安全司令部。各管区司令部一般设有执行部、海上安全部、小艇安全部、人事部、后备役管理部、后勤部等。

美国海岸警备队承担的主要任务有：统一管理航标、灯塔和电子导航设施，帮助航海人员确定位置，在其遇险和故障时发出警报，使其安全航行；管理桥梁，确保在美国可航行水域上所有的桥梁建设、维修、管理等符合安全航行的要求；保证商船安全，监督管理商船的设计、建造、人员配备、载货等，尽量减少海上人员伤亡和财产损失；执行法律和条约，作为联邦政府的海事执行机构，负责执行美国及其属地可航行水域和公海方面所有的法律法规；管理美国用于极地和沿海的所有破冰船，保障在南、北极地区美国的国防和科研利益；保护海洋环境，通过使用预防手段来保持和改善海洋环境；军事行动和军备，参加军事训练，参与其他兵种的演习，时刻保持准备就绪的战斗状态；开展海洋科学活动，提供海洋科学成果，保证海岸警备队计划的实施和支援美国经济、科学、国防和社会的需求；港口的安全和保卫，保卫美国的可航行水域和邻近的海岸地区（包括港口及其有关设施）使其不受损害；无线电导航，提供连续的、准确的和全天候的定位能力，促使船舶和飞机安全迅速地从海上和空中通过；搜寻救助，为在水域（包括海洋和内陆可航行水域）遇难的人员和财产提供援助，把人员伤亡和财产损失减到最小程度；通信保障，负责管理通信网，为船舶和飞机提供无线电报、无线电传、打字电传、传真等通信保障，满足海岸警备队的需要和海上商业、娱乐活动等需要；组织后备队，海岸警备队投入作战或国家紧急事件时，提供经过合格训练的人员；保障工作，主要有社会的和国际事务的保障、工程保障、财政管理、人员、补给和自动化信息保障、公民权的保障、医疗保障、法律保障、情报安全保障。

在装备方面，海岸警备队使用多种平台完成工作任务，其中有大型舰艇250艘（船长大于65英尺），小型船艇1784条（船长小于65英尺，一般在近岸和内陆水道执行任务），各种飞机198架。这些数字会因维护计划的实施而变动。

由于美国海岸警备队具有执行军民两用任务的多项职能和丰富经验，美国海岸警备队成立200多年来，不断接受行政命令和国会授权，其性质与任务职责也在不断地发生着变化，逐渐形成了目前这样一支隶属于国土安全部，集军事性、海事性和多功能性于一身的海上综合执法力量。

3. 矿物管理局

矿物管理局是国家负责监督海洋资源开发的专门部门。矿物管理局致力于在保护环境的同时为国家提供能源，寻求较好的方式确保数千个海洋油气平台的安全操作，并利用科学技术开展环境研究。矿物管理局通过对近海产业实施严格管理确保海洋油气作业对人民和环境的安全，在研究和保护海洋环境方面发挥了至关重要的作用。此外，矿物管理局与国家海洋大气局以及美国鱼类和野生动物局合作以确保海上作业不会损害诸如海洋哺乳动物之类的濒危物种。

多年来，矿物管理局资助了旨在更好地了解该环境的重大研究，以便做出安全的、负责任的矿区租赁决策。矿物管理局的海洋矿物管理（OMM）计划负责外大陆架上各个阶段的矿产资源管理。矿物管理局收集和提供通过与14个沿海州合作获得的地质和环境信息，以便确定并提供联邦水域中适合于填沙护滩和湿地保护项目的砂矿床。在这些工作过程中所收集的信息有助于矿物管理局在将来作出有关可能租赁这些矿床的决策。

4. 海事管理局

海事管理局的主要任务是促进美国商务海事的发展，开展国内商业海运及大部分国外商业海运业务，战时及紧急时刻作为海军或军事附属部门提供服务。该局还保证美国具有适当的造船及修船业、足够的港口、有效的水路运输系统，并在国家危急时刻保证水运能力。除上述机构外，涉及海洋管理的部门还有运输部、内政部、能源部、国防部及国务院等。

美国除设立了国家级管理机构外，在沿岸39个州也都设有州级海洋管理机构，隶属州政府，机构负责人由州长任命。机构名称、规模和组织形式因州而异。

美国是联邦制国家，这决定了美国在海洋管理方面采取中央和地方相分权的形式。海洋事务管理分布于联邦政府的有关部门，在联邦一级，海洋管理的最高权力机构是总统，海洋职能管理部门是NOAA及其他部委，而海上执法集中在一个部门即海岸警备队。

根据美国有关法规规定，离岸3海里内海域由沿海各州负责立法，实施管理。自3海里以外到200海里专属经济区由联邦政府负责，按职责分工由各联邦行政机构执行。州政府在3海里内有“绝对”的管辖权，包括所有的海洋生物和矿物资源。这一授权包括在其辖界内管理、租赁、开发和利用土地自然资源的权力，对海下底土及其自然资源的开发与利用收取租赁费和税赋。但涉及州辖海域水面的航行权、贸易权、国防和国际事务权则统一由联邦政府行使。目前已在沿海州建立了州级海洋管理机构和地方海洋管理机构，从而形成了美国海洋管理机构从上至下，联邦政府、州政府和地方政府的三级机构与行业机构相结合，以政府机构为主导的海洋行政管理体系。

美国州一级管理机构的主要职责是：组织制定和实施本州的海洋管理规划；审核涉及本州海洋的社会经济活动的可行性，决定是否发放许可证；组织各种听证会，听取公众对重大海洋开发活动的意见。在海岸带，保护区的综合执法管理上，州政府有自己的机构、法律和经费等。其法律一旦得到国家（联邦政府）的批准和授权，州政府的法律和管理计划便纳入国家计划。美国各级管理机构（“纵向”）在工作中由于工作需要，特别主动地与“横向”的政府机构，如环保、渔业、旅游、公园、林业、警备队等部门建立联席会议，共同协调综合性的管理工作。

（二）制定和不断调整海洋管理政策

美国根据本国法律制度和政治体制以及不同历史时期国家海洋工作的重心，不断地调整国家海洋政策，制订海洋发展战略规划。1959年，美国制定了军事海洋学规划《海军海洋学十年规划》，从而成为世界上第一个制定海洋规划的国家。

20世纪60年代，美国的海洋事业开始崛起，国家海洋政策的主导思想是联邦有必要大量增加海洋科学技术投入，通过发展海洋科学技术，刺激海洋经济潜力的发挥。1961—1965年间，美国通过了许多旨在振兴海洋科学的法令，其中包括：对海岸与大地测量局业务的地理限制；扩大海岸带警备队的海洋学研究职能；制定新的联邦—州渔业合作研究与发展规划等。[①] 具体政策目标包括：为海洋开发任务和业务提供科学技术支持；增进海洋及海洋环境基础知识和对其了解；提高海洋工艺或海洋工程技术现有水平等。

1966—1971年是美国联邦政府最注意海洋政策的时期，有关保护和保全海洋资源环境的战略目标在各项国家海洋政策中居主导地位，并于1969年制定了《我们的国家和海洋——国家行动计划》。

1972年，美国率先提出了“海岸带”的概念，随后又提出了

① 周秋麟等：《规划美国海洋事业的航程》，北京：海洋出版社，2005年版，第4—5页。

"海洋和海岸带综合管理"的理念，并颁布了《海岸带管理法》。

到20世纪70年代中期，由于能源危机和当时的总体经济状况，以及环境管理取得的一些成功，尼克松总统提出对资源开发和环境保护政策进行全面检查，并以海洋大气局为主，组织有关政府部门的专家和官员编写了《美国20世纪70年代的海洋政策：现状与问题》，政策的主导思想是发展海洋科学技术，推进海洋经济开发，大量增加海洋开发的经济投入。第一，加速出租所有的经察蕴藏着石油和天然气的外大陆架；第二，圈定或购置海滨公园用地、海滩及其娱乐区；第三，向州和地方政府发放补助金、贷款和信用贷款，用于沿海地区经济发展；第四，资助美国的商船的建造和运营；第五，协助美国渔业界建造、装备和更新船只，并协助发展渔产品的新用途和新市场。

美国20世纪70年代的海洋政策体现出，美国国家海洋利益的战略目标是：开发海洋和沿岸资源；保护和保全海洋及沿岸；管理海洋和沿岸资源；为海洋用户提供服务和发展海洋科学技术。为促进海洋资源开发，联邦政府鼓励私营企业参与开发海洋及海岸带资源。在政府的管理政策指导下，1976年美国开始实施海岸带综合管理计划，旨在维护国家根本利益，采取综合解决问题的方式，解决海岸带资源利用、经济发展和生态环境保护之间的矛盾。在美国海岸带管理规划中，要求各州政府与联邦和地方政府合作制定和实施针对各自海岸带的管理规划，这一规划是自愿的。30多年的实践证明，美国的海岸带管理规划是行之有效的，其成功之处在于政府间的合作是建立在联邦资助和监督、各州的自愿参与以及与各州的计划协调一致的基础上。

美国海洋和海岸带综合管理理念的提出，使许多沿海国家纷纷效仿，在世界范围内掀起了海洋和沿海地区管理的变革。1992年，在世界环境和发展大会上，海洋和沿岸综合管理的理念为国际社会所接受，并写入了21世纪议程。

到20世纪80年代，里根政府的经济政策从“大政府”转变为“小政府”；从“稳定增长投资”转变为“削减投资”；从“侧重环境保护”转变为“限制私营产业”，从而直接影响了国家海洋政策的方向。美国内政部放弃了原先租赁外海勘探和开发能源的做法，并削减联邦经费对海洋科学研究的支持投资，如1988年NOAA的研究经费只有其1982年研究经费的35%。联邦政府的海洋工作开始滑坡。

在国际上，随着海洋新秩序的建立和各沿海国家对海洋关注的增长，美国内政部主张把海洋大气局的一些职能私有化。为此，美国这一时期的海洋政策确定为：维护海洋航行和其上空飞行的自由；反对沿海国家扩大管辖权的主张和倾向；反对将200海里的沿海区域划为各国领海域管辖范围行使主权；不签署《联合国海洋法公约》。同时，美国发表200海里专属经济区宣言和12海里领海宣言，对海洋资源实行强化管理，接受专属经济概念和随之而产生的沿海国对专属经济区海洋科研进行管辖的规定。

1983年，里根总统宣布了200海里的专属经济区并发表宣言，表示美国政府愿承认对海洋科研的管辖，同时指出，在200海里专属经济区进行海洋科研必须征得沿海国的同意。5年之后，美国正式把领海从3海里延伸到12海里，但里根政府没有提出在这些区域进行开发或实施新的管理计划。[①] 这两个刺激因素促使一些熟悉海洋事务的人士达成共识，提出需要重新研究和更好地确定国家海洋政策。由此，在20世纪80年代初期削减联邦经费和精简政府机构后不久，海洋事业又重新得到重视。

（三）建立健全海洋法律法规体系

自20世纪50年代以来美国重视海洋环境资源管理，为此制定的海洋法律法规多于世界任何国家。60年代末至70年代初，美国的

① 周秋麟等：《规划美国海洋事业的航程》，北京：海洋出版社，2005年版，第8页。

海岸和海洋问题更为突出，如：近海水域出现了具有捕捞和加工能力的外国拖网渔船使美国作为世界捕鱼大国的地位受到威胁；加利福尼亚州圣巴巴拉湾近海发生一次重大油溢事件；还有诸如湿地之类海岸资源退化以及湖泊、河流及海洋水域中水污染加剧等，导致70年代美国颁布了许多针对海洋和海岸资源的法规。

1.《水下土地法》和《外大陆架土地法》

继《杜鲁门宣言》之后，1947年高等法院关于“美国诉加利福尼亚州的裁决”，赋予联邦政府对潮汐带向海的美国所有海域的管辖权。这项裁决在美国国内沿海州引起很大争议，导致1953年联邦政府通过了《水下土地法》，同年《水下土地法》相匹配的《外大陆架土地法》颁布。这两项法律明确规定沿海各州对距离海岸3海里的领海范围内的水下土地及其资源拥有管理、支配、租赁、开发和利用权利，联邦政府拥有3海里以外大陆架的管辖权和控制权。沿海州的权利应服从联邦政府在领海内的防卫、航行、贸易及外交方面所担负的责任。

2.《海岸带管理法》

于1972年颁布的《海岸带管理法》是世界上第一部综合性海岸带法，旨在鼓励沿岸各州与联邦、地方政府及私人利益集团合作，以制定领海和毗邻滨陆水土利用的规划。

最初的《海岸带管理法》重点是环境保护，此后，该法又于1975年、1976年、1978年、1980年和2006年做了修改。现行的《海岸带管理法》基本上体现了海岸带资源开发利用与保护管理两方面相均衡的原则，最后修订的版本更加突出了海岸带开发在沿海经济建设中的重要性，阐明了美国海岸带管理的政策和目的，包括：保存、保护、开发美国海岸带资源，并在可能的情况下使之恢复或增值；鼓励和帮助各州制定和实施符合规定的国家标准的海岸带管理规划；鼓励制定“特殊区域管理规划”，以保护重要的自然资源，确保“海岸经济适当的发展”，加强危险地带生命财产的保护，并增加政府决策的可预见性；为了达到目标，鼓励公众、州和当地政府、州间机构、其他区域机构和联邦政府的参与合作。

3.《海洋保护、研究和自然保护区法》

《海洋保护、研究和自然保护区法》于1972年由美国国会通过，目的是保护和恢复海洋水域、资源及其在生态、娱乐和美学方面的价值。该法要求联邦政府制定一项全面的长期规划，解决海域污染，过度捕捞以及海洋生态系统的人为变化可能造成的长远影响。该法规定了海洋自然保护区的选划与建设。1984年，美国国会对海洋自然保护区法做了重大的修订，重申了自然保护区规划原有的保护重要海洋资源的目的，改变了选划和选定自然保护区的方法——要求进行更多的环境研究，更广泛地协商和较多地注意经济效益。通过该规划的实践，美国国会认识到，保护海洋资源可以与自然保护区空间的其他利用兼容（例如，在为保护海洋哺乳动物或珊瑚礁而选划的自然保护区内可以进行捕鱼）。因此，将“多重利用”的原则写入自然保护区法中。该修订案还要求公众、工业团体以及州和联邦的机构参与自然保护区的选划。在资源管理方面，从控制和禁止有关海上活动变为重视管理和计划保护工作，较多地强调了科研和教育工作。

1988年，美国又依据该法制定了《海洋自然保护区规划条例》，以便发现、选划和管理在保护、娱乐、生态、历史、科研、美学或教育等方面具有特殊重要意义的海区。条例补充现有的权力，加强对保护和管理工作的综合协调，促进资源保护与海域多种用途主要目标的统一。条例要求对选划的自然保护区制定管理规划，包括目标、任务、管理职责、资源调查和研究、实施管理的措施、监视活动、教育计划等。

4.《深水港法》

20世纪70年代由于海上石油运输的频繁，美国开始建造深水港口，以接纳超级油轮和巨型船舶。深水港的建造需要利用领海，不

仅包括水上运输，而且还包括建造水下管道，因此可能对各种海洋资源、海洋活动产生重大影响。为控制和管理深水港口的建造，美国国会于 1974 年制定了《深水港法》，主要内容是：审批美国深水港的选址、归属和建造并对其使用实行管理；规定保护海洋和沿海环境的措施，以便防止或最大限度地减少因发展这类港口可能带来的不利影响；保护美国及沿岸州在深水港选址、建造和使用管理方面的利益；保护各州和团体行使法律赋予的管理港口、决定土地利用以及保护环境等方面的权利和职责。

按照《深水港法》规定，对深水港的建造和使用要经运输部、内政部、商务部、国务院、国防部、陆军部、司法部、环保部、联邦贸易委员会协调和磋商，要将深水港建造和使用纳入国家海洋规划范畴，使之与国家海洋政策和利益相适应，防止对海洋环境和海洋资源利用造成干扰和有害影响。

5.《渔业保护和管理法》

20 世纪 60 年代末，随着美国渔业捕捞量从世界第二位下降至第六位，相当多的美国捕捞企业陷入困境。由于大量外国拖网渔船，尤其是苏联的工厂式拖网渔船进入北大西洋和阿拉斯加渔民传统作业区作业，与大型、现代化、高效率和全天候的苏联拖网渔船相比，大部分美国渔船小而且效率低，美国渔民对此非常愤慨，督促国会采取立法程序，禁止外国渔船在美国专属经济区作业。但是由于美国没有参加《联合国海洋法公约》，国际协商不会有效果，因此，1976 年，美国国会通过了《渔业养护和管理法》（后更名为《马格纳森渔业保护和管理法》），拟通过国内立法解决问题。《渔业养护和管理法》旨在通过建立 200 海里渔业保护区控制美国和外国渔民的捕捞活动，禁止外国渔民在美国 200 海里范围内非法捕鱼。根据该法律的规定，美国渔业管辖权于 1977 年 3 月 1 日起从 12 海里扩大到 200 海里，扩大区相当于美国大陆的面积。该法还要求建立 8 个区域性渔业管理委员会，委员会作为联邦管理海洋的机构之一，由各成员州负责海洋渔业管理的主要官员、专家及国家渔业局分局局长组成。另外，该法还要求制定一个全面的渔业管理计划，管理200海里内的渔场和捕捞活动，包括：禁止或限制捕捞的区域和期限；确定仅供特种类型或规定数量的渔船或渔具捕捞的区域和期限；根据区域、种群、数量、重量、个体大小、生物量及其他因素确定捕捞限额。《渔业保护和管理法》的建立，标志着美国海洋渔业由传统的渔业管理制度转向综合渔业管理。

《渔业养护和管理法》的制定尽管使美国的渔业管理取得了一定成效，建立了包括联邦机构、地区委员会、州组织及私人企业在内的管理体制，赢得了广泛的公众参与并获得产业和科学界的支持，但它未能阻止渔业资源的持续下降，如在新英格兰等地区，资源的衰退迫使捕捞强度大幅度降低，由联邦向一些沿海社区提供经济援助。为此，《渔业养护和管理法》于1996年做了修改，以加强渔业管理体制并防止资源的进一步衰退。

6.《外大陆架土地法修正案》

此时，海洋油气资源开发问题也受到了美国国会的关注。1973年中东战争引起的阿拉伯石油禁运对几百万美国人的生活产生了直接且显著的影响。美国依赖不可靠的外国石油供应的问题被提高到涉及社会经济和国家安全问题的高度。为此，尼克松政府建议扩大外大陆架油气勘探开发的租赁范围，扩展到大西洋、墨西哥湾和太平洋的近海区域。但这个建议与当时盛行的“亲和环境”理念相冲突，因此，立法者面临着寻找确保生态保护和能源供应两全齐美方案的困境。经过三年的制定过程，1978年国会颁布了《外大陆架土地法修正案》，对1953年颁布的《外大陆架土地法》作出了重大修改和扩展，确定鼓励新的租赁规划，并实行更严格的环境标准和措施，保证州和地方政府所管辖水域的环境和资源按照《海岸带管理法》获得应有保护。

此外，美国的涉海法律法规还包括：《净水法》《国家环境政策

法》《渔猎协调法》《国家海洋污染规划法》《深海底硬矿物资源法》《溯河产卵的海鱼保护法》《海洋哺乳动物保护法》《濒危物种法》等，从而构成了美国较为完善的海洋管理法律法规体系。

第四章　冷战后的美国海洋战略

1991 年苏联宣布解体，紧接着苏联体系下的东欧各国也发生巨变，这标志着以苏联为首的和美国对抗的联盟体系崩溃，近半个世纪以来美苏争霸落下了帷幕，也预示着世界进入了新时代。冷战结束后的美国成为世界上唯一的超级大国，于是美国领导世界的愿望愈加强烈，并且开始调整其全球战略，其中包括海洋战略。由于经济持续快速发展，美国的超级大国地位优势更加突出，在战略策划上更加主动而自信。

为在未来巩固其在世界海洋的领先地位，肆意攫取全球海洋利益，美国联邦政府根据本国法律制度和政治体制以及不同时期国家海洋工作的重心，不断地调整国家海洋战略。其海洋战略的制定在保护自己既得利益的同时，又有对外扩张以及防范、遏制他国崛起和壮大的意义。这样做的根本目的就是要维护自己的海上霸权和世界霸权。因此，其海洋战略的主要内涵是对海洋实现控制，并利用这种控制和其他海洋因素来实现国家大战略。

第一节 重新审视海洋工作，规划新世纪海洋战略蓝图

20 世纪 90 年代，国际上政治体系从两极体系向多极化发展，时代主题由冷战时期的“战争与和平”转变为“和平与发展”。由于人口、环境和资源问题的凸显，海洋成为全世界关注的焦点和热点问题，世界各国更加注重对海洋的开发、利用，各国的海洋战略由过去以军事、政治内容为主转变为以经济、政治、军事三者并重。1994 年《联合国海洋法公约》生效，国际海洋事务进入新秩序。为享有海洋权益，使本国的海洋利益最大化，1998 年美国以国际海洋年为契机，加强了对海洋工作的关注，联邦政府开始重新审视海洋工作。美国当时的海洋政策还是 1969 年制定的，30 多年来，美国的海洋形势发生了巨大的变化。美国有 1.41 亿人口生活在沿海岸 50 英里宽的范围内，其中 30 多年来新增加了 3700 万人口、1900 万个家庭以及无数的行业。海洋运输和滨海旅游娱乐业已经成为美国国民经济发展的两大驱动力。

2000 年，美国海洋产业对美国经济的直接贡献为 1170 亿美元，创造的就业机会有 200 多万个。美国沿海地区每年经济总产值超过 1 万亿美元，占国内生产总值的十分之一。如果再把沿海流域各县考虑进去的话，沿海地区每年对国家的贡献达到 4.5 万亿美元，占全国国内生产总值的二分之一，提供了大约 6000 万个就业机会。随着海洋经济和沿海地区蓬勃发展，人类活动给美国海洋和沿岸生态环境等造成的负面影响越来越严重，海洋和沿岸污染加剧，水质下降，湿地减少，鱼类资源遭到过度捕捞，这使得美国政府不得不重新考虑美国的海洋政策。

自20世纪90年代中期以来，包括美国国会在内的各级机构，经常审议美国在海洋领域存在的问题，发表多份以检讨海洋问题为主的国家层次的报告，并就亟待解决的海洋环境资源以及国家海洋安全问题制定了战略规划，其范围几乎涉及所有涉海领域。

一、为在新世纪保持领先地位，展望未来的海洋工作

为了适应全球化时代海洋管理的需要，在新世纪继续保持世界领先地位，美国开始酝酿海洋管理制度的改革，联邦政府采取了一系列举措，开发海洋资源，保护海洋环境。为此，美国国会第98届、第99届、第100届、第105届均就海洋问题召开了相关听证会，第105届国会期间参议院于1997年11月通过了设立国家海洋委员会和成立海洋政策委员会的立法提案。

1998年，联合国宣布该年为国际海洋年，媒体和公众对联合国的宣言给予了高度关注。在此背景下，1998年美国国会在一项海洋问题决议中指出，“海洋对于美国经济发展、环境质量和国家安全具有极其重要的意义；美国有责任对海洋及其资源进行全面综合管理”。同年6月，美国政府在加利福尼亚州蒙特利召开了全国海洋工作会议，会议由时任副总统戈尔主持，时任总统克林顿亲自出席会议并签署了海洋宣言。该宣言称，“地球表面的70%以上被水覆盖，全球人口的50%以上生活在离海50英里内的海岸带地区。海洋是地球生命的源泉，也是维系地球生命的重要支撑”。“我们必须共同努力，在地方层次、国家层次和国际层次上，合理管理海洋……，实现海洋资源的可持续发展”。该宣言堪称美国海洋21世纪议程。

基于这些原因，美国呈现出关注海洋事业的新热潮，受国会委托，美国国家研究委员会于1998年撰写了题为“争取平衡，改善海洋地区的管理”的报告，报告中提出，美国现有的国内海洋管理系统的法律、法规以及联邦、州、地方政府的具体措施已不适合美国

海洋的发展，执行现有法律制度的各类机构其行动的依据往往相互冲突，也没有建立统一认识和一系列目标的机制。为了改变这种状况，建议创建一个“全国海洋委员会”来确定国家目标以及改善联邦机构、州机构和其他私营企业的有关部门之间的协调工作。当年，国会批准成立了由国家海洋大气局、农业部、国防部、能源部、内政部、国务院等联邦主要涉海机构负责人组成的海洋领导小组，负责起草有关美国海洋和海岸政策现状的背景文件。

（一）《回归海洋：美国的海洋未来》

1999 年 9 月，美国海军部和商务部代表内阁提交了《回归海洋：美国的海洋未来》研究报告。对保持海洋的经济利益、增强美国在全球的安全感、保护海洋资源、海洋勘探和认识海洋等问题提出了 25 个重要领域的具体建议。主要包括：为了保持经济利益，与沿海社区共同制定可持续性发展计划，创造减少过度捕捞的新激励制度，制定环境无害水产养殖原则；为了增加全球安全感，与国务院合作，提高在威胁到达美国海岸之前探测并阻止来自海上威胁的能力；保持并扩大传统的航行自由和飞跃世界各地的努力，增强联邦法律实施力度；为了保护海洋资源，联邦政府协调与州和当地政府在海岸带的开发增长工作，加强重要鱼类生境的保护和恢复工作，勘探未开发海域；为了更好地认识和利用海洋，扩大沿海、开阔海域和海底观测，建立立体海洋观测网开展基础研究和应用研究，促进海洋科学教育；为了保证联邦政府执行本报告的工作协调一致，成立一个由各相关部和部门副职组成的高层工作组等。报告发表后，美国发展海洋事业的决心与劲头更足了。

（二）《美国海洋的未来——国家在海洋方面利害关系的问题》

由美国产业界、政府、学术界以及环境组织的 200 多名海洋和涉海部门的相关负责人磋商后，由海因茨中心海洋研究组就美国国家面临的海洋问题、促进海洋经济发展、保护和恢复渔业和其他海洋生物资源、促进海洋科学技术发展和美国海洋和海岸的发展等问题进行了具体研究讨论，并向联邦政府提交了《美国海洋的未来——国家在海洋方面利害关系的问题》报告。报告重新评价了国家与海洋的利害关系，强调了必须致力于国家的海洋未来的紧迫性，分析了可持续利用海洋和海岸带环境资源所面临的挑战，阐述了海洋对于国家安全和贸易的重要意义。报告提出为促进国家的海洋经济发展，保护海洋资源环境，必须综合规划美国的海洋区域、资源及活动，必须改革国家、地区及地方海洋和海岸的管理机制，同时给予海洋科学、教育以及管理网络新的投资。

（三）《建立新千年海洋科学的伙伴关系——关于机构间伙伴关系倡议》

为在新世纪推动海洋科学研究的发展，保持科技领先地位，1999 年，美国国家研究委员会提交了《建立新千年海洋科学的伙伴关系——关于机构间伙伴关系倡议》的报告。报告提出海洋科学是战时基础研究满足社会需要的理想领域，美国海洋研究和教育界开始了海洋科学合作发展的新时代。报告在海洋研究委员会关于未来十年海洋科学研究的基础上，扩大了海洋科学界的含义，即包括了从事研究、开发、应用与教育的学术界、政府和私人企业。报告阐述了美国海洋科学界发展新的伙伴关系的最重要领域，重点在于海洋科学的发展途径。此外，报告提出两个涉及美国国会的特别建议：一是建议立法，制定国家海洋伙伴关系管理条例，包括建立新的伙伴关系资金规定；二是建立国会海洋科学特别委员会，作为国家海洋问题辩论、交流和教育的平台。

（四）海洋勘探的国家战略

2000 年 6 月美国总统克林顿在白宫千年政务会上，就海洋问题发表了重要讲话，提出扩大海洋勘探的国家战略。总体战略目标包括：增强对海洋的认识；推动渔业和其他海洋资源的可持续利用；增加就业机会；促进经济增长，维护国家安全和海上自由，永久保护海洋。实现以上目标的基本政策是：雇佣各种人才，建立一支能

够肩负使命的人才队伍；投资必须明智稳妥，果断及时；提高管理效率，重新配置次要的资源；创造机会，同其他美国联邦机构的项目联系合作；同美国其他政府机构、私营部门和学术界建立新的合作伙伴关系，利用他们的潜在能力；集合国际资源，建立全球合作关系；投资目标应瞄准能给产业及社会带来重大效益的项目计划。

（五）《海洋法案》

2000 年 8 月，美国国会通过《海洋法案》，决定成立国家海洋政策委员会，制定一项需要协调的、规范化的、长久的国家海洋政策以帮助和指导制订一个跨党派、跨地区、各利益集团都参与的 21 世纪海洋综合议程，加强海洋的综合管理，逐步实现海洋的可持续利用和保持海洋生态平衡。《海洋法案》规定设立海洋政策委员会。该法案还规定自 2001 年 12 月起，总统必须每两年度向国会提交报告，包括：涉及海洋和海岸带活动的联邦计划的详细清单，其中包括每个计划的概况、计划的资金状况、与联邦其他计划的关系等内容；报告被采纳后的 5 个财政年度内，用于计划的每年资金规划。该法案为美国在 21 世纪出台的新海洋政策奠定了法律基础。

海洋政策委员会下设四个组，分别负责海洋管理、研究教育与海洋活动、关爱海洋与服务海洋、投入与政策的实施。工作组负责分析研究各自负责领域存在的问题，并将结果报告海洋政策委员会。

为此，美国国会拨专款 600 万美元，要求海洋政策委员会在 2003 年完成美国新海洋政策的制定。《海洋法案》授权海洋政策委员会直接从其他联邦机构和部门获取必要的信息，而上述机构和部门必须依法予以合作，提供所需信息情况。美国政府期望新海洋政策如同 30 年前《我们的国家和海洋》指导 20 世纪 70—90 年代美国国家海洋政策一样，对 21 世纪初美国海洋工作进行重新调整、规划。

美国海洋政策委员会成立后启动的第一项工作，就是召集一系列有关各方参与的会议，以搜集有关信息并了解美国海洋管理与利用方面存在的最紧迫问题，以全面审议美国的海洋工作，为新政策的制定提供依据。

（六）皮尤海洋委员会的作用

2000 年初，美国皮尤慈善信托基金成立了独立机构——皮尤海洋委员会。皮尤海洋委员会是一个高层次的海洋委员会，被称为“美国海洋领域的思想库”。它由共和党和民主党共同组织，成员包括来自科学界、渔业界、环境与资源保护领域、政府、教育、企业和慈善机构的一些重要人士，宗旨是研究美国海洋政策，提出改进海洋政策和加强海洋工作的建议，以更好恢复和保护美国海洋生物资源以及海洋环境。该委员会还负责推进海洋意识教育，帮助公众提高对海洋的重要性的认识。

皮尤海洋委员会由四个分委员会组成，涉及海洋管理、渔业、污染和近海开发等领域，同时还关注海洋水产养殖、外来物种入侵、海洋区划、气候变化、科学和教育等问题。皮尤海洋委员会成立后，曾试图说服一些关键的国会议员发起成立一个由公立机构和私营部门共同参与的非政府海洋委员会，但没有成功。为此，皮尤海洋委员会只好自行推进相关工作。

在此期间，无论是海洋政策委员会还是皮尤海洋委员会都在竭尽全力地调查了解美国海洋问题，试图在解决美国海洋管理和推进海洋环境资源的开发利用等方面探索出新途径，在新世纪促进美国海洋事业健康快速发展。

二、 制定新海洋政策， 加强海洋事业发展的顶层设计

进入 21 世纪之后，世界各国对海洋给予了高度关注，这一广大的舞台正在进行新的资源与权力的分配。随着对海洋认识的不断深化，美国加速了对海洋发展的顶层设计。

（一）规划美国海洋事业的航程

皮尤海洋委员会围绕美国海洋工作，开展了系统的调查研究和总结。在此基础上撰写了一份标题为《规划美国海洋事业的航程》的关于美国海洋工作的政策性报告，并于2003年6月提交国会。该报告列举了美国海洋工作存在的主要问题，并提出了系统的对策建议。美国媒体称该报告是自美国斯特拉顿委员会提出有关海洋政策的建议后“30多年来第一次对美国海洋政策的全面而系统的回顾”。

皮尤海洋委员会在报告指出，尽管美国海洋工作取得了成绩，但美国的海洋生态环境仍面临着严重危机，如：沿海的开发和其他无序活动正在摧毁或威胁着美国的沿海湿地和河口，美国每年约有20000英亩的沿海湿地消失；60%以上的河口和海湾因受到来自陆地的富含营养盐的污染物影响而退化变质；许多重要的鱼类被过度捕捞；外来物种正在挤占本地物种的生存空间等。报告呼吁加强对美国沿海海洋生境的管理和强化有关协调工作。报告指出，美国海洋面临的不仅仅是问题，而且是危机，是比以往任何时候都严重的危机。报告指出，从根本上来说，解决这些危机不仅仅关系到这一代人，更关系到子孙后代，呼吁“尽快行动起来，给后代留下生机勃勃的海洋和洁净健康的海岸”。

报告还指出，全球气候变化也是美国面临的一个重要问题。据预测，因全球气温升高而引起的海平面上升，将淹没大片沿海湿地、河口和红树林。由于海水温度的升高，珊瑚礁将面临更为严重的白化威胁。报告提出，为了应对新的挑战，必须加大对海洋的投入，加强对海洋的研究和管理，加强对所有美国人的海洋意识教育。报告还提出，正确的投入将会得到比投入大得多、甚至数倍的回报，会使美国在未来的许多世纪拥有丰富的海洋生物资源和洁净的海洋，否则海洋生态系将进一步恶化，将给未来人类带来严重后果。

皮尤海洋委员会在报告中对美国海洋面临的问题的描述用了令人震惊的言辞：“美国的海洋危机四起，问题已经到了严重得不能再严重的地步”“表明问题严重性的例子比比皆是”；美国“已经走到了必须做出选择的十字路口”；而危机的根源在于“错误的认识和管理的失误”。报告认为，美国“未能把海洋看成是最大的公共空间，没有从最广泛的公众的长远利益出发，去对海洋进行通盘管理。现在才刚刚开始认识到海洋对美国经济和民族文化遗产的至关重要性。”“海洋与陆地是相互依存的，陆上的许多活动极易影响海洋生态系，影响海洋生态系为人们提供的各种利益。但我们对此认识得太晚了。”

报告认为，扭转这种恶化趋势的唯一办法是全面改革海洋工作，其中包括：进一步调整美国海洋政策的方向，颁布并实施新的海洋政策，制订海洋政策法；建立新的强有力的海洋管理机构，以替代现挂靠在商务部的国家海洋与大气管理局，并接管目前由内政部、农业部、环保署和陆军工程兵司令部等部门负责的各类海洋计划；成立白宫海洋委员会；建立由各地区海洋生态系委员会组成的全国性网络，参与农田和城市向海洋排污的管理工作；为了强化海洋管理，全国要树立新的海洋伦理观。

报告中确立下列优先目标：制订以保护生态系健康和可持续利用海洋资源为基本内容的、统一的和原则性的海洋政策；根据问题的难易程度，鼓励对海洋资源实行不同尺度的广泛而协调的管理，区域尺度的大海洋生态系问题，宜通过渔业管理和一般性管理来解决，近海开发和污染控制问题，宜开展流域尺度的管理；重新改组渔业管理机构，将渔业政策的重点放在保护和维持鱼类赖以存在的生态系统上；保护重要生境，加强对海洋开发活动的管理，最大限度减少开发活动对生境和水质的影响；控制危害海洋生态系统的污染源，特别是营养盐污染。

为了实现上述目标，皮尤委员会建议采取下列措施：加强以维护海洋的可持续性为目的的海洋管理；恢复美国的海洋渔业；保护海岸；改善沿海水质；开展可持续的海洋水产养殖并引领世界潮流；

加强科学教育和增加经费支持。

由此可见，皮尤海洋委员会的报告充分认识到世界海洋发展趋势，即海洋在当今和未来世界经济、环境、社会和军事方面的极端重要性。报告不满足于现有的成绩，全方位深刻检查、反思海洋领域存在的问题，并提出了解决问题的方法。

（二）《21 世纪海洋蓝图》

海洋政策委员会为开展广泛的调研工作，开通了专门的网站，以便于各界了解相关信息和跟踪委员会工作的进展动态。委员会共在 10 个城市召集了 15 次会议，听取了 440 场报告，经梳理汇总后，于 2003 年 4 月召开的第 16 次会议上专门讨论提出的多项政策方案。2004 年 7 月，历时 4 年的海洋政策报告《21 世纪海洋蓝图》终于出台。《21 世纪海洋蓝图》对海洋管理政策进行了迄今为止最为彻底的评估，这是美国有史以来第二次全面、系统地审议海洋问题，其规模、用时以及动用的人力、物力堪称历史之最。报告中提出的建议多达 248 项，其中提给国会的建议 54 项、行政机构领导的建议 69 项、联邦政府机构的建议 125 项。报告中提出的"关键"行动 13 项，为美国制定 21 世纪全面的、协调的国家海洋政策奠定了基础。

海洋政策报告的第二部分题目为"变革蓝图"，这一部分是政策的核心。其中，国家海洋政策框架建议也是该报告最重要的建议之一，是实施国家海洋政策的组织保障，由 4 部分组成：国家协调和牵头机制、地区战略、建立和完善联邦水域管理体制、加强联邦机构职责与重组。

1. 国家协调和牵头机制

在总统行政办公室内成立国家海洋委员会，负责联邦政府各涉海机构部门海洋政策和计划的协调，监督国家海洋政策的实施。国家海洋委员会成立后首先开展的工作是理顺联邦各涉海机构之间的关系，改进各机构之间的协调模式。国家海洋委员会主席将由一名总统助理担任，成员由各部门一把手组成。实践证明，像国家海洋委员会这种超越各部门之上的机构更容易进行综合协调，协调各联邦部门间的用海冲突，在更高层面上对海洋问题给予关注。

2. 地区战略

出台的海洋政策特别强调了地区战略。地区战略实质是指加强在整个地区内的协调，不再仅仅局限于行政管辖范围，而要着眼于问题对地区的影响。因此，新的国家海洋政策框架的一个重要组成部分就是以生态系统为基础的地区战略，鼓励整个地区各界的广泛参与，形成地区合力，解决实际的地区问题，实现共同确立的地区目标。同时，建立地区海洋委员会，其目的是促进该地区抓住机遇处理问题的合作协调方式。委员会将制定地区目标和优先项目，并确定对每个问题做出反应的最佳机制，委员会还与海洋政策总统顾问理事会合作，在国家层面交流地区需求，并更好地处理对国家有重要意义的地区问题。

3. 改进联邦政府管理联邦水域的能力

这是政策报告的亮点之一，提出了“全新”的海洋管理概念，即江河流域管理（Watershed Management），过去人们往往更多地注重加强海洋管理，而忽视对海洋的上游，即内陆江河流域的管理。因为江河流域对沿海、海洋的影响很大，也是海洋综合管理的重要内容之一。这一概念在国家海洋政策中首次正式提出，体现了新政策对这一概念的认可，这也是国家海洋政策的重要任务之一。

由于联邦水域管辖职责分布在多个部门，牵头协调机构不够明确，因此容易造成混乱，导致不必要的延误和增加不必要的费用等，不利于私人投资。为此，新政策建议国会与国家海洋委员会联合指定负责在联邦水域进行每一项活动和可能预见到活动的牵头管理机构。在国会采取行动之前，国家海洋委员会应指定临时牵头联邦机构，加快实施在联邦水域从事活动的管理与协调。

4. 加强联邦机构职责与重组

海洋政策另一个亮点是提出以生态系统为基础改善区域海洋管

理的政策理念。为此，报告在加强联邦机构职责与重组方面强调生态系统化管理，要求把生态系统内所有组成部分作为一个整体看待，需要各方的协调。美国海洋政策委员会认为，在改进和加强联邦涉海机构之间协调的基础上，待时机成熟后，再对联邦涉海机构进行重组。这一政策理念的提出，标志着海岸带综合管理进入了以生态系统管理为特点的区域海洋管理阶段。2005 年美国海洋政策委员会发布海洋生态系统管理声明，要求美国政府按照海洋生态系统原则对海洋进行管理。

美国海洋政策制定的过程牵动了每一个人，上至总统，下到公民，政府为制定新政策投入了大量的人力和财力，体现了政府对海洋工作的高度重视。

（三）《美国海洋行动计划》

按照《海洋法案》要求，美国总统应在接到海洋政策委员会的报告 120 天内，向国会提交一份落实美国海洋政策委员会提出的建议的回应书，陈述他对落实建议的意见。为此，2004 年 12 月 17 日，时任美国总统布什向国会提交了《美国海洋行动计划》，作为对美国海洋政策委员会建议的正式回应。当天，布什总统签署第 13366 号行政令，宣布在总统行政办公厅下正式成立内阁级海洋政策委员会，新的海洋政策委员会将指导原海洋政策委员会的关于海洋和沿岸管理的建议的落实，并实施《美国海洋行动计划》。这是落实《21 世纪海洋蓝图》的具体措施，共 6 个部分，其主要内容分别为：

加强海洋工作的领导和协调。所做的主要工作是在商务部内部加强国家海洋大气局的机构建设，建立新的内阁级海洋政策委员会，支持五大湖区恢复和保护海洋环境的部际间工作队和区域协作，支持墨西哥湾区域合作伙伴关系，通过执行合作保护海洋环境和自然资源的行政命令促进海洋管理，促进区域渔业管理等手段，以及改善联邦海洋工作的协调和管理。

促进对海洋、沿岸和大湖的了解。所做的主要工作是通过制订海洋研究重点计划和实施战略，建立全球海洋观测网，研制先进的海洋调查研究船，创建全国水质监测网，协调海洋和沿岸制图工作，贯彻关于海洋和人类健康、有害藻华和缺氧等的新的立法以及海洋教育的协调等工作，以及不断扩展人们对海洋、沿岸和五大湖科学知识。

加强对美国海洋、沿岸和大湖资源的利用和保护。所做的主要工作是实现可持续海洋渔业，促进珊瑚礁和深海珊瑚的保护和教育，加强对海洋哺乳动物、鲨鱼和海龟的保护，促进近海水产养殖，改善海洋保护区，管理外大陆架的能源开发，以及保护国家的海洋遗产。

这些工作的重点是同区域渔业委员会一起，促进面向市场的渔业管理系统的最大利用，平衡区域渔业委员会的代表性协调用于渔业管理目的的游钓数据收集，为科学在渔业管理中的利用制订指导方针和程序，实施珊瑚礁地区行动战略，为全国近海水产养殖立法提出建议，更好地协调和整合现有的海洋管理区网，以及制订海洋公园的战略。

管理沿岸及其流域。主要工作是对沿岸及其流域的管理，通过美国农业部土地法案促进流域的保护，保护和恢复沿岸生境，防止入侵物种的蔓延，减轻沿岸水域污染以及通过新的法规减少沿岸水域的大气污染。

支持海上运输。主要工作包括升格海洋运输系统部际委员会，实施联邦政府的国家货运行动议程，评估海上短程运输，减少对海洋运输系统用户的税收，改善航海设施，以及减轻船舶污染。

促进国际海洋政策与科学发展。主要包括支持美国政府加入《联合国海洋法公约》，建立伙伴关系，增加《伦敦公约》成员和加强《伦敦公约》实施，支持海洋管理和减少陆源污染的综合途径，批准 MARPOL 公约修正案，以及促进其他贸易与国际海洋政策。促进国际海洋科学，主要包括促进大海洋生态系的利用，把全球海洋

评价系统同全球对地观测系统结合起来，以及领导综合海洋钻探计划。

在上述各个方面的工作中，近期和长期工作重点主要有：建立新的内阁级海洋政策委员会；同区域渔业委员会一起促进基于市场体制的渔业管理；建立全球观测网；制订海洋重点科研计划与实施战略；支持美国政府加入《联合国海洋法公约》；实施地方珊瑚礁行动战略；加强国家海洋大气局机构建设等。

为了推进相关工作，美国海洋政策委员会设立了一些分支机构来协调涉海工作，这些机构包括部际间海洋科学与资源管理整合委员会、海洋资源综合管理委员会等。2008 年 1 月部际间海洋科学与资源管理整合委员会发布了致国会的《2006—2007 财政年度联邦海洋与近海工作情况报告》，扼要介绍了实施《海洋行动计划》的主要工作与成就。

（四）《近海与海洋综合观测法》

2008 年 3 月 31 日，美国国会众议院通过了《近海与海洋综合观测法》，该法主要内容有 11 条，目的在于建立由联邦观测系统和非联邦观测系统组成的国家近海与海洋综合观测系统，提高国家对与天气和气候变化、自然气候变异、包括大湖区在内的海洋环境与大气环境间的相互作用等直接或间接相关的事件的测量、跟踪、解释和预报预测能力；组织开展基础研究与应用研究，以研制、试验、布放和使用创新型和改进型海洋观测技术、模拟系统和其他科学技术与系统，更好地从原理和概念上增强对海洋、近海和大湖区的天气与气候、物理、化学和生物动力学特性等的认识与理解。

为了进一步强化国家海洋与大气局职能和推进国家与地区海洋管理架构的建设，2009 年在美国第 111 届国会上，美国众议院推出立法提案《21 世纪海洋保护、教育与国家战略法》，目的是通过采取下述措施，让健康的海洋生态系统为当代和后代全体美国人提供生态、经济、教育、社会、文化、营养和娱乐等各方面的利益。这些措施是：制订并实施国家海洋政策；通过强化联邦和地区层面的海洋管理，促进以生态可持续方式对海洋资源进行利用与管理；用基于生态系的方式，加强对美国海洋水域、近岸水域和海洋资源的管理；为实现本法提出的目标与政策，设立海洋与大湖区信托基金。

第二节　奥巴马政府的新海洋政策与措施

近年来，美国海洋经济的快速发展为美国国家经济发展做出了巨大贡献。据统计，2010 年，海洋经济活动对美国 GDP 的贡献为 2580 亿美元，提供了 280 万个就业岗位。[①] 同时，海洋发展的一些问题引起了人们的普遍关注，也影响了美国在未来制订海洋政策时的导向，包括：海洋城市区域的发展扩大，这已经被认为是一个挑战；人口的增加以及来自农业的污染，对海洋和海岸地区环境质量的影响；气候变化对海洋生物资源及栖息地的影响等。为使海洋经济发展更加健康、合理，美国政府采取了一系列行动促进传统和新兴海洋产业，提升沿海地区活力，保护赖以生存的海洋生态系统。

一、 奥巴马的国家海洋新政策

2009 年 6 月 12 日美国总统奥巴马发布关于海洋工作的《备忘录》，要求建立海洋政策特别工作小组，强调美国在海洋海岸经济增长方面所作的努力。除政策目标之外，奥巴马还强调以下几个原则：一是要保证所采取措施的全面性；二是认识到美国在海洋事务中的利益以及利益相关者的政策；三是认识到海洋生态系统及其元素是

① 国家海洋局：《海洋统计年鉴 2011》，北京：海洋出报社，2012 年。

一个动态的本质，包括人类的活动。

在《备忘录》中，奥巴马总统还宣布制订新的美国海洋政策，提出为了成功地保护海洋、海岸和大湖区，美国需要在统一的框架和明确的国家政策指导下采取行动，包括用全面、综合和基于生态系统的方法，从长远的角度保护和利用这些资源，并宣布2009年6月为“国家海洋月”。

2009年9月10日，由美国总统奥巴马任命的临时机构——部际间海洋政策特别工作组对外发布“部际间海洋政策工作组的报告草案”，公开征集各方意见。这是美国继2004年《21世纪海洋蓝图》之后再次发布新的国家海洋政策。在新海洋政策制定过程中，特别工作组还启动了公众参与程序，听取全国各界的意见。环境质量委员会代表特别工作组主持了38次专家圆桌讨论会，广泛听取利益相关者的意见。特别工作组还主持召开了6次地区公开会议，通过环境质量委员会网站听取公众评议意见。特别工作组收到5000条以上的公众评议意见，参与评议的团体代表人数多达数百或数千人。特别工作组最后形成的建议报告确定了改进海洋、海岸和大湖区管理的新方向，提出了美国关于海洋、海岸和大湖区管理的第一个国家政策。

报告草案提出，制定海洋、海岸和大湖区综合管理的国家政策的时机已经成熟，美国对陆地、大气、淡水、海洋、冰川和人类活动之间的联系比以往有了更深入理解，科学技术的进步为指导决策提供了更好、更及时的信息。以协调一致的合作方式，执行以生态系统为基础的管理（整合生态、社会、经济、商业、卫生和安全目标，承认人类是生态系统的关键组成部分，以及健康的生态系统是人类福祉不可或缺的条件）和自适应性管理（要求按常规评价管理行动，以便更好地了解和改进未来的行动）的原则，美国将能更有效地迎接海洋、海岸和大湖区所面临的挑战，为当代和子孙后代保持海洋的健康。

为加强高层对海洋、海岸和大湖区问题的长期协调，特别工作组的报告提出了更强有力的管理组织结构；制定了目标明确的实施战略，确定了美国9大优先目标；制定了沿海和海洋空间规划（CMSP）框架，确立了广泛的以生态系统为基础的综合管理方法，以便解决海洋、海岸和大湖区资源的养护和可持续利用问题，协调各种经济活动、各利益攸关方之间的矛盾冲突。

报告草案有三大特点：最大限度地让公众参与海洋综合政策的制订与实施；重视对海洋的保护与恢复，保证海洋的可持续发展；提出了建立国家级别的政策执行协调框架，形成更强有力的管理组织结构，保证海洋政策战略的实施。

（一）《海洋、海岸带和五大湖国家管理政策》

2010年7月19日，奥巴马总统签署第13547号总统行政令，宣布了《海洋、海岸带和五大湖国家管理政策》，该政策成为美国新的海洋指导方针。行政令表示接受和同意部际间海洋政策特别工作组提出的关于成立国家海洋委员会和开展海洋空间规划工作的建议。决定对现行的海洋政策委员会的结构进行一系列整合，建立新的国家海洋委员会，以发挥更强有力的指导作用，实现更高水平的管理；明确国家海洋委员会的角色，强化决策与争端解决的程序；加强国家海洋委员会与国家安全委员会、国家经济委员会、能源与气候变化办公室、环境质量委员会、科技政策办公室、管理与预算办公室以及白宫其他机构之间的协调。国家海洋委员会成为美国海洋管理政策的权威部门，鼓励联邦政府各部和其他机构持续高水平地参与海洋事务，使海洋管理工作更加高效。

国家海洋委员会的成员包括：国务卿、国防部长、内政部长、农业部长、商业部长、交通部长、能源部长、国土安全部长、国家环保署署长、环境质量委员会主席、国家航天与航空管理局局长、国家科学基金会主任、总统国家安全事务助理、国家海洋与大气管理局局长等，职能主要是统筹和协调联邦各部门的涉海工作，以便

有效地贯彻落实国家海洋政策。

为了推进国家海洋委员会工作，国家海洋委员会下设指导委员会，由国家海洋委员会主席、来自国家科技政策办公室和国家环境质量委员会的五位成员、来自部门间海洋资源管理政策委员会和部门间海洋科技政策委员会的各一位成员组成。该指导委员至少每两个月举行一次会议，与国家安全委员会、国家经济委员会等部门磋商，确保获得它们的支持。国家海洋委员会领导下的指导委员会是确保在优先发展领域综合协调的重要平台。

奥巴马总统政府宣布的美国海洋新政策的核心内容包括：保护海洋与海岸带生物以及大湖区的生态系统和资源；提高海洋、海岸与大湖区的生态系统和社会与经济的恢复力；采用有利于增进海洋、海岸与大湖区环境清洁的方式，加强陆地的保护，以及在陆地开展活动时坚持可持续利用原则；以最佳的科学知识作为海洋决策工作的基础，加深对全球环境变化的认识，提高应对全球环境变化的能力；支持对海洋、海岸与大湖区进行可持续、安全和高生产力的开发与利用；珍惜和保护美国的海洋遗产，包括珍惜和保护它们的社会、文化、娱乐与历史价值；根据适用的国际法行使权利与管辖权并履行各种义务，包括尊重和维护对全球经济发展和安全至关重要的自由航行权利；海洋、海岸与大湖区生态系统，是由大气、陆地、冰和水等组成并相互联系的全球系统的组成部分需要，不断增进对这些生态系统的科学认识，包括对它们与人类活动之间的关系的认识；增进对不断变化的环境条件及其趋势与根源的认识，加深对人类在海洋、海岸和大湖区水域进行的各类活动的了解；提高公众对海洋、海岸和大湖区价值的认识，为更好地开展管理工作奠定基础。[①]

---

① Executive Order, Stewardship of the Ocean, Our Coasts, and the Great Lakes, the White House, July 19, 2010, available at http://www.whitehouse.gov/the-press-office/executive-order-stewardship-ocean-our-coasts-and-great-lakes.

新海洋政策确定的国家海洋优先目标为：以生态系统为基础的管理方面，采取以生态系统为基础的管理，作为海洋、海岸和大湖区综合管理的基本原则；沿海和海洋空间规划方面，在美国实行全面而综合的，以生态系统为基础的沿海和海洋空间规划和管理；科学决策与加深认识方面，提高知识水平，为管理和决策连续提供信息，不断改进，提高应对变化与挑战的能力，通过正式和非正式教育计划，更好地对公众进行关于海洋、海岸和大湖区的教育；协调与支持方面，更好地协调和支持联邦、州、部族、地方和地区对海洋、海岸和大湖区的管理，改善联邦政府横向协调和统筹，必要时参与国际合作；气候变化和海洋酸化的恢复力和适应性方面，加强沿海社区、海洋和大湖区环境的适应力及其应对气候变化和海洋酸化影响的能力；区域生态系统的保护和恢复方面，制定和实施生态系统保护和恢复综合战略，此战略以科学为基础，以联邦、州、部族、地方和区域层次的保护和恢复为目标；水质与土地可持续利用方面，通过坚持土地可持续利用原则，改善海洋、沿海和大湖区的水质。处在变化之中的北极环境方面，面对气候变化和其他环境变化，满足北冰洋及邻近沿海区域的环境管理需求；海洋、海岸和大湖区的观测、测绘和基础设施方面，增强联邦和非联邦政府的海洋观测系统、传感器和数据采集平台的实力，将此观测系统纳入国家观测系统，成为国际观测系统的组成部分。

至此，美国有了第一个全面管理海洋、海岸与大湖区的国家政策，这些政策的实施，有助于可持续地和高生产力地利用海洋，从而有效促进美国的经济利益，提高应对气候变化和环境变化带来的挑战的能力，为提高对海洋、海岸和大湖区的管理水平和为国家从海洋获取更大的利益奠定长久的基础。

（二）《国家海洋政策执行计划》

为落实新海洋政策的战略目标，美国联邦政府不仅根据新海洋政策成立了国家海洋委员会，并于2012年年初出台了长达115页的落实国家海洋政策的执行计划草案。[①] 经过广泛征求公众意见，2013年4月16日，海洋政策委员会正式发布了《国家海洋政策执行计划》。[②] 为应对海洋面临的挑战，该计划列举了联邦政府机构依据应用科学原则和国家公共投入政策应采取的5个方面措施，在满足美国经济发展需要的同时，致力于平衡美国海洋、海岸以及北美五大湖在内的生态环境保护和经济发展需要，旨在振兴海洋经济，改善海洋健康状况，强化海洋安全，并为决策提供科学和信息支撑。

《国家海洋政策执行计划》明确提出联邦政府应采取的5个方面具体措施：

1. 促进海洋经济发展

为加快发展海洋经济，美国政府将采取一系列行动促进传统和新兴海洋产业，提升沿海地区活力，保护赖以生存的海洋生态系统。制定的具体的行动包括：一是通过提高制图能力，加强数据和信息的可获性，健全海洋观测系统，为政府和涉海产业提供高质量的科学信息和数据支撑；二是提高决策效率，减少联邦政府批准涉海产业的相关申请所耗费的时间与资金；三是通过保护和恢复滨海湿地、珊瑚礁等生态系统来增加其经济价值，同时减少与环境退化相关的失业和经济损失；四是大力培养能够引领海洋研究、海洋资源管理的高技能海洋从业人员。

2. 保障海洋安全

强调了海洋水体是国家的天然边界，为武装力量的机动性提供了便利，也是能源、贸易、商业捕捞等相关产业的重要基础，因此海洋对美国民事和军事安全都至关重要。为此制定的具体行动包括：一是提升海洋领土意识，加强海洋观测和遥感系统建设，加强与有

① National Ocean Council, Draft National Ocean Policy Implementation Plan, 2012, 1.

② National Ocean Council, National Ocean Policy Implementation Plan, 2013, 4.

关国家和国际海事组织、政府间海洋学委员会等机构的合作，促进信息交换和人员交流；二是通过提高对北极环境事件的响应能力、提高对北极海冰的预报能力来加强对处于变动中的北极地区的安全保障，通过提高绘图和制图能力来确保北极地区的航行安全和精准定位；三是提高港口和航道安全，开展航道分析和管理系统评估和港口准入路径研究，从而为航道管理提供支撑，开展港口航道应对海平面上升、极端天气事件或其他自然灾害的脆弱性评估，除此之外还要强化海洋观测系统，以便提升港口、航道搜救和溢油响应能力。

3. 提高海洋和海岸带恢复力

海洋生态系统的退化大大降低了其环境、经济和社会服务能力。为改变这一状况，制定的具体行动包括：一是减少海岸带湿地丧失，保护并恢复海洋生态环境，控制并根除外来入侵物种，提高海岸带和河口区水质；二是开展沿海社区和海洋环境应对气候变化和海水酸化的脆弱性评估，同时整合现有观测资料来提升国家早期预警、风险评估和影响预测能力；三是支持以生态系统为基础的海洋管理，加强监测、预报和应对环境风险的能力，保护具有重要自然和文化价值的海洋环境。

4. 支持地方参与

在美国，有众多部落和州为促进海洋经济发展、保护海洋环境、保持文化特色做出了重要贡献，但各区域优先考虑的事项各不相同。为加强不同级别政府部门之间的合作和地方参与的积极性，联邦政府制定的具体行动包括：一是通过实施以生态系统方法为基础的试点项目来合作管理海洋和海岸带资源，完善联邦数据的获取和共享机制，从而为地方决策提供支撑；二是强化区域合作，提升应对重大问题的区域合作能力，支持采用部落的资料信息；三是支持区域发展的优先事项，由区域自行决定海洋规划的范围、尺度和内容，从而保障区域的经济、社会、环境和文化利益。

5. 强化科学和信息支撑

先进的科学技术是了解海洋环境、做出最佳决策的重要基础。一要提高对海洋和海岸带系统的认知水平，通过调查研究来强化基础科学知识，进一步探索陆地、海洋、大气、海冰以及生物和社会在全球尺度相互作用的复杂性；二要提高海洋数据获取和信息提供的能力，具体包括评估联邦海洋科学船队发展现状、改善海洋观测系统基础设施、开发综合的海洋和海岸带数据和信息管理系统、在北极地区开展分布式的生物观测和监测；三要提高以科学为基础的产品和服务质量，为决策提供信息，包括弥补自然和社会经济资料的不足、提供高质量的数据和必要的方法、开发并共享决策的技术方法。

综观《国家海洋政策执行计划》，值得关注的亮点之处在于：

一是重视参与和主导国际海洋事务。美国曾积极参与《联合国海洋法公约》（以下简称《公约》）的起草过程，但由于《公约》的某些条款不符合美国利益，美参议院迄今尚未批准该公约。一直以来美国对《公约》采取选择性多边主义政策，对它有利的就引以为据，对它不利的就反对或不执行。美国前任总统小布什和现任总统奥巴马对加入《公约》一直持肯定态度。《执行计划》再次强调，加入《公约》有利于保障美国的海洋经济利益，对保障美国军用船舶和民用船舶的航行权利和航行自由也至关重要，加入《公约》还意味着美国将有机会在《公约》相关机构中获得一席之地。可以肯定的是，美国即使加入《公约》，也会在《公约》的修正问题上大做文章，借以塑造对其有利的国际规则。

二是高度重视美国在北极地区的战略利益。北极地区蕴藏着丰富的油气资源。据估计，在北极圈以北地区，技术上可开采的石油和天然气分别占全球未被发现石油总量的13%和全球未被发现天然气总量的30%。另外，北极地区还拥有包括稀土元素、铁矿石和镍在内的大量矿产资源。[①] 在当前资源日益短缺的情况下，美国愈加关注本国在北极地区的能源和资源安全。除此之外，全球变暖加剧了北极冰川融化，便捷的北极航道大大降低了运输成本，北极日益成为美国在海洋安全领域关注的重要区域之一。《执行计划》重申了北极地区与美国国土安全的重大关系，并用专门篇章阐述了为保障北极航行和能源安全应完成的重要战略任务。

三是鼓励地方政府和社会团体广泛地参与决策。美国是联邦制国家，这决定了美国在海洋管理方面采取中央和地方分权的形式。尽管双方在宪法规定的权限内独立行使权力，不受对方干预，但联邦与州政府在海洋管理方面因利益冲突而存在不少复杂的矛盾。[②] 与以往相比，《执行计划》鼓励州政府、地方政府、部落参与美国联邦政府的海洋决策，强调应在联邦、州和地方政府以及社会团体、涉海企业、沿海部落之间建立更为有效的协作关系。这或许是今后联邦政府缓解与州政府之间矛盾的一种方式。

四是强调科学技术与制造能力的支撑作用。《执行计划》用专门一章强调，科学数据和资料信息是提高海洋管理成效的必要保障，基础调查研究有助于提高科学认知，同时有助于提高国家竞争力，《执行计划》还强调了科学技术和制造能力对发展海洋经济、保护海洋资源、加强海上搜救、应对海洋灾害以及改善公众健康的重要支撑作用。通过鼓励基础科学的研发活动，采用各种方式促进海洋与海岸带知识的传播，以增强对海洋与海岸带生态系统的了解，提高对海域的感知能力；通过持续改进对海洋与海岸带的观测系统建设，开发综合性的海洋与海岸带数据与信息管理体系，提高获取海洋数据和相关信息的能力。尽管美国标榜着科学技术

---

① U. S. Geological Survey, "Circum-Arctic Resource Appraisal: Estimates of Undiscovered Oil and Gas North of the Arctic Circle", *Fact Sheet*, 2008, http://pubs.usgs.gov/fs/2008/3049/fs2008-3049.pdf.

② U. S. Commission on Ocean Policy, An Ocean Blueprint for 21st Century, 2004, p. 48.

的公益性质，但是利用海洋科学观测收集各大洋安全情报、设置环境标准和技术标准作为主要沿海国家开发利用海洋资源的门槛却是美国惯用的做法。

二、以超前的海洋经略意识，制定海洋战略规划

美国政府历来非常重视战略发展规划在海洋事业发展中的作用。20世纪90年代以来，美国以超前的海洋经略意识，制订了一系列海洋发展战略规划，其中包括：《90年代海洋学：确定科技界与联邦政府新型伙伴关系》《2000年美国海洋资源专题研究》《1995—2005年海洋战略发展规划》《美国海洋战略计划—NOAA2005展望》《综合海洋观测系统战略》等。进入21世纪，美国制定了《全国海洋经济计划：海洋产业对美国经济的贡献》（2001—2003年）、《大型软科学研究计划》《美国专属经济区海洋生物资源可持续利用战略计划》《2000—2020海洋运输发展战略》。2002年8月，在南非约翰内斯堡召开的世界可持续发展高峰会议上，美国宣布了国家海洋大气局制订的《从白水到碧海行动计划》。美国将通过这个计划，推进国家层次、区域层次和国际层次的海洋综合管理工作，特别加强与加勒比地区、拉丁美洲和欧洲各国的合作，推进以生态系统为基础的海洋管理。此外，以区域为基础的海洋规划，如密西西比河口规划、海岸带管理计划、美国国家海洋大气局（NOAA）的《国家海洋保护区计划》（2004年）等，进一步丰富了美国的海洋规划体系。

（一）沿海和海洋有效空间规划框架

国家的海洋利益驱使着海洋开发利用活动迅猛发展，为缓解多元化的海洋开发利用活动之间的矛盾冲突和严重的环境影响，提高管理效率，降低管理成本，规避风险，保护海洋生态系统多样化的服务功能和自然恢复力。2009年6月12日，奥巴马颁布总统行政令要求在国家海洋政策的基础上制定沿海和海洋空间规划，改进联邦、

州、部族、地方和地区的决策和规划程序。期望通过区域规划实现部际间的、可持续的、多样化利用的规划和管理，利用一种更综合的、全面的、以生态系统为基础的、灵活而积极的方法，改善对海洋、海岸和大湖区的保护工作。为此，按照奥巴马总统的要求，特别工作组的建议提出了沿海和海洋空间规划框架，指明沿海和海洋空间规划工作和海洋空间计划的制度和实施要遵循的国家目标和指导原则。

1. 规划框架

规划框架提出的规划范围包括美国的领海、专属经济区和大陆架，向陆地一侧可以延伸到平均高潮线。五大湖区域从通常高潮线开始，一直延伸到美国与加拿大分界线的湖底、底土和水体（如大陆架界限委员会所主张的），还包括圣·克莱尔湖（St. Clair）和连结五大湖的航道。法律规定的私人所有的水下土地不在规划范围之内。考虑到内陆港湾、河口与近海区生态、社会和经济的显著关联性，海洋空间规划还要包括沿岸和五大湖的内陆港湾和河口。另外，海洋空间规划要考虑到入海河流上游的开发活动与海洋、沿海和五大湖区开发活动及生态系统之间的相互作用，还要考虑到在专属经济区以外进行的开发活动对专属经济区内资源的可能影响。

为了实现海洋空间规划的国家目标，根据以生态系统为基础的管理原则，并充分考虑到美国不同地区之间经济、环境和社会各方面的差异，美国海洋空间规划的制定和实施采取区域管理方式，规划区域的划分在很大程度上是大海洋生态系（LME）尺度，具体分为9个规划区域：阿拉斯加与北极地区、加勒比海地区、五大湖区、墨西哥湾地区、中大西洋地区、东北地区、太平洋岛屿地区、南大西洋地区、西海岸地区。

各地区成立相应区域规划机构，负责制定区域性海洋空间计划。规划机构成员包括那些拥有与海洋空间规划相关职责的联邦、州和

部族的管理者，还有与此相关的土著社区的代表。若在规划区以外发生的活动会影响到该地区的海洋空间规划工作，那么，该区域规划机构的成员来源可以扩大到毗邻的沿海各州。

美国与其他国家（如加拿大和墨西哥）拥有共同的海洋边界，这些相关地区的区域规划机构也可以吸纳这些国家的代表或观察员参加。这些规划机构负责制定地区目标，提出任务，最后制定区域海洋空间计划。考虑到全国的一致性与支持，政策确定并解释了规划的步骤和要素，即国家海洋委员会指导和审批区域海洋空间计划的程序，坚持和遵守海洋空间计划的方法，使规划所需数据和信息易于访问、具有一定透明度，经常征求利益相关者和公众意见的机制。此外，此框架解释了各地区之间具有最大灵活性的海洋空间计划的实施方法，阐明了地区的能力，最终目标是所有地区到 2015 年都制定海洋空间计划。

2. 国家在沿海和海洋空间规划方面的目标

规划的总体目标：一是坚持海洋、海岸和大湖区可持续的、安全可靠的、高效和高生产力的利用，包括那些对经济、商业、娱乐、环保、国土与国家安全、人类健康和福利有贡献的利用；二是保护、维护和恢复美国海洋、沿海和大湖区的资源，确保生态系统的恢复力及其提供长期服务的能力；三是提供并维护公众利用海洋、海岸和大湖区的渠道；四是促进利用活动的兼容性，减少用户冲突和环境影响；五是提高决策和管制程序的效率，改进其严格性、连贯性和一致性；六是加强海洋、沿海和大湖区资源开发利用投资的规划，增强规划贯彻执行的确定性和可预测性；七是巩固和加强部门间、政府间和国际间的交流与协作。

（二）NOAA《未来十年战略规划》

针对今后海洋工作的机遇和挑战，美国国家海洋大气局 2010 年底发布了《未来十年发展规划》[1]，此规划是国家层面的海洋发展战略。规划描绘了 NOAA 未来的发展愿景，将帮助 NOAA 提高认识和预测地球环境变化的能力，提升社会做出科学决策的能力，保护和管理海洋及海岸生态系统和资源。这是 NOAA 自 1995 年以来第三次发布十年战略规划。该规划是在 NOAA 及其利益相关者广泛磋商后产生的，这些利益相关者包括对 NOAA 的使命做出贡献的公共、私人和学术领域的机构组成的参与者和合作者团体。通过全国各地的利益相关者论坛、华盛顿特区的国家论坛以及基于网络的创意理念参与活动，战略规划的编制以超前的意识分析了国家面临的主要发展趋势，并对相关问题进行了完善的思考。为此，规划阐述了 NOAA 未来十年必须解决的国家和全球的问题，分析认为淡水可供量和质量、人和社区暴露于高影响天气、海岸城市化的威胁、海洋和沿海资源的开发利用以及普遍的气候变化对社会和环境的影响都是必须面对的主要挑战。这些挑战确定了 NOAA 的战略目标和任务。NOAA 的任务紧密围绕当今的各种严峻挑战：气候变化、极端天气、自然和人为灾难、生物多样性降低、海洋酸化、濒危或退化的海洋和海岸带资源。这些挑战传达着一个共同的信息——人类的健康、繁荣和福祉取决于自然生态环境的健康和恢复力。NOAA 未来的远景是保持一个健康的并能应对突发或长时间变化的社会和生态系统。

具有恢复力的生态系统、社区和经济，可以通过预测、吸收、传播变化来维护和提高他们的健康和活力。这种恢复力的愿景将指导 NOAA 和其合作伙伴共同努力降低社区和生态系统在短期内的脆弱性，与此同时帮助社会规避或适应可能的长期环境、社会和经济变化。为实现此远景目标，NOAA 将在其主要任务领域内着眼于下列四项长期目标。

---

① National Oceanic and Atmospheric Administration, *Next Generation Strategic Plan*, Published by National Oceanic and Atmospheric Administration Office of Program Planning and Integration , December 2010.

1. 气候适应与减缓

未来可以预测到的与气候相关的变化包括：全球变暖、海洋和冰川消融、海平面上涨、极端降水事件发生频次增加、海洋酸化、生长季节发生变化、暴雨频率和强度增加、物种种类和迁徙模式发生变化、雪融提前、干旱增加以及河流流量发生变化等。这些变化的影响随区域的不同而各有不同，冲击着与水利、能源、交通、林业、农业、社会卫生等相关行业。变化的气候将改变水资源的分布，加重人类活动对渔业和海洋生态系统的影响，造成例如过度捕捞、栖息地破坏、污染、物种分布改变、近岸水域富营养化等问题。这些问题对社会具有深远的影响，因此特别需要利用科学信息帮助决策者制定和评估相关措施，以减轻人类对气候变化的影响以及适应可预见的气候变化影响。为推动该目标的实现，NOAA 应该加强对气候的认识，进行综合性气候评估，开发全球性气候服务并将之推向区域规模，改善公众对气候变化及其影响的认识。在管理职能和相关技能的基础上，充分提高自己的能力以理解和预测气候变化对天气模式、水资源以及海洋和海岸生态系统的影响。

拟采取的措施包括：改善对气候系统变化及其影响的科学认识；对当前和未来气候系统进行综合评估，识别可能影响，为科学、服务和决策提供支撑；通过可持续、可靠、及时的气候服务支持减缓和适应工作；使公众能够认识到气候的脆弱性，应对气候变化，并做出相应的决策。

2. 天气应对型国家

一个天气应对型国家，是一个可以应对和响应影响安全、健康、环境、经济以及国土安全的环境事件的社会。城市化和人口增长不断提高着天气、水、气候相关的灾害带给人民和经济的风险。NOAA 提供相关信息的能力可以帮助建立一个更加适应环境，经历更少灾难、混乱、伤害的社会，并催生更加高效的社会经济。

拟采取的措施包括：降低高影响事件所造成的生命财产损失和

破坏；改进淡水资源管理；提高交通效率和安全性；通过改善空气质量和水质，保障居民和社区健康；通过提供与美国关键经济部门相关的环境信息，促进更加高产高效的经济。

3. 健康的海洋

这是指在健康、富有生产力的生态系统中维持海洋渔业、生境以及生物多样性。海洋生态系统为人类提供着多种资源，例如食物、旅游胜地等。此外，海洋生态系统还支持着沿海经济。然而，海洋与海岸资源已经面临人类利用和生境变化所带来的压力。应对这些挑战需要一种基于生态系统的管理方法，它将充分考虑有机体（包括人类）及其物理、生物、文化和经济环境之间和控制其动态性的不同过程之间的复杂联系，还有控制其动力学的广泛外部过程。NOAA 可以保证：海洋食物是一种安全可靠、可负担的食物来源；海洋食物收获、休闲渔业以及海洋生物资源的非消耗利用将继续为海岸社区和经济提供支持；具有文化和经济价值的物种也将能繁荣昌盛。

拟采取的措施包括：增加被过度捕捞的鱼群的数量，并使这种趋势持续上升；当鱼群的数量增加到恢复状态时，增加休闲和商业捕鱼的机会；提高对可持续水产养殖活动的研究关注度；增加生态上可持续的水产养殖基地/设施的数量；提高受检查的海产品的比例；实施国家水产养殖政策和开展水产养殖优先工作。

4. 具有恢复力的海岸社区和经济

海岸和五大湖社区是环境和经济可持续型社区。生态系统和经济之间复杂的相互依赖关系将会随着对土地、海洋和沿海资源使用的增加而更加密切，它同时也对经济和环境造成压力，特别是使国家的沿海社区承担巨大的压力。国家对传统能源和可再生能源的巨大需求提供了许多经济机会，但同时也导致对海洋空间的进一步竞争，对考虑经济和环境平衡的决策能力提出挑战。

拟采取的措施包括：建设应对灾害和气候变化影响的可恢复的海岸社区，为海岸决策者提供最新的决策支持工具、技术援助、培

训，以及与应对策略、风险交流、灾害响应和恢复、资源保存有关的管理战略；开展综合性海洋和海岸规划与管理；利用一些基础性服务为海洋和海岸管理决策提供支撑，如海洋天气预报、航海图、基础调查和绘图数据、实时海洋学信息、海洋预测与预报以及准确的国家定位框架；评估气候变化对人类健康的影响，保护生物栖息地，发布综合的全国范围的健康和生态决策支持服务；支持北极海岸社区对气候变化影响的认识和适应力，应对气候极端天气，可持续地管理北极资源等。

NOAA《十年战略规划》的核心内容即是根据当前最紧迫的客观需求和NOAA投资者的需求与期望，如建立基于生态系统的管理方法，恢复海岸带地区的生态系统，保证海上航行安全以及应对气候变化等，制定了具体目标和保障措施。同时，NOAA对现有的科技和管理资源进行了整合和扩充，并通过海洋基金（Sea Grant）、合作机构和国家河口研究保护区系统项目，与多所高校和世界气象组织、国际海事组织、国际捕鲸委员会等国际组织建立了合作伙伴关系，为实现长期战略目标提供支持。

（三）《海洋国家的科学：海洋研究优先计划》

为支撑海洋新政策的实施，2013年2月美国国家科技委员会（National Science and Technology Council，NSTC）发布《海洋国家的科学：海洋研究优先计划》。该研究计划是2007年发布的《绘制美国未来十年海洋科学发展路线图》（Charting the Course for Ocean Sciences in the United States）的升级版，是奥巴马政府推动海洋科学发展、实施国家海洋战略、落实国家海洋政策的重大举措。计划阐述了美国的海洋研究优先事项应面向国家海洋政策需求，并从海洋科学本身和与海洋相关的社会学两个方面指出了美国海洋科学研究的优先研究领域。

1. 促进对海洋酸化的认识

大气中不断增加的CO_2导致海洋中的碳含量不断增加，降低了海洋的 pH 值，改变了海洋的基本化学成分，那些利用碳酸钙构建身体外壳的生物必然受到显著影响，珊瑚礁受到较大的压力，商业鱼类的食物链发生改变，深海碳输送和存储的自然过程受到破坏。未来愈加严重的海洋酸化，将对海洋生物多样性、物种生存能力和物种分布及其食物网造成影响。研究的重点包括：在沿海和海洋中加强对海洋酸化的监测；研究海洋酸化对海洋中生物资源（在个体、群体和整个生态系统层面）的影响；以及海洋酸化对珊瑚、重要经济价值渔业物种和其他具有生态价值的重要物种的影响；开发先进的远程和现场海洋酸化监测传感器技术；考察海洋酸化和《净水法案》之间的关系。这些具体措施明确了研究考察的区域、物种和需要关注的生态系统，也指出了潜在生态系统的影响。这就为评估海洋酸化对社会经济影响、开发应对或减缓海洋酸化的策略并最终改进人们对自然资源的保护和管理奠定了基础。

2. 关注北极地区

北极地区蕴含大量的未开发的战略性自然资源，拥有地球上独特、原始、未受破坏的生态系统。尽管北极地区是一个看似孤立的区域，但是却对全球的人类活动和自然环境产生影响，特别是对全球气候变化有着深远的影响。由多个联邦政府机构资助的美国北极研究委员会号召美国开展北极研究项目，重点关注以下 5 个领域：北极、北冰洋和白令海环境的改变；北极人类健康；民用基础设施；自然资源评估和地球科学；当地土著人的语言、文化和起源。

3. 增强对海洋自然资源的认识

为了开发海洋、大陆架、沿海和沿海流域以及大湖的潜在资源，整个社会都应该提高对海洋领域的认识，并努力找到一种合适的、可持续的发展模式，实现利用海洋资源和保护海洋资源之间的平衡。研究重点包括：通过更精确、更省时、更综合的评估了解资源丰度和分布的现状和走势；了解物种间以及和栖息地之间的关系，以便于预测资源的稳定性和可持续性；了解人类使用资源的模式，以及

这种模式对于资源稳定性和可持续性的影响；开展应用研究以提高对海洋、大陆架、沿海和大湖提供的各种自然资源的利用度。

4. 提高抵御自然灾害和环境灾害的能力

自然灾害和环境灾害对经济、环境、社会、公众健康以及国内和国际的安全都会造成严重的影响。美国有超过一半的人口居住在海岸线地区，而且这个数字逐年增长，因此美国更应做好充足的准备以应对沿海的灾害。研究重点包括：了解灾害发生和演化的过程，并且基于这种对灾害发生过程的认识提高灾害的预测能力；了解沿海和海洋系统对自然灾害的响应程度，并且应用这些知识评估自然灾害对海洋的影响，包括如何减少气候改变对海洋影响的程度；开发多种灾害风险评估模型，支持开发防灾模型和制定相关政策以减少灾害的影响。

5. 海洋作业和海洋环境

海洋作业是支持国家经济繁荣、国家安全、国土防御以及全球经济的重要因素。海洋作业的顺利开展需要以下几个条件：全球海洋航行自由；有能力开展绘图和制图活动；利用海洋资源以及收集、建模和展示海洋环境的数据。实现可持续利用海洋资源和保护海洋环境二者之间的平衡。研究的重点包括：了解海洋作业和环境之间的相互作用；提高环境因素对海洋作业影响的认识，以便在海事领域更好地描述和预测环境因素的影响。

6. 海洋在气候变化中的作用

全球海洋在影响地球气候变化方面发挥着最基础的作用，科学上面临的挑战是如何精确评估海洋过去和现在所处的状态、海洋变化的过程以及社会生活对气候变化的影响。有必要从相对较广的时间和空间尺度来预测气候变化。研究的重点包括：在区域内和区域之间了解海洋和气候变化之间的相互作用；了解气候变化对海洋生物、地理、化学的影响以及其对海洋生态系统的影响；预测未来气候变化的趋势以及气候变化带来的影响。

7. 改进生态系统健康

由于自然环境变化和人类影响的累积作用，海洋生态系统的破坏就更为严重了。因此，为了减少或消除人类活动的不利影响，必须要以一种历史的、全面的生态观来管理利用海洋。研究重点包括：了解、预测自然和人为行为对生态系统的影响；基于对自然和人类行为对自然生态系统影响的认识，对社会经济进行评估，并建立相关模型，评估多重人类活动对生态系统影响的累加作用；基于对海洋生态系统的认识，发现合适的指标和衡量标准，以便有效地管理海洋，实现海洋的可持续发展。

8. 改善人类健康环境

海洋、沿海和沿海流域、大湖拥有非常庞大的资源，它们能为人类健康提供多方面的保障。然而，环境的改变正在使这些价值面临消失的危险，具体表现为：海洋和沿海资源的过度消耗、环境质量的恶化、生态系统服务的丧失以及人类健康和生活威胁的逐渐增大等。改善人类的健康状况最终还在于如何将研究的成果转化为具体的方针政策，并以此扭转生态系统退化的趋势，遏制生物多样性丧失。研究重点包括：了解与海洋相关的威胁人类健康的风险产生的原因和过程；了解与海洋相关的威胁人类健康的风险以及海洋资源对人类健康的潜在价值；了解人类活动自身对海洋威胁的影响；基于对海洋生态系统和生物多样性的认识，开发相关的产品和生物模型来改善人类的福祉。

海洋研究优先计划强调了科学在海洋管理中的重要作用，试图通过科学平衡海洋资源利用和海洋环境保护二者之间的关系，以此促进海洋研究取得进步。由于明确了未来海洋研究的重点，目前已经有很多机构为海洋研究提供了经费支持。

（四）北极地区的国家战略

由于全球气候变化，北极地区不论是陆地还是海洋，正在因为显著的变暖而改变着。北冰洋海冰的减少正在为人类进入北极创造

便利条件，为人类开发利用北极的资源增加新的机遇，大国争夺的触角已经深入北极的各个角落。以科学考察之名展开北极争夺，其背后隐藏的目标不过是争夺战略利益。2007 年俄罗斯在北冰洋底的插旗举动，让西方普遍感到担忧与焦虑。2008 年 11 月 20 日，欧盟发布《欧盟与北极地区》政策文件，宣布欧盟国家在北极地区拥有渔业、油气等利益。为应对北极地区变化带来的挑战和机遇，美国政府制定了一系列战略措施，通过北极战略，美国力图展现自己的北极存在，维护自己的北极利益。

1. 布什政府的北极战略

2009 年美国时任总统布什在即将离任之际，签发了总统令——《国家安全总统指令第 66 号》和《国土安全总统指令第 25 号》，全面阐述美国的北极政策。它们将取代美国 1994 年颁布的有关北极政策的《总统指令第 26 号》。这两份在内容上合二为一的总统令提出了美国在北极事务中的总体要求，即有关北极地区的国家安全和国土安全的要求；保护北极环境，保护北极生物资源；确保该地区自然资源管理和经济发展环境的可持续性；加强北极八国之间的合作（美国、加拿大、丹麦、芬兰、冰岛、挪威、俄罗斯、瑞典）；使北极原住社区能参与影响他们自身的决定；加强针对当地、区域及全球环境问题的科学监测和研究。

同时，该总统令还就美国在北极的国家安全和国土安全利益、参与有关北极的国际事务、外大陆架延伸及边界问题、促进国际科学研究的合作、北极地区的海上交通运输、包括能源在内的经济议题、环境保护和自然资源的保存等领域做出了具体的政策安排。总统令特别指出要通过增强美国在北极地区的军事存在来维护美国在北极地区的国家利益。

布什的总统令标志着美国北极战略的形成。在布什政府的北极战略中明确指出美国作为一个北极国家，在北极地区有着诸多的切身利益。该战略取代克林顿时期制定的美国北极政策，成为美国在北极地区行动的新战略。

2.《NOAA 的北极共识和战略》

2010 年 4 月，美国 NOAA 根据《国家安全总统指令第 66 号》和《国土安全总统指令第 25 号》，制定了有关北极战略文件——《NOAA 的北极共识和战略》。该文件的提出基于以下三点：第一，北极地区继续发生着显著变化；第二，北极地区正在变得更适于人类活动；第三，北极地区正在成为全球战略利益的中心。

NOAA 将以下 6 项优先目标作为工作重点：一是海冰预报，提供从 1 日到 10 日的准确、定量的预报，支持海上安全作业和生态系统委托管理；二是加强基础科学研究，了解和监测北极气候和生态系统的变化，改进基线观测、对北极气候和生态系统的了解，减少对变化的北极所产生的影响的评估和预测中的不确定性；三是改进有关天气和海水的预报和预警，提供先进精准的预报和预警信息，确保社会做好充分准备以应对与天气有关的常规事件和极端事件；四是强化国际间以及全国的伙伴关系，与国内和国际合作伙伴致力于合作促进数据、观测平台、智力资源共享，以更加迅速全面地实现 NOAA 的北极科学研究和基于生态系统的管理目标；五是促进北极沿海及海洋资源的管理，在坚实的科学基础上保护管理和利用海洋与沿海资源，支持健康、高生产力和有自我恢复力的生态系统和社区；六是提高北极社区和经济的抗风险能力和繁荣程度，通过改进地理空间基础设施、安全导航、可靠的油溢应对方案和气候变化适应性策略建设有恢复力和健康的北极社区和经济。

根据战略规划，NOAA 不断派遣科学考察团前往北极地区进行科学考察，收集大陆架与深海海底的相关科学数据，从而为未来的北极资源开发和领土纷争提供科学证据。由于北极的科学研究不可能仅仅由单个国家独立完成，美国若要在北极地区成功的实施科研活动，就要求其研究活动遍及整个北冰洋，并来往于陆上站点，以便获得尽可能多的研究观测点、共享平台和交换研究数据和样本等。

而且，为了预测环境和气候变化，开展天气和海水的预报和预警，更需要从整个北极地区获取数据，与国际社会广泛合作。这些因素促使美国政府对北极地区的国际科研合作始终持积极态度。2010 年夏季，由美国国务院牵头，开展了一次在北极地区的科学考察。由于涉及到美国与加拿大两国在北冰洋地区的共同海上边界，美国与加拿大多次联手进行考察，共同为北极海底绘图并搜集大陆架延伸的科学数据。

3.《美国海军北极路线图》

根据布什政府的北极战略，美国海军部在 2009 年 11 月 10 日推出了《美国海军北极路线图》，用以指导协调该地区的政策、投资及相关活动。根据路线图，美国海军将在 2011 至 2015 财年内，配合海岸警卫队和其他机构，整理出适合在北冰洋进行军事活动的水面舰艇、设备、人员等方面的数据，为部署水面舰队提供依据。美国海军还在北极地区部署一支被称为“大绿舰队”（Great Green Fleet）的航母战斗群（主要由核动力航空母舰和使用绿色生物燃料的舰载机组成），以作为美国在北极地区的海上移动基地，维持在北极的长期军事存在。

2014 年 2 月，美国海军发布了气候变化专门工作组编制的《2014—2030 美国海军北极路线图》，是对 2009 年发布的北极路线图的修订与升级，旨在促进北极地区的稳定，保护国家利益，向美国海军提供在北极地区的战略指南，同时制定了北极路线图的实施计划。

4. 奥巴马政府的北极战略

近年来，为解决能源危机问题，美国寄希望于北极石油资源的开发，更加重视在科技层面对的北极研究，加快了在北极竞争中的步伐与行动。奥巴马总统上任以后，非常重视北极事务，积极关注北极事务，推进北极治理进程，维护美国利益。美国白宫专门成立了由 14 个部门组成的跨部门北极研究政策委员会（IARPC），在

2013年2月向国会提交了未来五年的北极研究计划。北极委员会从保障国家安全的角度出发，认为应赋予美国北极政策中的军事因素以特殊意义，强化阿拉斯加的军事地位，加强边境安全并建立国家导弹防御体系。

2013年5月，奥巴马政府发布了《北极地区国家战略》，这是奥巴马政府继承和延续布什政府北极战略的体现，反映了美国把北极战略纳入国家战略议程。奥巴马政府的新北极战略在对美国在北极面临的战略环境进行分析的基础上，明确了美国国家北极战略的总体目标，划定了利益边界，为美国今后北极战略的具体实施指明了方向。

战略进一步明确了美国在北极地区的总体战略目标就是维护当地的安全和稳定。美国在北极的三个主要具体目标：

一是推进美国的安全利益。奥巴马政府致力于把“保护美国人民、主权领土权益、自然资源和美国利益”视为最高利益。在这个总目标的导引下，保障安全利益是美国北极战略的首要利益。这既是美国奥巴马政府北极战略的核心，也是国家政策的首要目标。美国视北极地区为未来关乎美国国家安全利益的战略性地区，因此，十分强调它对未来美国参与国际竞争的独特价值。奥巴马政府公布的《北极地区国家战略》中明确表示要“通过改善北极地区的基础设施以及增强北极地区的能力建设”来促进美国在北极地区的安全利益。其目的是把北极事务作为美国全球大国地位的新博弈筹码。

二是追求对北极的领导性管理。对北极地区负责任的管理构成了美国北极战略的重要部分，保护北极地区独特的、变化中的环境是美国北极政策的核心内容。美国必须充分利用日益冰融的北极所带来的资源开发和航道利用等经济机遇。自全球金融危机以来，美国经济发展缓慢，霸权行动能力下降，对北极事务的影响力甚微；与此同时，许多非北极国家也在积极介入北极事务，这让美国心生危机感。为了能够有效控制北极事务，“美国将采取一系列支持性措

施促进建立和维持北极地区健康、可持续的生态系统”，同时注重“可持续的”、“负责任的”北极地区经济活动，以保持和增强美国在北极事务中的发言权和话语权。美国在北极战略中的重要战略意图就是继续巩固在北极活动中的领导性地位。

三是加强国际合作。通过国际合作实现美国的北极地区利益，加强美国在北极国际合作中的主导地位是美国北极战略的重要目的，奥巴马政府的北极战略也强调了国际合作的重要性。美国希望通过国际合作“借力发力”，实现自身的利益关切。但侧重的是北极国家之间的合作，并非广泛的国际合作。新北极战略指出，北极国家对北极地区经济、文化、环境、安全的关注点有所不同，但拥有共同的利益。美国将加强与北极理事会的合作，通过双边和多边努力与其他北极国家合作，并主张同其他北极国家建立新的合作机制来确保北极地区繁荣，确保美国及其同盟的安全和经济利益。

新北极战略认为，寻求国际合作主要可以通过以下两种途径：一是通过现行的多边机制以及被各国所普遍接受且适用于北极议题的法律框架，加强北极地区伙伴关系的建设；另一种是在上述条件之外寻求创新性的机制性安排，就共同关注的利益或担忧的问题展开合作，共同应对北极地区的挑战。

新北极战略的四项指导原则是美国实施北极地区战略的基石。第一，维护北极地区的和平与稳定。战略指出，北极是地球上最后一个新边疆，美国应与其盟友、伙伴国和其他对北极地区抱有兴趣的团体一道，努力维护当地的和平与稳定，使之免于冲突。美国认为，北极目前的“无政府状态”对自身很不利，美国受制于资源投入不足和其他战略方向的牵制，尚未做好全面参与北极竞争的准备，因此维护北极的现状符合其自身利益。[①] 第二，运用一切可能利用的

---

① 李益波：“美国北极政策的新动向及其国际影响”，载《南京政治学院学报》2014 年第 3 期，第 86—93 页。

信息进行决策，提高决策质量与效率。同时建议美国政府依据科学与技术，及时在国家和国际层面就北极地区的最新信息进行共享。第三，寻求创新性安排，鼓励投资科研领域，以满足海洋运输对基础设施的要求，以及北极地区所需的其他支援能力。战略认为，北极地区严酷的自然环境，加之在当地开发、维护和运行基础设施的复杂性，都需要美国开启关于新型公私和多国伙伴关系的新思维。第四，与当地族群展开协调与合作。战略多次强调，北极当地部族政府与美国政府在法律层面保有一种特殊关系，这就要求联邦政府和相关机构在制定针对北极地区的管理法规与政策时，要将该法规和政策可能对当地部族造成的影响考虑在内。美国的北极战略要充分体现对当地族群的尊重与信任，与它们共担责任。①

此外，新北极战略对《联合国海洋法公约》持肯定态度。美国前任总统小布什和现任总统奥巴马都肯定了《联合国海洋法公约》对保障美国利益的重要性。新北极战略再次强调，加入《公约》有利于保障美国的海洋权益，强化美国对西北航道和东北航道航行自由和飞越自由的声索，也有助于美国与各国就北极事务展开合作。更重要的是，加入《公约》能确保国际社会认同美国在北极和其他地区对外大陆架的主权权利。依据《公约》规定，美国加入《公约》后对北极地区的大陆架声明将从阿拉斯加北部海岸向外扩展600 海里。这对美国政府的吸引力可想而知。

从小布什政府的《北极地区政策》至奥巴马政府颁布《北极地区国家战略》，如此高密度、快节奏地更新北极政策，反映了随着北极地区的气候变化以及北极地缘政治和地缘经济形势变迁，北极地区对于美国的国家安全意义更为重要，美国越来越重视在北极的战略利益，已把北极地区作为国家战略的关注点。一方面，作为北极

① 季澄："浅析美国《北极地区国家战略报告》"，载《国际研究参考》2013 年第 8 期，第 41—45 页。

沿岸的海洋大国，美国势必要在北极事务中确立其主导地位，推动北极地区负责任的治理和可持续的开发。不断从政治、经济、军事、安全、科研等领域介入北极事务。另一方面，美国对北极利益的获取是排他性的，俄罗斯、加拿大等北极沿岸国是与之争夺北极地区控制权的直接竞争者，即使合作也是有限合作，美国势必会限制这些国家开展有悖于美国利益的行动，抛出一系列环境标准作为限制相关国家开发北极资源的门槛。

2015—2017 年，美国将担任北极理事会轮值主席国，北极事务管理正式进入"北美时间"。伴随着美国新一轮北极战略的实施，北美地区对北极未来发展的影响值得国际社会密切关注，美国极有可能借此加快实现其在北极的利益最大化。

三、 以海洋高科技创新支撑海洋事业发展

美国政府一直以来都以超前的眼光看待未来的海洋科技战略发展，非常重视并主导海洋高新技术的研究开发工作。美国的科学技术发展和创新在世界上始终处于领先地位，其海洋科技在诸多领域都保持在世界一流的水平，而美国高度发达的海洋事业，得益于其强大的海洋科技实力。目前，美国拥有全世界数量最多、水平最高的海洋科研机构。2011 年，汤姆森路透集团发布了世界排名前 30 位的海洋学研究机构，其中美国占 17 个。闻名于世界的有着近百年历史的海洋科研机构伍兹霍尔海洋研究所、斯克里普斯海洋研究所和拉蒙特—多哈蒂地质研究所是美国海洋科学研究的支柱，此外还有国家海洋大气局所属的水下研究中心等，各研究机构人才济济、装备先进、资金充足。另外，美国拥有世界上装备最先进、船只数量最多的海洋科学考察船队，航迹遍及全球海洋。依托雄厚的科研实力和领先的海洋高科技创新支撑，美国始终保持海洋经济优势。

美国发展海洋经济，主要集中在高科技领域，高科技的不断创

新和应用使海洋传统产业得到不断改造。传统的海洋捕捞业已发展成包括海洋捕捞、海水养殖、水产品精加工的现代海洋渔业。新材料、新能源和计算机技术等在船舶设计和生产中的广泛应用，使现代船舶制造的自动化、现代化程度得到提高，并大大提升了海洋资源开发利用的效率，这也是美国海洋经济能保持全球领先优势的最重要原因。美国发展海洋高科技、促进海洋经济发展的战略主要包括：

（一）以海洋科学前沿为目标开展海洋基础科学研究

早在20世纪80年代制定的《全球海洋科学计划》，美国就强调“全球海洋为我们提供了机会”，要“保持并增强美国在海洋科学及海洋技术领域的领导地位”。为此，美国从海洋科学前沿的研究目标出发，在基础科学研究领域主导开展了一系列全球研究计划，有力推动了美国海洋科学研究的快速发展。

1. 热带海洋全球大气计划和世界大洋环流实验

1985年由世界气象组织和国际科学联盟理事会发起的热带海洋与全球大气计划（TOGA：1985－1994）以及1990年由政府间海洋学委员会和海洋研究科学委员会发起的世界大洋环流实验（WOCE：1990－2002），美国都是主要的发起国和参与者。在热带海洋全球大气计划的实施中，美国科学家认识了西太平洋海水暖池的形成过程和由此产生的大气对流、海洋响应及暖池对其他区域产生影响的多尺度相互作用过程；世界大洋环流实验项目则对大洋环流模式的改进和建立气候模拟及海气耦合模式起到了积极的促进作用。

2. 大洋钻探计划（ODP）和国际综合大洋钻探计划（IODP）

大洋钻探计划（ODP）和国际综合大洋钻探计划（IODP）是由美国国家科学基金会主持的、全球研究地球结构和深化过程的科学家和研究机构参与的国际研究计划，旨在通过研究海底沉积物和岩石来探索地球历史和结构，于1985年正式实施。通过该计划，科学家揭示了海洋地壳结构和海底高原的形成规律，证实了气候演变的

周期和地球环境的突变事件，分析了汇聚大陆边缘深部流体的作用，发现了海底深部生物圈和天然气水合物，使地球科学获得了多次重大突破。在此基础上，由美、日两国主导的人类认识地球史上最雄伟的计划——国际综合大洋钻探计划（IODP）于2003年10月拉开了帷幕。IODP计划打穿大洋壳，揭示地震机理，查明深部生物圈和天然气水合物，了解极端气候和快速气候变化的过程，为国际学术界构筑起新世纪地球系统科学研究的平台，同时为深海新资源勘探开发、环境预测和防震减灾等实际目标服务。从2013年起，国际综合大洋钻探计划更名为国际大洋发现计划。研究进入新的阶段，近期发布的2013—2023年科学计划提出了四大科学主题：一是气候和海洋变化；二是深部生命及生物演化的环境驱动；三是深部过程及其对表层的环境的影响；四是人类时间尺度上的环境与灾害。总体科学目标是，通过对海洋的研究认识地球生命起源，探索地质演化历史和过程，理解地球圈层之间的相互作用。

3. 全球洋中脊多学科研究计划（RIDGE）

全球洋中脊多学科研究计划旨在认识全球海洋中脊火山系统与海洋环境之间能量的时空传输及其物理、化学和生物学起因与结果。美国持续对海底热液活动及其硫化物、生物进行调查研究，并先后在海底热液硫化物和极端环境生物的研究中取得了重要的进展，对地球科学、生命科学、环境科学以及深海矿物与生物基因资源等领域的研究产生了巨大的影响。到2013年，全球洋中脊多学科研究计划已经完成了两个十年计划，通过该计划的实施，促进了对大洋扩张中心多学科的国际性研究。

4. 全球海洋生态系统动力学研究计划（GLOBEC）

20世纪80年代后期，美国科学家首先提出探索全球变化对海洋动物种群的丰度、多样性和产量的影响以及海洋物理过程与生物过程相互作用的重要意义，促成全球海洋生态系统动力学研究计划（GLOBEC）。GLOBEC将提供有关决定海洋动物种群变化性的机理的基本信息，提出在变化的全球环境中种群变化的可靠预测。

在此基础上，美国国家科学基金委员会（NSF）于2000年提出建立美国国家生态观测网络（The National Ecological Observatory Network，NEON）。2012年春NEON成功完成规划和设计，进入建设阶段。目前正在建设站点，有望在2017年前后完成整个网络的建设，开始为期30年的运行，收集有关生态响应变化及地圈、水圈和大气圈之间反馈的数据。NEON是大陆尺度针对关键生态问题的生态观测系统，覆盖整个美国大陆（包括阿拉斯加），以及夏威夷和波多黎各。其目的是为发现、理解和预测气候变化、土地利用变化和生物入侵对大陆尺度生态的影响提供观测平台，采集和集成有关气候变化、土地利用变化和入侵生物对自然资源和生物多样性影响的数据。NEON共有106个站点，其中60个陆地生态站、36个水域生态站、10个水域实验站，分布于20个生态气候区。NEON所有站点都经过战略性的筛选以保证代表不同区域的植被、地形、气候和生态系统过程。①

5. 全球海洋通量联合研究计划（JGOFS）

1990年由美国发起实施的全球海洋通量联合研究计划的主要目的，是从全球尺度研究和了解控制海洋中碳及有关生物成因元素通量变化的各种过程，估计其与大气、海底和陆地三者间的交换以及海洋对大气中二氧化碳的吸收、储存和转移能力。美国利用1997年8月发射的世界上第一颗专用海洋水色卫星SeaStar进行全球海洋水色观测，为估算海洋的二氧化碳固定能力和加深对控制海洋生物生产力机制的理解提供了大量数据。

6. 海洋综合观测系统计划（IOOS）

该计划由美国国家海洋和大气局负责，旨在将全美各地不同部

① 傅伯杰、刘宇：“国际生态系统观测研究计划及启示”，载《地理科学进展》2014年第7期，第49—53页。

门、不同产业和不同科研机构的分散海洋观测系统联合起来，按统一标准和规程进行海洋连续观测，以现有的投入获取最大的海洋数据和信息量，目前共有18个联邦机构参与。若不包括美国境外的和未来计划实施和建设的观测站（点），现阶段在美国境内11个区域性海洋观测系统空间范围内业务化运行的，共有535个岸基台站和132个高频地波雷达站，还有258个浮标或海上平台。此外，还有滑翔器、动物遥测系统，以及在全球范围的240艘左右的观测志愿船。

IOOS业务化运行的观测网络具有明确的目标性和应用性，即保障社会安全、服务经济发展和保护生态环境，为海洋灾害预警、海洋污染追踪、海上救援、生态渔业资源保护等国家目标服务。在观测项目和分布上，主要集中在海水表层和海洋气象，目前并不涉及海水深部或者海底的观测。[①] 美国综合海洋观测系统在2012年8月正式成立了实时海洋资料质量保证体系，并将其作为数据管理与通讯服务的一部分。

IOOS在2013年10月之前设计发布了DO、海浪和洋流三个指标观测的质量控制程序手册，在2014年1月发布了温度和盐度的质量控制程序手册，这些观测指标传感器质量控制程序的标准化代表了IOOS的又一重大进步。

7. 深海生物基因研究

深海生物基因研究是海洋基础科学研究一门崭新的学科。美国联邦和州政府、科学基金会、农业部、商业部、国立卫生研究院都在大力资助大学和研究机构的研究开发活动。马里兰大学海洋生物技术研究中心是美国最具特色的深海生物基因技术研究机构，他们对深海热泉附近的古细菌做了从基础理论到实际开发的全面研究，基本搞清了古细菌的基因组结构，而且从中筛选出了耐热谷氨酸脱

---

① 王祎、高艳波："我国业务化海洋观测发展研究——借鉴美国综合海洋观测系统"，载《海洋技术学报》2014年第6期，第34—39页。

氢酶（GDH）、耐热 DNA 修复酶的编码基因，确定了耐热 GDH 与热稳定性相关的结构特征。美国企业界对深海生物基因的研究和开发活动也十分活跃，其中 New England Biolads 和 Scois Nova 公司是资助和进行深海生物项目研发的主要企业，主要投资开发深海生物热稳定性酶。

美国通过这些研究计划，揭示了海洋地质活动、全球变化过程及预测、碳及其他生源要素通量变化等生物地化循环机理，为深海资源勘探开发、环境预测和减灾防灾等提供了理论积累，也为新一代技术研发提供了技术储备和支持。

（二）从全球战略的视野开展海洋应用科学研究

美国以基础研究为依托，根据国家的战略需求，从全球战略的视野出发，积极开展了海洋应用科学技术研究。其研究优势主要集中在深海资源勘探开采、海洋生物技术和海洋可再生能源开发技术等领域，并在产业化上取得了重大进展。

1. 深海资源勘探开采技术

深海资源被认为是 21 世纪陆地资源最重要的替代资源，作为人类尚未开发的宝地和高技术领域之一，已经成为各国的重要战略目标。深海海域蕴藏着丰富的国家经济发展和国防建设不可或缺的重要战略物质。其中，多金属结核、热液硫化物、深海石油、“天然气水合物”、深海生物基因资源已成为世界海洋强国竞相调查和开发的具有重要价值的深海资源。为了满足未来深海资源勘探开发、军事应用的需要，并力图抢占深海技术制高点，美国的国家海洋发展战略强调保持海洋探测、深海矿产资源勘探与开发领域世界领先地位的基础上，进一步确立了海洋勘探国家战略，利用自身资金、技术优势，加大投资力度，积极发展深海勘探技术，扩充对深海和外洋的观测能力，开展深海底调查研究和高新技术研发，从而使美国在深海资源勘探开发和海洋高新技术方面始终处于世界的主导地位。

美国在深海技术方面的发展以伍兹霍尔海洋研究所（WHOI）

为主。伍兹霍尔海洋研究所建设了世界上最著名的大深度潜水器基地，整合集中了美国海岸警卫队、美国地质调查局、国家海洋渔业服务局、海洋生物实验室和海洋教育协会等多家研究和教育机构的装备和研究力量。

2. 深海潜水器与光缆技术

由1964年伍兹霍尔实验室成功研制“阿尔文”（Alvin）号载人潜水器，目前已经成为下潜次数最多的载人潜水器，几乎到达了世界65%的海域。该潜水器主要执行海洋科学研究、海洋资源勘探、海洋环境监测、海洋生物和军事应用等下潜任务。为满足深海勘探需要，美国政府正在研制一艘潜深为6500m的“新阿尔文”号载人潜水器。该潜水器的有效载荷、电池容量和机动性能将会有很大提高，并配有先进的导航设备和图像采集显示系统。除此之外，6000m水下遥控机器人（ROV）Jason II、6000m自治水下机器人（AUV）ABE以及深海水下拖曳观测系统等都在深海调查和研究中发挥着重要的作用。为了海洋勘查的需要，开发低成本的11000m潜器被确定为美国近期优先考虑研发的技术。

除了深潜器机器人和深海钻探船，美国领先于世界的最先进技术是深海科学观测光缆。2007年4月，美国建成全长为52千米，主要负责向海洋900米深处的科学设备、摄像机以及水下机器人提供电力的深海光缆。深海光缆是美国试图在深海建立气象观测站的重要步骤之一。

3. 深海油气开发技术

目前，国际上海洋油气勘探开发范围已从浅海、半深海延伸到深海。美国是深海油气资源开发技术水平最高的国家，拥有最先进的“J”型铺管船和滚筒式铺管船，几乎垄断了整个深水铺管市场。美国相关研究机构致力于各种新型平台的开发，形成了以张力腿平台、深吃水立柱平台、半潜式平台、顺应塔平台为代表的多种深水平台系列。探井水深最大已达到2970m（2002年加州联合石油公司在美国墨西哥湾深水地区钻探）。英国、挪威等西方先进的深海石油天然气开发国家的平台装备的钻井、井控、固控等设备及海底完井设备约90%来自美国。针对海上油气勘探过程的高风险性，美国开展跨学科、跨部门的海上油气勘探开发技术的研究，确保海上油气开发的安全和环保。

据彭博社2013年7月18日报道称，美国墨西哥湾水深超过300米的钻井平台数量到2015年年底将增长至60个。根据美国能源情报署分析，墨西哥湾生产量将上升到2014年155×10^4bbi/d。

4. 天然气水合物研究与勘探

国际上天然气水合物的研究与勘探目前已进入高峰期，直至2009年世界上至少有30多个国家和地区参与其中。美国是开展海洋天然气水合物调查最早的国家，联邦政府把天然气水合物作为国家发展的战略能源列入国家级长远计划。美国能源部制定的《美国全国天然气水合物多年研发计划》规定，在2011—2015年“实现水合物甲烷商业规模生产，保障国内天然气长期可靠供应”。美国国会颁布了《天然气水合物研发法案》以促进天然气水合物资源研究、评价、勘探和开发，从法律制度上保证规划目标如期实现。

美国在天然气水合物的开采技术方面也取得了较大的进展。美国正在研究和试验一种可降低压力的空芯钻技术，通过降压使天然气水合物转化为甲烷气体，然后采用常规技术开发甲烷气体。美国计划每年投入资金2000万美元开展这项研究，至今已耗资近3亿美元。许多石油公司的研究所都把水合物作为战略性目标进行研究，特别是在那些具有商业前景的应用研究方面，已取得了一定成果。

由于资源量及开采技术还存在一些技术问题，美国计划推迟到2025年左右对其本土的天然气水合物进行商业性开采，美国明确宣称，到2015年完成天然气水合物商业开采技术准备。

此外，美国在开发钻获并保持天然气水合物样品原始状态的钻具及施工技术方面取得了很大进展，其开发的保压保温取心系统已

在许多国家的天然气水合物勘探中得到应用。

5. 大洋矿产资源勘探开发

大洋矿产资源包括多金属结核、富钴结壳、多金属热液硫化物等，广泛分布在各大洋海域的海底沉积物表层。美国多金属结核开采系统技术已基本成熟，并进行了实海试验。热液多金属硫化物矿是目前美国大洋矿产资源勘探的热点。美国的深海矿产资源政策的目标是占有资源，基点是确保金属资源的供应稳定和保持海洋高新技术方面的领导地位。

美国主要研发的深海矿产开发设备包括作业深度达 9000 米的缆控作业型深潜系统、作业深度达 5000 米的深海岩心机、可用于 7000 米水深作业的海底机器人、1000 米水深机器人通信控制系统、远距离声源传播高精度测时和实时传输技术的水下声成像系统的图像声纳产品等。热液矿床有块状和软泥状两种。块状矿体分布集中，矿石硬度高、密度大，需用海底钻机钻孔和内爆炸方法使矿体碎裂，然后用集矿机和扬矿机将矿石输送到水面。美国正在用这种技术试开采 3000 米水深的海底热液矿，系统由爆破装置、矿石破碎机、吸矿管以及采矿船、运输船、钻探供应船组成，预计 2020 年可投入商业性开采。

对于软泥状热液矿，需要在采矿船下拖一根 2000 多米长装有抽吸装置的钢管柱，先将粘稠的软泥变稀，再通过真空抽吸装置和吸矿管将金属软泥吸到采矿船上。该方法现已进入商业性试开采阶段。深海热液中生存有耐高温的热液微生物，美国研制的深海热液保压取样器，最大工作水深为 4000 米，采用耐腐蚀的钛合金制作，可采集最高温度达 400℃ 的热液样品。该取样器内置气体室用于压力补偿，采用浸油电机主动取样，设计有样品转移接口以便于二次取样。①

6. 海洋生物技术

海洋生物技术是海洋科学与生物技术交叉发展起来的全新研究领域，当前主要沿着三个应用方向迅速发展：一是水产养殖，其目标是提升传统产业，促使水产养殖业在优良品种培育、病害防治、规模化生产等诸多方面出现跨越式的发展；二是海洋天然产物开发，其目标是促进海洋新药、高分子材料和功能特殊的海洋生物活性物质产业化开发；三是海洋环境保护，其目标是保证海洋环境的可持续利用和产业的可持续发展。

美国是率先研究与开发海洋生物技术领域的国家，早在20世纪80年代和90年代就先后制定了“海洋蓝宝石计划”、“海洋生物开发计划”等。同时，加强对全国海洋生物技术发展的组织领导，由联邦科学工程协调委员会负责全国海洋生物技术研究的协调，成立了以国家海洋大气局为首的海洋生物技术工作组。联邦和州政府、全国科学基金会、国立卫生研究院、海军部、商业部和农业部都在大力资助大学和研究机构的研究开发活动。不断地高额经费投入使美国在总体上取得和维持了国际海洋生物技术领域的领先地位。

目前，美国已形成围绕伍兹霍尔海洋研究所海洋生物实验室、巴尔的摩海洋生物技术中心、佛罗里达哈勃海洋研究所海洋生物医学研究室和斯克里普斯海洋研究所海洋生物技术与生物医药研究中心四大海洋生物技术研究中心，以圣地亚哥、波士顿和迈阿密为中心的美国海洋生物技术研究集聚区，海洋生物技术产业集聚区尚在发展中。

（1）海水增养殖技术

利用生物技术加强海洋鱼类的防病能力，提高养殖产量和经济

① 高艳波、李慧青：“深海高技术发展现状及趋势”，载《海洋技术》2010年第3期，第119—124页。

价值是近年来美国海洋生物技术的研究重点之一。在这一领域中，科学家们正在利用基因探针或免疫化学试剂开展对海洋生物疾病的诊断；创建鱼和贝的细胞培养体系来支持对疾病的分子基础研究；运用DNA重组技术开发疫苗；运用分子探针来评估环境体系对生物体的影响，研究生物体和环境之间相互关系。美国科研人员应用遗传工程等培育出生长快、抗病力强的优质鱼，进行海洋放牧，效果颇佳。

利用生物技术培育单性鱼，已获得成功。美国农业部科学家采用雌核生殖技术试图培育出能耐水质差、抗病、饲料转换效率高和生长快的新品种并成功解决了鱼苗成活率低的问题。美国霍普金斯大学的研究人员研发虹鳟垂体的生长激素合成技术，然后用该激素处理鱼类，以促进鱼类生长。俄勒冈大学的学者采用遗传工程大肠杆菌（能表达病毒外膜或主要外膜蛋白）的溶菌产物，接种鲤鱼和鲴鱼预防感染性胰腺坏死病毒，取得良好效果。加州圣迭戈水生生物系统公司发明一项龙虾养殖技术，能在受控冷水条件下养殖捕捞的野生虾200天，减少自然死亡率10%—15%，为夏天旺季捕捞的龙虾养殖的淡季销售创造了条件。美国约翰·霍普金斯大学Powers实验室将外源生长激素基因在鲤鱼和虹鳟体内表达并产生了生物学效应。

为加强生物技术安全管理，早在1988年美国生物安全科学家工作组就制定了“遗传工程生物对生态和人类健康的影响评估手册”，建立了评价转基因作物安全性的框架体系，并对此进行了大量研究。

（2）海洋生物制药

海洋生物制药是近年来生物产业的热点，有着广阔的研究和市场前景。目前国际上已经发现的海洋生物活性物质达2万多种，进入临床前和临床研究的海洋药物近百种，有望在癌症、艾滋病等重大疾病的防治领域取得重大进展。

美国近年来不断加强海洋药物研究的经费投入。美国国家研究委员会和美国国家癌症研究所每年用于海洋药物研究的经费各为5000多万美元；美国国立卫生研究院用于海洋药物研究的基金近年来已增加到15%，与合成药、植物药基本持平。

美国许多研究机构及大学都相继开展了海洋生物制药研究工作，已在海洋抗肿瘤药物、海洋生物抗菌活性物质提取、抗心血管病及放射性药物研发、海洋生物酶研究等方面取得了巨大成绩。美国每年有1500个海洋产物被分离出来，1%具有抗癌活性，目前至少已有10个以上海洋抗癌药物进入临床或临床前研究阶段。

随着船载和实验室深海环境模拟保藏/培养系统，深海环境基因组克隆、表达技术等逐渐成熟，海洋生物资源的挖掘正逐步从近海、浅海向远海、深海发展，为药用海洋生物资源的开发利用提供了新的机遇。美国伍兹霍尔研究所、斯克里普斯海洋研究所以及国家癌症研究所也有类似的深海极端环境微生物研究计划。

为进一步促进海洋生物制药的发展，近年来，美国通过制定《生物技术未来投资与发展方案》和《国家生物技术行动》来提升企业研究和投资生物技术的积极性，刺激联邦和各州生物制药技术产业发展。在联邦和州有关法案中特别体现对生物医药发展的偏重，对包括海洋生物医药技术企业在内的生物高技术企业提供优惠的税收政策，为产业发展提供良好的政策支持与保障。在使用资金方面，用于海洋生物药物开发研究的经费每年至少达到1亿美元，海洋药物在资金使用方面每年的增长幅度已达11%以上，而且政府对其资金投入呈现出逐年递增的趋势。2009年，奥巴马政府签署了8880亿美元的《美国复苏与再投资法案》，进一步加大了对海洋生物医药业的投入。

在政府高投入政策的鼓励下，美国国际知名的医药或生物技术公司包括辉瑞、施贵宝，美国金纳莱（Genaera）、美国礼来（Eli Lilly）、美国眼力健（Allergan）等纷纷投身于海洋生物制药的研发和生产，企业在海洋药物研制方面的主体意识不断增强，促进了海

洋生物制药研究和产业整体水平和综合创新能力的提升。

（3）海洋环境保护

生物技术在海洋环境中的应用是一个相对新的领域。随着海水养殖业的快速发展及其对海洋生态环境的污染效应，应用生物技术进行海洋环境的监测和修复，就成为海洋生物技术研究和应用的一个重要方面。美国在海洋环境污染监测中，特别是近海生态环境的监测中，生物传感器技术得到了广泛的应用。美国和加拿大联合制定了海洋环境生物修复计划，进而推动该技术的应用与发展。现代化的污物处理场有很大一部分是靠细菌的代谢来处理废物的，很多工业有毒物质都可以通过选择合适的微生物来降解为无毒物质。美国正致力于研究赤潮藻类的鉴定、预测和治理，筛选能富集污染物的细胞和藻类，用基因工程技术提高海洋生物处理污染的能力和效率等。美国俄勒冈州生物学家利用生物技术检测国外船只携带的境外海水中的外来物种，如检测150多艘日本船只带到波斯湾的海水，发现水中含有主要动植物将近400种。此外，Marine Envir Reeheaeh公司用海洋生物技术研发的清洁剂，在海水养殖场的清理修复中得到广泛应用。

7. 海洋可再生能源开发利用技术

近年来，随着传统能源价格不断攀升，加上经济危机带来的挑战，美国对可再生能源发展给予高度重视。奥巴马政府将推广可再生能源作为保障国家安全、提供就业机会、降低二氧化碳排放量、净化空气、减小进口石油依赖的重要途径之一。据美国电力研究机构预计，水力将会在未来满足10%的美国能源需求，未来可再生的陆地和海洋能源也将成为美国能源领域的一个重要支柱。

海洋可再生能源作为一种储量巨大、开发前景广阔的新能源，可为美国沿海经济带提供一条低碳经济的发展之路。为了明确海洋可再生能源开发的发展方向和路径，2010年4月美国能源部下属的可再生能源实验室发布了《美国海洋水动力可再生能源技术路线图》

(The United States Marine Hydrokinetic Renewable Energy Technology Roadmap)，阐明了美国未来重点发展的海洋可再生能源包括：波浪能、海流能、潮汐能、海洋风能等。

（1）波浪能

波浪能是海洋能的一种，是指海洋表面波浪所具有的动能和势能。美国在建波浪能电站48个，每年将发电21亿千瓦时。其最具代表性的点吸收离岸波能发电技术已向规模化和实用化发展。2009年2月，美国海洋动力技术公司（OPT）开发的点吸收式波能发电浮标（Power Buoy）阵列投入运行，开始为美国海军的海底水声监听站供电。该装置单机最大功率150千瓦，多个浮标可以随意组合成阵列，目前该浮标阵列总装机容量约1万千瓦，锚泊在距新泽西海岸120千米、水深约1006米的海域，发出的电力经波能发电分集器（Wave Hub）由水下电缆输送到监听站。该项技术解决了深海观测和军事设施的长期供电问题，标志深海水下供电技术取得重大进展。由美国俄勒冈州立大学波浪能研究团队开发的浮筒式永磁直线波能发电装置，如果用大约200个该装置建立一个发电厂就可以满足俄勒冈州波特兰市商务区的电力需求。这种发电装置具有巨大的商业潜力。美国海洋可再生能源的中期开发目标是到2030年实现波浪能装机1.95万兆。

（2）潮流能

美国是世界上最早开展潮流发电研究的国家。1973年，美国设计了一种名为“科里奥利斯”的海流发电装置，将它安装在佛罗里达海域进行发电。2002年美国Verdant Power公司启动了RITE项目①，工程历时10年，安装了30台水下潮流发电机组，向电网输送10兆瓦电力。这是美国在潮流能领域最为成功的项目，不仅在美国

① Khan M J, Bhuyan G, Iqbal M T, et al, “Hydrokineticenergy conversion systems and assessment of horizontaland vertical axis turbines for river and tidal applications: a technology status review”, *Applied Energy*, 2009, 86 (10), pp. 1823 - 1835.

纽约完成了初期的示范运行，还向其他国家转让出口技术。该公司已在纽约 East 河安装了 6 个全尺寸的试验样机，设备经过了连续 9000 小时（约 375 天）的测试，共计发电量 8000 千瓦时。美国 Verdant Power 公司正在进入更大规模的潮流能开发阶段。2012 年 1 月，Verdant Power 公司获得了联邦能源监管会（FERC）美国的潮流能商业许可，计划开发 1 兆瓦机组。根据美国海洋可再生能源的中期开发计划目标，到 2030 年实现潮流能装机 1500 兆瓦。

（3）海上风能发电

当前，海上风力发电场建设快速发展，美国海上风电蕴藏着巨大的潜力，根据美国国家可再生能源实验室 2012 年的技术报告显示，美国的海上风电开发技术潜力约在 42.23 亿千瓦。美国能源部负责系统推进海上风电的发展，为配合海上风电的技术发展需要，刺激技术创新，选择了多个海上风电先进技术示范项目，并予以资助。2012 年能源部选择了 7 个技术创新示范项目，每个给予 400 万美元助其完成项目的第一阶段，包括工程设计、选址和项目设计等。2014 年 5 月，美国能源部从这 7 个项目中选择了 3 个项目助其进入第二阶段，即进入更详细的项目设计阶段，并要求项目能够在 2017 年实现商业运行。

2014 年，美国首个商业规模海上风电场动工。此前，海洋能源管理局不断出台新的海上风电招标项目，迄今为止，海洋能源管理局已经进行了两轮较大的公开招标。分别是 2013 年 7 月的马萨诸塞州罗德岛项目和 2013 年 9 月的佛吉尼亚项目。其中，马萨诸塞州罗德岛项目的两个子项目由 Deepwater 风电公司获得，两个项目的前期选址测风时间为 5 年，项目运营时间为 25 年。海洋能源管理局与州政府还在努力推进一批项目的招标，其中包括 2014 年 8 月刚刚结束的马里兰州海域两个招标项目，覆盖 8 万英亩海域。除此之外，海洋能源管理局还与沿海各州政府密切合作，协调推动州属海域的海上风电开发。其中有几个州对海上风电的扶植力度较大，例如新泽西州2010年出台的海上风电经济开发法案。海上风电产生的电量可以充当当地的可再生能源配额，当地电力公司通过购买海上风电可再生能源配额（OREC）可以帮助完成新泽西州可再生能源配额制目标。新泽西州政府进一步要求到2020年实现全州1100兆瓦海上风电装机容量。而马里兰州在2013年也推出了一个类似的扶持计划，到2017年将在州可再生能源配额制目标中专门为海上风电分配配额制定目标。目前，美国联邦政府和沿海州政府都在紧锣密鼓地进行海上风电的部署和建设，力争在2017年真正实现美国海上风电的商业化运营。

强大的政府扶持力度、有力的金融政策支持和多元化的技术转让机制使美国的海洋高新技术迅猛发展。同时，海洋高新技术的发展为美国海洋经济增长提供了强有力的科技支撑，使美国始终保持世界海洋经济优势。根据美国国家海洋大气局的国家海洋监测报告（ENOW）公布的最新数据，2011年美国海洋经济贡献了2822亿美元的GDP，占美国整个GDP的1.5%。海洋产业就业人数达到284万人。

四、以强大的海军力量为支撑，实施国家海洋安全战略

美国95%的贸易往来依赖于海上运输，每天有42000艘商船航行在世界各大洋航道上。因此，在经济利益的驱使下，美国对具有极其重要战略地位的航线、岛屿、海峡以及优良的海港都十分关注。冷战结束后，美国在世界大洋上已经没有了战略对手，就将其海洋安全战略重心转向沿海地区，企图从海上影响和控制陆上事务，达成其控制世界的目的。然而，“9·11”事件后，世界海洋安全形势又有了新的变化，恐怖主义、大规模杀伤性武器的扩散、海盗等海上非传统安全威胁，威胁着美国的海上安全和海外利益，因此，应对海上非传统安全威胁成为美国海洋安全战略的新内涵。此外，随

着21世纪以来海洋在全球经济中的战略地位的逐渐提升，美国更加注重其在全球的海洋利益，全方位的调整和实施海洋安全战略，以维护和巩固其全球海洋霸主的地位。

（一）不断调整制定国家海洋安全战略

“9·11”事件后，美国开始重新评估所面临的安全形势。小布什政府认为，为了适应变化的安全环境需要进一步调整海外军事部署。为了使海外美军更加灵活和具有远征能力，小布什总统提出《2004年全球防御态势评估》报告，分析认为美国既面临传统的基于国家的威胁，又面临非传统威胁——恐怖主义、叛乱活动、灾难性威胁以及大规模杀伤性武器的使用和扩散。报告提出，美国需要建立广泛的海外军事存在来保卫国家，维护国家利益。为此，美国相继发出“集装箱安全倡议”、“防扩散安全倡议”、“地区海上安全倡议”，出台了一系列维护国家海洋安全以及美国在全球海洋利益的战略计划。

1.《国家海事安全战略》

2005年9月，美国出台了《国家海事安全战略》（The National Strategy for Maritime Security），这是美国第一个国家战略层面的海事安全战略，也是美国应对“9·11事件”、阿富汗战争和伊拉克战争后世界新形势和新挑战的产物。该战略的出台表明，美国已经把海事安全提到了国家安全战略的高度。报告认为，国家安全和经济安全取决于美国安全地利用世界大洋。《国家海事安全战略》首先提到美国面临的五种主要的海上威胁分别是：地区大国威胁、跨国犯罪和海盗威胁、恐怖分子的威胁、海上非法移民和环境破坏的威胁。报告还指出维护美国国家利益和海外利益最重要的一点是保证海上安全。《国家海事安全战略》不仅明确了美国面临的海上安全威胁，而且提出了四大战略目标和五大战略行动。四大战略目标：一是预防恐怖主义分子的攻击及犯罪分子的敌对活动，及时发现、阻止、阻断和战胜恐怖袭击、犯罪行为或海事领域的敌对行动，并防止海洋被非法开采和非法占用；二是保护海洋上的人口聚集区和关键的设施，包括重要的基础设施、关键的资源运输系统和港口边界，确保这些中心和设施免遭袭击和损害；三是降低损失并及时恢复，如果一旦遭遇到海上恐怖袭击或其他犯罪活动或不可幸免的国家灾难，要采取及时有效的措施和救援，尽量将损失降到最低限度，并采取补救措施在最短的时间内使之恢复；四是保护海洋及海洋资源，保护海洋及其资源免受故意破坏或过度利用。报告还指出，为了应对更大范围的海上威胁，确保全球海上安全的共同利益，美国必须加强与联盟和其他国家的国际合作安排。海上安全战略为美国日后的海上防卫合作奠定了基础。

2. 《21 世纪海上力量合作战略》

随着世界格局的变化，美国海上安全环境出现新的变化和挑战。面对新挑战，2007 年由海军、海军陆战队和海岸警卫队联合签署的《21 世纪海上力量合作战略》问世。这是历史上第一次由美国的海上力量——海军、海军陆战队和海岸警卫队联合推出关于保卫美国本土和海外利益的海洋战略，具有十分重要的意义。该战略系统地分析了美国面临的各种潜在威胁：首先是“9·11”事件标志着美国传统地理上的优势已不能成为本土安全的保障；其次是地区性强国的发展壮大威胁到美国在该地区的霸权；再次是来自于弱小国家和“无统治”地区的挑战和威胁不断增长；最后，由于信息时代技术扩散的速度大大加快，非国家行为主体如恐怖组织的技术、实力和军事能力难以遏制地不断增强。战略提出了一个重要观点“慑止战争与赢得战争同等重要”。战略认为，海上力量要致力于决定性地赢得战争，但同时要增强慑止战争的能力。因此，将慑止战争提高到与赢得战争同等重要的地位，是该战略的一大特点。另一大特点是战略提出通过“合作”来保护美国人自己的利益不受侵犯，其本质就是想维护美国谋取全球霸权的行径，而绝非是从全球安全的角度出发去维护海洋安全。该战略就是希望通过“合作”这一有效手段，利用他国的海上力量，加强自身海上力量的不足，因此，所谓的“合作”是为美国海上力量在全球部署服务的。

奥巴马上台后，开始实行所谓的奥巴马“新政”，对美国的国家安全战略进行了调整。奥巴马转变了布什政府以反恐为中心的军事战略目标，更加重视长远的目标和未来的威胁。2011 年 11 月，奥巴马总统高调宣布美国战略重心东移，即由大西洋、中东地区逐渐向东亚地区倾斜，意在建设“太平洋世纪”。

3. 新版《21 世纪海上力量合作战略》

2015 年 3 月美国海军出台了新的海军战略《21 世纪海上力量合作战略》。新战略分析了当前海洋安全面临的新形式，提出全球安全环境的特点是：印度洋、亚洲、太平洋地区的重要性日渐增长；正在构建和部署的反进入/区域拒止能力对我们全球海上进入能力构成挑战；来自不断扩大和发展的恐怖主义和犯罪组织的持续威胁；频率和强度都增加的海上领土争端对海上商务的威胁，尤其是对能源运输的威胁。

与 2007 年旧版海上战略相比，这份美国海军、海军陆战队、海岸警卫队三大海上力量第二次联合发布的纲领性文件，首次提出“印度洋—亚洲—太平洋”地区概念，充分体现了美国国家战略重心的东移。在美国新版海上战略中，所谓的“中国威胁”被无限放大，随着中国海军的影响力渐渐抵达印度洋，美国开始调整其长期策略，谋求太平洋和印度洋“两手抓”。新海军战略指出，基于共同的战略利益，美国寻求加强与印度洋—亚洲—太平洋地区的长期盟国——澳大利亚、日本、新西兰、菲律宾、韩国和泰国的合作，并继续培养同孟加拉、文莱、印度、印度尼西亚、密克罗尼西亚联邦、巴基斯坦、新加坡和越南的伙伴关系。随着战略关注点转移到印度洋—亚洲—太平洋地区，美国将增加部署在那里的舰船、飞机和海军陆战队部队。到 2020 年，海军大约 60% 的军舰和飞机将驻扎在该地区，并保持在任何时期都有 120 艘部署在前沿。这意味着 2020 年前沿部署的舰艇要从2014年的97艘增加到120艘，其中60%将驻扎亚太地区。

当前，美国“重返亚太”的步伐正在扩大，虽然与过去相比，美国的能力正在下滑，但其“巧实力”仍占据优势。美国可以联合盟国或准盟国在该地区展开作战行动，以美国主导、盟国推进的方式来规划战略构想，充分发挥盟国的作用，利用盟国的资源优势，按照美国的战略意图进行推进，达到逐步实现美国布局的目的，体现出新战略与其过去单打独斗“美国队长”式的战略有较大变化。

从另一个方面也说明，美军新版海洋战略放大“中国威胁”，目的是要借此进一步强化其在亚太地区的战略部署。美国海军及海军陆战队若按照之前的造舰计划和前沿部署计划进行推进需耗费大量的资源，若没有放大的“中国威胁”、没有中国这个目标，美军基地及其新型武装的部署就没有充足的依据，如此美军便难以实现其在亚太地区的战略布局。

其次，该战略强调与盟国及合作伙伴联合作战。新版战略称，“合并我们的个人能力，而这种能力产生的综合海军效应大于各部分的总和”。这体现美国希望通过整合自身和其他国家的海上力量以及其他形式的力量，保持美国的海上优势，维护海上霸权，达成巩固世界霸权的目的。目前美国的前沿部署除自身有限的力量外，企图借助其盟国的力量，尤其是日本和澳大利亚提供的支持。美国利用日本针对中国，同时在澳大利亚建设大型基地和战略仓库，为大规模战争做准备。此外，虽然美国是印度洋的老大，但随着其力量的削减，美国越来越求助于印度，希望印度进入太平洋和南海，在该地区制约中国。同时，美国的海军力量将继续参与北约常备海上组织作战，并参与每年举行的联合海上战备和训练，即卡拉多边联合演习。

再次，新版战略提出了“全方位进入”方针，“全方位进入”是美国军事理论“机动进出全球海洋联战构想”又称“空海作战”

概念的产物，也是新版战略最重要的元素。新版战略提出“全方位进入”的5大支柱：一是作战空间意识，提供持续的海上领域监测，包括沿海靠陆地部分，以及信息环境，透彻了解敌手的能力和意图，了解敌手行动的时间、地点和方式，全面掌握部队将行动的环境；二是有保障的指挥控制，向指挥官提供在争夺的环境中为了指挥和控制部队而维持强有力、抗打击和机敏网络的能力；三是网络空间行动，包括防御和进攻手段，维持使用友好网络空间的能力，保护数据、网络、网上能力以及其他指定的系统，在网络空间里或者通过网络空间使用强力投射力量；四是电磁操纵战，这是一个相对新的概念，用先进的非动态能力在空间、网络空间以及电磁波谱共同行动，创造作战优势；五是综合火力，为指挥官提供扩大的动态和非动态选项，以便充分了解敌手的能力和弱点，并且在必要时予以攻击。

“全方位进入”表明今后美国海军、海军陆战队和海上警卫队要在陆、海、空、天、网络、电磁频谱6大空间都取得控制权。同时，体现了美国未来的战场准备，不仅包括物理环境，而且包括网络空间以及电磁光谱的“持久监视”。

另外，新版战略还强调优先发展前沿技术。在技术前沿，美国及世界其他地区在网络空间和电子战系统方面取得的进展已经导致各军种开始重视有关领域的攻击和防御能力。目前，美国海军已经建立了网络司令部，并发展了一个新的“电磁机动战”（EMW）战略。该战略将太空、网络空间和电磁领域中的各种行动整合起来。美国海军认为，就作战而言，如今网络空间和电磁领域在重要性上“等同于”传统的海、陆、空领域。

以上说明美国新版的海军战略是一个全球控制战略，是美国全球扩张战略的一个重要的领域，体现了美国在推行全球扩张的霸权主义，更加强调了其前沿的存在。同时，值得注意的是美国新版的海军战略对中国构成了潜在的威胁。

4. 新版《海军科技战略》

2015 年 2 月 4 日，美国海军研究署发布新版《海军科技战略》(以下简称新版《战略》)。该《战略》是美国海军和海军陆战队科技发展的顶层指导性文件，旨在针对海军未来作战能力需求，引领美国海军科技发展方向，平衡、管理海军科技投资，促进海军科技创新向作战能力的转化。《战略》于 2007 年首次发布，每两年更新一次（但 2013 年并未发布），本次发布是第四版。

新版《海军科技战略》是在美国重返亚太、国际安全形势变化、强化海上前沿部署和快速响应需求、应对反介入/区域拒止威胁的背景下制定，重点关注 9 个领域，共 35 条科技重点。重点关注的科技领域具体包括：

（1）电磁机动作战。新版《海军科技战略》首次提出了“电磁机动作战”概念。电磁频谱是网络空间存在的物理基础。相关基础技术包括超带宽孔径和电子器件、反干扰和高效频谱技术、机器智能学习技术、作战力量、系统和设备间频谱管理的控制算法等。电磁机动作战重点关注制频谱权、电子战及相关基础技术，包括利用全电磁谱系，促进作战空间感知、威胁评估、进攻和防守作战，影响和控制敌方作战空间，研发全谱系电子探测手段，促进综合与协同电子攻击。

（2）制信息—网络空间。制信息权指利用信息优势获得作战胜利，是支撑跨国、跨军种、跨任务联合作战的必要手段。美国海军认为，随着敌方计算机、无线通信、信息获取和处理技术的发展，美军正在丧失战场信息优势。该领域强调构建全方位网络作战空间，结合计算机网络攻击、防御和应用技术，保护己方数据和网络，同时获取、解析和处理敌方数据，通过抑制或欺骗将敌方网络为我所用。

（3）确保海战场介入。与 2011 版类似，该领域旨在针对敌方反进入/区域拒止威胁，确保美军全球海洋、陆地及内陆水域进入能

力。重点关注在复杂多变的环境条件下，与战区进入能力密切相关的反潜作战（ASW）、反水雷作战（MIW）和特种作战（NSW）技术。

（4）自主与无人系统。旨在大量应用低成本的自主和无人系统，作为有人系统的必要补充，降低成本、规避风险，同时建立有人—无人联合编队，促进感知、理解、预报、通信、计划、决策和执行能力。自主与无人系统包括无人机、无人车、无人水面艇和无人潜航器等，覆盖了计算机、动力和能源、机器人、传感器和定位等多个学科，可执行任意环境下的多种任务，包括运输、救援、损管、探测等。

（5）远征与非常规作战。美国海军认为，随着敌方装备水平和作战能力的提升，美国海军和海军陆战队将在多样、艰苦、分散的战场中面对非常规和不对称威胁，需要提升美军识别威胁、解决复杂问题及应对不明局势的能力，从而获取远征与非常规战争作战胜利。该领域重点关注机动性、通信、后勤和训练等技术。

（6）平台设计与生命力。旨在研发机动灵活、适应性强、可靠性高、燃油经济性好的海军平台。新版《战略》在2011年版的基础上，归纳总结了重点关注的5个方面，包括机动性、耐用性、持续性、优化负载能力和全寿期管理。

（7）动力与能源。旨在通过提高能效、降低能耗和发展替代能源，研发可保障未来舰船武器、后勤系统等的新型电力技术，降低远征作战单兵能耗，增强美国海军和海军陆战队的能源安全和自给能力。该领域关注海军陆战队低成本、高性能和便携式能源技术，包括便携式太阳能电池、燃料电池、低能耗海水淡化等，以及未来海军平台的高能量密度电力系统和新型配电技术。

（8）力量投送与综合防御。该领域针对美国敌方常规作战和机动、伪装等非常规作战能力，利用空中、水面和水下平台发射射程远、射速大、精度高的武器（高超声速武器、定向能武器等）对目标实施快速精确打击，提高有人/无人平台的远距离力量投送能力和一体化分级防御水平，在公海、近海和内陆区域破坏、抓捕或摧毁敌人，消除不对称和新型威胁。领域重点关注小型和手持武器、蛙人、小艇、弹道导弹、巡航导弹等威胁探测、识别和软/硬杀伤技术，并要求未来武器系统同时具备攻击和防御能力。

（9）作战人员能力。与 2011 年版相比，新版《战略》在该领域重点关注作战演习、辅助决策和训练的计算机认知模型，利用生物系统提高作战人员能力，以及加强作战人员对生理和心理压力的恢复能力。

（二）高度重视海军在维护国家海洋安全中的作用

美国海军是与国家战略、外交政策紧密相连，为其全球政治和外交政策服务的。冷战之后美国全球战略更加倚重海军，使它成为美国在重要利益区和热点地区前沿存在且可随时赖以为战的主要军事力量，为维护其国家的海洋安全利益发挥重大的作用。美国海军还通过全球性的战略部署，与遍及全球的海上基地网体系相结合，基本上控制了世界各大海洋水域、交通要道，并且在一些敏感、关键区域保持了长期的军事存在以维持其全球干预能力，海上力量开始逐步成为美国国家安全战略的核心力量。

1. 不断加强海军力量建设

美国强大的海军，是全球最具影响力的海上力量。在财政紧缩的情况下，美国海军依旧保持海军全球第一的地位。据英国国际战略研究中心（IISS）和《简氏战船年鉴 2011—2012》的数据显示，美国现役部队总兵力为 156.9 万①，其中海军 27.16 万人、海军陆战队 18.06 万人。美国海军拥有 290 艘舰船。目前拥有 10 艘尼米兹级

① IISS，“The Military Balance 2012：the AnnualAssessment of Global Military Capabilities and-Defence Economics” Oxford：*Routledge Journals*，2012（34）.

航空母舰，福特级首舰“福特”号航母，2015 年服役。战斗舰艇包括：提康德罗加级巡洋舰 22 艘、伯克级驱逐舰现役 62 艘、佩里级护卫舰 17 艘、自由级濒海战斗舰 2 艘、独立级濒海战斗舰 2 艘、复仇级扫雷舰 14 艘、海岸巡逻舰 8 艘，2 艘 XX－D 级先进驱逐舰在建。潜艇包括：俄亥俄级弹道导弹核潜艇 14 艘、俄亥俄级巡航导弹核潜艇 4 艘、洛杉矶级攻击型核潜艇 42 艘、海狼级攻击型核潜艇 3 艘、弗吉尼亚级攻击型核潜艇服役 9 艘，在建 5 艘，目标是建成 30 艘替代洛杉矶级。

在舰艇的建设和发展上，美国海军依然重视航母建设。航空母舰作为海军的战略支柱是美国重点发展的主战装备。美国海军新一代核动力航空母舰福特级的首舰“福特”号航母于 2013 年 10 月下水，它将成为世界上最大、最先进、战斗力最强的航空母舰。美国海军规划在 2058 年之前建造 10 艘福特级航母，使之成为美国海军舰队的核心。同时，美海军加速建造新型潜艇，正在进行新一代弹道导弹核潜艇即 SSBN（X）潜艇的研发与设计工作，并计划于 2021 财年开始建造 12 艘该级别潜艇，以替换现役的 14 艘“俄亥俄”级弹道导弹核潜艇。

此外，美国海军积极促使驱逐舰向大吨位和多用途发展。2013 年 10 月 28 日，美国海军最新型隐身驱逐舰“朱姆尔沃特”级下水。它是美国海军建造的最大吨位的驱逐舰，拥有大量的计算机和自动控制系统，采用隐身外形，上层建筑使用碳纤维材料，并集成了大量雷达天线，舰上舰员仅为现役驱逐舰的一半。而且，“朱姆尔沃特”号是美国海军决定建造的三艘该级舰艇中的第一艘。由此可见，美国海军已经将大量先进技术——全新的船型、计算机控制、全电力推进、新型雷达以及新型舰炮整合到了一艘舰上。[①]

---

① 张丽平、杨洛茜：“从舰队规模的变化看美国海军的发展”，载《国际研究参考》2014 年第 11 期，第 19—22 页。

2. 注重海外军事战略部署

为适应全球战略部署的要求，美国海军在二战后建成了世界上最庞大的基地体系。美国海军的基地体系由舰艇基地、海军航空站、海军站、海军通信站及其他辅助军事设施组成。出于战略的考虑，美国海军海外军事基地的分布分为 3 个战略区、14 个基地群。3 个战略区域即欧洲、中东和北非战略区；亚洲、太平洋和印度洋战略区；南北美洲战略区。美国海外军事基地辐射全球 38 个国家。①

目前，美军基地群不断体系化并调整功能，扩大驻军范围。亚太地区是美军海外总部辖区范围最大的地区，也是 21 世纪以来美国重点军事防卫地区。美国关注亚太地区，究其原因主要是：首先，全球经济危机以来，欧洲地区的经济增长一直处于低迷的状态，而亚太地区经济发展势头强劲。其次，美俄日中等世界性大国聚集，冷战后美国亚太战略的根本目标是防止该地区出现一个对美国霸权地位提出严重挑战的国家，并以中国、俄罗斯为重点防范对象，特别是随着中国综合国力的增强，美国的决策者们均不同程度地将中国视为未来对美国国家利益和全球战略的有力挑战国。美国国家情报委员会 2001 年 12 月 18 日发表《2015 年的全球趋势》报告预测，2015 年亚太地区最大的不稳定因素是“中国经济和军事力量的崛起”，中国的军事力量在稳步增强，可能成为“地区最大军事大国”。②

再次，亚太地区还是美国重要的能源通道，世界上 90% 左右的石油来自海湾地区，而亚太地区是海湾向世界输出石油的重要海空要道，控制了亚太地区就相当于控制了美国的生存命脉。2009 年 1 月奥巴马正式宣誓就任美国总统，随后美国国务卿希拉里在 6 月召

---

① 益明：“美国五大战区司令部‘瓜分’全球”，载《决策与信息》2007 年第 7 期，第 70—72 页。

② The National Intelligence Council, *Global Trends* 2015: *A Dialogue About the Future With Nongovernment Experts*, Washington D. C., December 2000, p. 11.

开的东盟地区论坛上就高调提出“美国重返亚洲”。

随着奥巴马政府进一步将战略中心移至亚太地区，亚太地区在美国安全战略中的比重不断上升。近年来“空海一体战”构想成为美国调整其亚太地区军事部署的指导思想。美军在东亚和西太平洋地区有三个基地群，包括以日本横须贺海军基地为中心的东北亚基地群、东南亚基地群和以关岛为中心的群岛基地群。目前，该地区的美军基地“点线结合”，呈“三线配置”。第一线由东北亚、西南太平洋和印度洋等4个基地群组成，控制着具有战略意义的航道、海峡和海域；第二线由关岛和澳大利亚、新西兰等基地群组成，是第一线基地的依托和重要的海空运输中转基地，也是重要的监视侦察基地；第三线由阿拉斯加、夏威夷群岛基地群组成，这条线既是支援亚太地区作战的后方，又是美国本土防御的前哨。

根据“空海一体战”的思维，美军在积极应对反进入作战能力的同时，加强在西太平洋地区的兵力部署。首先改造和提升关岛基地的军事设施和战略机动能力。

关岛位于太平洋北部马里亚纳群岛南端，是西太平洋海空要冲，距台湾约2500公里，距冲绳约2400公里，距火奴鲁鲁（檀香山）5300公里，距东京2170公里，距美国夏威夷约5300—6000公里。美国关岛基地群战略地理位置十分重要，由设在以关岛为中心的马里亚纳、加罗林和马绍尔等群岛上的基地和军事设施组成。美国把关岛视为美军第二岛链基地群的核心和关键节点。为此，美军不断升级关岛的基础设施和武器装备，在关岛基地循环部署了B－1、B－52等战略轰炸机。同时，近期计划将驻扎冲绳的4700名美国海军陆战队陆空特遣队士兵转移部署至关岛。此外，美国海军已经宣布将把60%的核潜艇部队转移到太平洋地区，而且该地区核潜艇部署也逐步西进，将核潜艇部署的重心从本土的圣迭戈军港推进到太平洋中部的珍珠港，并将增加在关岛基地的核潜艇数量。[1] 2014 年，美国在关岛增加部署了洛杉矶级“托皮卡”号核动力攻击型潜艇。加上此前的部署，美军已在关岛部署 4 艘洛杉矶级攻击核潜艇。关岛已日益成为美国对亚太地区进行军事干涉的战略枢纽。

此外，美国海军还将九成具备弹道导弹拦截能力的宙斯盾舰部署在亚太地区，并将驻日本横须贺海军基地老旧的“小鹰”号常规动力航空母舰换成新锐的“乔治·华盛顿”号核动力航空母舰。从 2012 年起，美国海军对新加坡的樟宜基地进行维护和升级。通过樟宜基地，美海军舰队可以在 24 小时内穿过马六甲海峡，入印度洋、阿拉伯海，到达海湾地区；向东则可以直接进入南海海域，从而使美海军第 7 舰队的控制范围得到了极大的扩展。

澳大利亚北部相比日韩基地而言更接近南海，而南海地区海上航运异常繁忙，每年商业运输船队有一半以上要经过马六甲海峡、巽他海峡和龙目海峡，每天都有近千万桶原油经过马六甲海峡，美军在澳大利亚的军事存在进一步加强了美国对海上战略通道的掌控。因此，美国在澳大利亚和新西兰部署了海军通讯站、导航站、宇航追踪站等，用于监控中、俄等国的核试验，并为美空间力量服务。目前美军在澳大利亚驻有陆军 400 人、空军 400 人、海军 1500 人，分别驻扎在伍麦拉航空站、哈罗德·霍尔特海军通信站。其中哈罗德·霍尔特海军通信站为太平洋战区美战略导弹潜艇的主要通信站之一，可沟通全球美军的通信联络。2012 年美国向澳大利亚的达尔文港派驻 2500 名美军海军陆战队成员，还部署大量的美军先进武器，将达尔文港建设成为一个大型的军事指挥中心，以增加在澳大利亚战略据点的军事存在。

印度洋地区也是美国在军事上非常关注的地区。美国出于其亚太战略甚至全球战略的需要，一直致力于在亚太地区部署一条所谓

---

① U. S. Dept. of Defense, *Quadrennial Defense Review Report*, Washington D. C., 2006, p. 48.

的“太平洋锁链”，将西太平洋上的岛链体系延伸到印度洋，把其在太平洋上的基地链与印度洋上的基地连在一起，构筑起一条东起阿留申群岛，西至波斯湾长达上万千米的超长防线，而迪戈加西亚基地则是这条防线上至关重要的一环。为此，被美国称为“印度洋上不沉的航空母舰”的迪戈加西亚岛军事基地是美国在印度洋地区的重要的军事存在。美军基地面积约 44 平方公里，有一条长达 3600 多米的跑道，能起降 B－52、B－1、B－2 等远程重型轰炸机，停机坪可停放 100 多架战机。其港口有一个码头，两条深水航道，能停泊大型航母、核潜艇和作战物资预置船队，经过多年修建，该基地综合设施完善，战略地位重要。

海湾地区因其特有的地缘战略意义，历来是大国争夺的焦点。这一地区不仅是全世界最重要的海、陆、空交通枢纽，地理位置十分重要，而且蕴藏着占世界已探明储量 65% 左右的石油资源，每天通过霍尔木兹海峡运出的海湾原油约占全球海上石油运输量的 35%，约占世界石油贸易总量的 20%。2012 年以来，美军进一步加强了在海湾地区的军事存在，增加了驻扎在科威特的战备部队的数量。2012 年 6 月 1 日，美国海军还在波斯湾海域部署了由两栖运输舰“庞塞”号改造成的美军第一艘“临时浮动前进基地”，为扫雷舰、海岸巡逻舰和直升机提供近距离行动支援，以执行反海盗任务及对伊朗的遏制。海外军事基地是美国海外利益保护的坚强后盾。为维护自己的海外利益，美国正采取诸多步骤，建立一个维持美国在东北亚的前沿存在，同时增强在东南亚和印度洋的部署。美国海军的部署表明，美国通过实施新的战略，极力维护自己全球霸主的地位。

3. 建立军事合作同盟

当今，展示军事实力，在很大程度上可以采取寻求合作的方式。美国通过结盟和组建国际组织的方式，利用盟友的军事力量保护其海外利益。美国的正式军事盟友有 50 多个。美国海军每年与世界上 60 多个国家和地区举行形式多样的联合军事演习。根据美国 2007 年公布的《21 世纪海上力量合作战略》，在西太平洋地区，美国有责任“履行其对盟友的条约义务”和“遏制潜在的战略竞争者”。因此，近年来，美国不断加强与亚洲主要沿海国家的军事合作，以实现其战略东移、称霸全球的战略目标。

(1) 美日军事同盟

美国和日本在二战中是主要对手，但战后因现实利益需求，迅速形成了军事同盟，以美日韩为主的同盟关系一直都是美国在亚洲的主要政治战略与军事战略的基础。以《美日安保条约》作为基础，美国在联合日本海上自卫队、保障航道安全和维护自身海洋权益等方面达成合作，并建立了“美日海上力量对话”会议机制。“美日海上力量对话”是由日本海洋政策研究财团与美国太平洋论坛 CSIS（Pacific Forum CSIS）、新美国安全中心（Center for a New American Security，CNAS）以及美国企业研究所（American Enterprise Institute，AEI）建立的会议机制，至今分别于 2008 年 3 月、7 月及 2009 年 4 月召开过 3 次会议，就美日同盟共同面对的海洋问题和应采取的行动对策进行广泛讨论，交换意见。

巩固美日传统军事同盟关系是奥巴马政府的重要政策之一。奥巴马执政后，美国因为推行全球战略重心东移而加大了对日本的借重力度，美日的军事同盟关系对于日本而言就显得更加重要了。近期，美日的军事联合行动紧锣密鼓，2014 年底美日举行联合军演，演习包括假设离岛遭受武力攻击、确保两国联合军事行动顺利并加强岛屿防御能力。据外媒报道，中国是本次军演的假想敌。2015 年 4 月 27 日美国和日本在纽约联合发布新版《美日防卫合作指南》，大幅扩大了日本自卫队对美国军事行动的支援范围。新版《美日防卫合作指南》规定，当美军遭遇第三国威胁时日本可以前往给予支援，也可以协助美军在中东之行扫雷任务。

美日构建新型海上力量不是一般意义上的以海洋安全为主题，而是更多涉及到自身海洋的权益和第三国海洋的权益及安全问题，

特别是屡次提到对中国日益崛起的海上力量的关注、防范等，中国须高度重视和警惕。

（2）美澳军事同盟

澳大利亚挟辽阔的版图、有利的地理位置、强大的海上投送能力等禀赋，在美国全球战略布署，尤其是亚太地区的前沿军事部署当中具有特殊的作用。而澳大利亚也希望借助美国的影响力，提高其在亚洲的地位和影响力。历经数十年的发展，美澳军事同盟在《澳新美安全条约》的架构下已演变成一个具有前瞻性战略构想和地区影响的安全合作平台，筹划新的军事部署，凸显美澳同盟关系的紧密性。奥巴马上台后，积极推进与澳大利亚的战略关系，尤其是两国在军事领域的合作。2011 年 11 月，奥巴马总统高调出访澳大利亚，美澳达成有关美海空军在澳北部驻扎、轮换的协议，开启了双方新一轮密切安全互动。2012 年 4 月，澳大利亚参加了美国在内华达州内利斯空军基地举行的军事演习。6 月 29 日，又参加了美国在夏威夷及周边水域举行的环太平洋军事演习，目的是提升参与部队协同作战能力。2014 年 8 月 12 日，美国和澳大利亚签署了一项长期协议，美国飞机获得更大的权利，可以进入澳北领地的机场和基地。美国希望将澳大利亚的西北海岸线打造成美国向西太平洋和东印度洋投送力量的支点，美澳同盟关系的加强有利于美国完善同盟体系，巩固其在亚太地区的主导地位。

（3）美韩军事联盟

美国和韩国于 1954 年签署了《美韩共同防御条约》，从此宣告美韩军事同盟关系的正式缔结。美韩军事同盟关系和美日军事同盟关系一样是美国在东北亚的两个最重要的军事战略支点。韩国因其特殊的地理位置，使得其成为遏制中国和朝鲜的最重要前沿阵地。结合美国推行全球战略重心东移的背景，美韩军事同盟关系就更加重要了。

2008 年李明博政府上台后，推翻了卢武炫总统时期的自主平衡外交政策，采取了灵活的实用主义外交政策。同时，强调了美韩同盟的重要性，对美韩同盟重新进行战略定位，使美韩同盟关系向着更强化的方向发展。2009 年，奥巴马出任美国总统使得美韩关系更加密切。同年 6 月，李明博第二次访问美国，签署了《美韩同盟未来展望》联合声明，其主要内容为美国向韩国提供核保护伞在内的“延伸威慑”，并决定将美韩双方同盟关系发展成为地区甚至是全球范围内的全面战略同盟。2010 年 10 月，韩国国防部长官金泰荣与美国国防部长罗伯特·盖茨，在华盛顿举行第 42 次韩美安保咨询会议，正式签署了《国防合作方针》《战略同盟 2015》和《战略计划方针》3 份文件。主要内容包括：即使在 2015 年把战时作战指挥权移交韩国军方后，美国也将向韩国提供实际且充分有保障的作战能力，直到韩国完全拥有自主防御能力为止。2012 年 4 月和 9 月美国和韩国连续举行两次美韩防务协商机制会议。双方围绕美韩同盟发展方向、同盟间主要问题解决方案、加强安全合作、有效应对朝鲜的核武器等大规模杀伤性武器威胁、保障延伸遏制的时效性等问题，进行了深入讨论与研究，全面深化了两国的安全合作，构建两国“21 世纪全面战略同盟”关系。

（4）美印军事同盟

鉴于印度洋战略地位提升，美国开始加强与印度洋地区国家之间的战略联系。其中，美国最为重视印度的战略地位，希望加强与印度的海上安全联系。随着印度经济崛起和海军实力增长，印度海军正在成为印度洋地区不容忽视的力量。因此，对印度来说，深化与美军事安全合作既有助于增强其国力，又可促成其实现一系列既定的战略目标。自 2003 年美国与印度正式建立全球战略伙伴关系，两国关系进入快车道发展模式。2007 年初，美向印度交付了“特伦顿”号两栖运输舰，印度的远洋输送能力得到大幅加强。

2009 年奥巴马总统上台后不久就发表声明强调：“美印两国伙

伴关系将是21世纪具有决定意义的大国关系，不断深化的美印两国关系会造福世界人民……印度应当懂得世界上没有比美国更好的朋友与合作伙伴。”2009年3月，美国同意向印度出售8架价值21亿美元的P-8I反潜巡逻机并于2015年前交付，这是当时美印之间达成的最大军火出口协议。2011年2月，美国向印度交付了6架价值10亿美元的C-130J运输机，这是近半个世纪以来美国首次向印度出售该型飞机。同年6月，美印完成10架价值41亿美元C-17运输机的交易，印度从此成为世界上第二大C-17运输机的拥有国。①2012年6月，美国国防部长帕内塔访印期间，美方应印方的要求向印度出售8000枚FGM-148“标枪”反坦克导弹及300台导弹发射架，预计总额将超过15亿美元。

美印海军的合作为两国的军事演习奠定了坚实基础。奥巴马执政以来，两国海军或是有两国海军参与的年度联合军演有：“马拉巴尔”（MALABAR）联合军事演习，旨在提高两军的海上技战术协同水平；“蛇神”（HABU NAG）联合军演的目的是提高两军的两栖作战能力；“射毒眼镜蛇”（SPITTINGCOBRA）军事演习是为了提高两国海军摧毁水下爆炸物的能力；“塞尔威克斯”（SALVEX）联合救生演习是为了提高两国海军的水兵潜水和搜救能力。

美国加强同印度合作的主要目的是为了维持这一地区战略态势平衡，防止自身的世界霸权受到新兴大国的挑战。与此同时，一旦出现印度的发展势头超出美国预期，美国同印度进行合作的战略需求势必会受到影响。

（5）美菲军事同盟

美国对菲律宾的殖民统治持续了近半个世纪，对菲律宾的影响根深蒂固。因此，美国和菲律宾两国近年来之所以能够在军事、安全和政治方面持续地保持特殊关系并开展密切合作，尤其是在最近

① 邓睿：“浅析美印军事安全合作”，载《国际资料信息》2012年第11期，第5—9页。

一段时期频繁地开展一系列的海上合作，应当说有着历史渊源和现实需求两方面原因。1992 年，由于菲律宾的反对，美国海军撤出了在菲的永久性基地。在此之前，美军一直负责菲律宾的对外防卫。美军撤走后，菲律宾的对外防御不堪一击。20 世纪 90 年代，金融危机爆发，菲律宾军队现代化的财政支持暂时搁置；随后不久，国内的反叛及伊斯兰分离主义运动再次活跃，使菲律宾重新考虑与美国的军事合作。1999 年与美国签署《访问力量协议》允许美国在菲律宾进行临时性部署。

而战略考虑和经济利益则是美国加强与菲律宾合作的重要原因。奥巴马上台后的战略东移，对于连接美国在印度洋和太平洋军事部署的咽喉要道——东南亚地区，美国自然也重新调整了策略，增加了在该地区的政治、经济和军事投入。此外，美菲同盟与菲律宾对南海领土图谋之间存在契合，美菲同盟承载着美国进入东南亚地区多边机制的介入功能。为此，从 2009 年起，美菲两国各怀心机、各有所图、各取所需，开展了包括打击海盗、培训船员、沿海监测、石油勘探等在内的一系列对话与合作。如，2009 年 8 月 1 日，菲律宾外交部长与美国交通部长代表两国在华盛顿签订了一份谅解备忘录，就加强两国在反海盗方面的训练和教育等相关合作达成协议。菲律宾是世界上拥有最多海员的国家之一，而国际性海盗问题，尤其是亚丁湾的索马里海盗问题已成为各国政府所关注的严重问题，因此这份谅解备忘录的签订具有重大意义。

2011 年 1 月，美菲同盟建立 60 周年之际，两国在菲律宾首都马尼拉举行了首次美菲双边战略对话。首次美菲双边战略对话建立了 4 个工作组：法治及法律强化工作组、领土防御及海洋工作组、经济及贸易工作组、地区与全球关系工作组。

美菲具体的常规化军事合作除了人们熟知的“肩并肩”年度军演外，还包括美军驻菲律宾的军事基地、美驻“菲律宾联合特种行动任务部队”、美对菲军队改革的参与，这些双边军事合作都在机制

化运行之中。2014 年 4 月 28 日，美菲两国签署了《增强合作防卫协议》。可见，美菲两国近期进行的海上合作体现出合作范围日趋广泛、合作形式日趋多样的特点。

（6）美国、印尼军事同盟

美国在印尼有巨大的政治和经济利益。在苏哈托时代，印尼是美国坚定的盟友，成为美国遏制中国的重要一环。近年来，因东南亚的一些恐怖组织与“基地”组织有直接联系，美国把东南亚地区当作全球反恐“第二战场”。在这种情况下，印尼的价值被重新发现。印尼地缘战略地位极其重要，北面是海上生命线——南中国海和国际咽喉马六甲海峡，美国担心恐怖主义在海上对自己及其盟友发动袭击。为此，美国试图通过反恐斗争加强对印尼的渗透和控制，以应对和平衡中国与印尼日益紧密的军事合作。对印尼来说，在某种程度上它愿意发展与美国的军事关系，因为恢复与美国的军事关系，以及由此辐射到其他领域的合作，可以为印尼带来巨额的军事和经济援助，促进印尼经济的恢复与发展，完善部队的装备，实现军队的现代化，可以增强印尼实行大国平衡战略的能力。

自 2012 年 5 月 30 日开始，印尼与美国两国海军在印尼东爪哇省附近海域举行为期 8 天的联合军事演习。作为战略伙伴，两国海军每年都会在这段时间举行联合军演。美国 2011 年向印尼捐赠 24 架经过翻新的 F16 型战斗机，2014 年，又向印尼出售 8 架最新型的阿帕奇 AH－6 型攻击直升机，体现出美国在不断强化与印尼军事合作。同时体现了在落实“战略东移”、“重返亚太”政策下，印尼作为东南亚的重要国家被美国视为最主要的战略伙伴。

五、倡导终身海洋教育，重视海洋“软实力”建设

海洋文化和教育是国家发展的基石，这已成为美国海洋界人士的共识。21 世纪初，美国皮尤海洋委员会在《美国活力的海洋》

（American Living Oceans）的报告中，阐述了海洋知识进入美国课堂的重要意义，敦促美国建立一个“新的海洋文化时代”。美国海洋政策报告《21 世纪海洋蓝图》倡导“终身海洋教育”，其基本思想是：通过正规和非正规教育，提高全民族对海洋重要性的认识，提升美国民众的海洋文明素养，培养和造就未来海洋科技和海洋管理的顶级人才。

2010 年 7 月 19 日，奥巴马总统签署的《海洋、海岸带和五大湖国家管理政策》中，要求提高公众对海洋、海岸和大湖区价值的认识，为更好地开展海洋教育宣传工作奠定基础。

（一）从海权理论到海洋发展实践，不断丰富海洋文化的内涵

美国在海洋历史进程中，形成了本民族的海洋文化。美国独特的地理环境造就了美国的海洋文化传统，使海洋属性成为美国多元属性中的一个，这个属性可大致概括为：自由、冒险、经商、好斗和扩张精神。可以说，美国的海洋文化发展过程也是美国的海洋传统不断传承、美国的海洋意识不断发展以及以大海作为载体和平台的民族主义情感不断强化的过程。

美国的海洋文化可追溯到詹姆士·费尼莫尔·库柏（1788－1851）时期的海洋文学。库柏的作品在《领航人》（The Pilot，1824）、《红海盗》（The Red Rover，1827）、《水妖》（The Water－Witch，1830）等 10 多部海洋小说中积极构建美国的海洋文化，为美利坚民族的文化认同和海洋大国形象建构做出了开创性贡献。那时美国的海洋文化是各种航海故事和历险报道给文学家们提供的丰富灵感，文学家的作品丰富了世界地理知识，为航海事业的发展做出了巨大贡献。马汉的海权理论则成就了美国的海洋强国之路。马汉的海权论至今仍然对美国的海洋战略有着深远影响。文化是历史积淀的过程，是被人们所认同并自然地为人们所流传。马汉的海权论不仅是一种战略理论，也拥有丰富的文化内涵。因此可以说，海权论因其在美国海洋历史上的地位，已成为美国海洋文化的一部分。

今天美国的海洋文化已融入了现代海洋发展的内涵，从海洋资源环境管理到海洋意识的普及宣传，无不体现着海洋文化已经成为美国重要的经济社会基础。2004 年，一批从事教育和科研工作的美国专家学者，在网上发起了为期两周的关于海洋文化的研讨，形成了《美国海洋文化指南》。《指南》认为具有海洋文化的公民应做到如下三点：一是了解海洋基本理论和主要概念；二是能够就海洋话题进行有意义的交流；三是能够分析和理解海洋及海洋资源相关信息，并做出有依据的、可靠的判断。显而易见，以上三种能力之中，第一种能力是后两者的前提和基础。

1. 公众参与的海洋管理

2004 年美国海洋政策《21 世纪海洋蓝图》提出“实现将来从海洋获益的目标，公众的兴趣和参与十分重要。公众了解人类对海洋环境造成的影响将有助于他们认识到有效管理海洋资源带来的好处”。公众的民主参与海洋管理是美国地方政府最有特色的治理方式之一。美国在公众参与方面已形成了较为完善的制度，美国公众也具有较为普遍的参与意识。

美国在《2000 年海洋条例法案》中也明确规定了公众参与的渠道，包括开放式公众听证会、提供文件供讨论等。2004 年美国海洋政策出台前，海洋委员会在全国共召开了 16 次公众听证会，产生了 1800 项听证材料。随着公众参与理论的不断完善，公众参与公共管理、政策执行的主动性有了较大的提高。政府管理部门提倡建设服务型政府，主动接受公众监督的意识也逐步加强。美国有特定的法律，要求政府将包括海洋管理方面在内的所有政策制定过程向公众公开。早在 1966 年美国政府就颁布了《信息自由法》，任何人都有权知道美国政府在做什么。美国的议会大楼是向公众开放的，公众可以自由进入议会大楼参观，索取资讯，以及在议会会场旁听。议会各委员会审议法案，大都是在举行听证会后才做出决断。美国《海岸带管理法》规定，州一级管理机构的职责之一是组织各种公众参加的听证会，听取公众对重大海岸带开发活动的意见。美国在制定海洋管理规划时，为确保海洋管理规划得到当地居民的支持并符合当地所关心的利益。在规划的实施过程中，各海岸带地区采取召开研讨会、公众听证会、调查表、各种媒体及通讯等方式教育公众，并要求公众参与进来。公众通过参与管理，了解了海洋环境资源状况，增加了海洋环境资源保护意识，也得到了其利益相关问题的公正待遇，有助于政府的海洋规划则得以顺利实施。

2. 通过发展海洋休闲渔业促进环境保护

休闲渔业（Leisure fisheries）是指人们劳逸结合的渔业方式。商业渔业比较注重经济效益，而休闲渔业既注重经济效益，又注重社会效益。美国休闲渔业不仅十分发达，而且联邦政府和州政府也特别重视，它在美国经济中占有重要地位，已成为现代渔业的支柱。每年至少有1000名美国人参与休闲渔业。2008年，休闲渔业钓到4.63亿尾海洋鱼类，其中57%放生入海；2004—2008年，休闲年产渔业量达到1.13亿千克。

美国有专门的太平洋鲤鱼体育垂钓协会和鲈鱼体育垂钓协会。美国海洋渔业局休闲渔业总部负责吸引社会大众保护海洋资源及管理休闲垂钓活动。海洋渔业局地区办公室在合适区域内鼓励投入与整合社会资源，来推动渔业资源养护和管理休闲垂钓活动。海洋渔业局内设有海洋休闲渔业统计计划小组，向政府、科学家和社会大众提供重要的海洋休闲渔业资料。休闲渔业对美国的最大贡献就是美国乡村经济面貌的改变。由于休闲渔业的地点一般在经济比较落后、就业机会比较缺乏的地区，所以美国的许多地区经济依赖于休闲渔业。休闲渔业不仅满足了民众垂钓娱乐需求，培养了一种快乐、大众的海洋渔业文化，也使民众在潜意识里提高了对渔业资源保护的自觉性，国家还能从中得到可观的收入，并将其用于渔业资源的养护。

3. 以海洋科学研究带动海洋文化发展

涉海的研究机构等设施在艺术、学术、科技等方面的吸引力和号召力，能够使该地区成为地域乃至国家的海洋文化核心地域，吸引其他相关科研机构、企业组织在周边聚集。为此，美国专门打造了海洋科学研究中心等重要海洋区域社会来推动海洋文化发展。

例如，美国西海岸加州海岸线中央的蒙特利湾是美国海洋科学的国家中心。20 世纪 80 年代美国一些有识之士和学者看到湾域在发展海洋科学方面的潜力，倡导更多的与蒙特利湾有关的机构和项目汇集在这里联合工作，促进共同的研究计划，以期产生更大的效果。蒙特利湾现在有 18 个海洋研究与实验机构，主要进行海洋科学、海洋资源、海洋气象、海洋污染等方面的研究，约有 1600 多名科学家和工程师在这里工作，每年预算超过上亿美元。其中，蒙特利海洋水族馆是北美最大的水族馆之一，占地 3 万多平方米，拥有一些重要的海洋研究实验基地，这里也是全球最大的海洋生态保护区之一。众多的海洋科学研究机构带动了当地海洋文化艺术和涉海企业的发展。这里有著名的渔人码头和水产加工企业，有完善的文化艺术社区。国际上知名的艺术家博物馆和娱乐场所在这里比比皆是，蒙特利湾及周围水域的研究及教育价值日益明显，这里已成为美国著名的文化旅游胜地，每年有世界各地许多游客到这里观光游览。

此外，美国还注意在条件较好的其他沿海港口兴建海洋博物馆、参观基地，供游人参观，使国民熟悉、了解海洋。在美国南部科罗拉多港口，建有著名的美国太平洋海军基地，在那里参观游览军港成为一个大众喜爱的节目，游人可以近距离观看各种大中型水面舰艇，甚至可以走上退役的中途岛号航空母舰。在航空母舰上，游客可游览参观其内部设施，同时乘坐大型游艇可以近距离在美国太平洋舰队所在地的海面，一览陆上海军设施和各种各样导弹驱逐舰、护卫艇、登陆舰等。在参观游览的同时也将对普通美国民众海洋文化知识、生态保护意识和国家海洋安全意识的培养产生潜移默化的作用，海洋文化在各群体中的文化认同基础由此获得巩固。

（二）重视海洋教育，建立多层次的海洋教育体系

2004年《美国海洋行动计划》引用美国政府的观点认为：终身海洋教育是繁荣经济，促进生态系统健康，造就掌握自然资源可持续利用与平衡发展所需的科学知识、具有竞争力的劳动力的必要条件。美国著名的智囊集团卡内基小组的研究表明，美国的经济实力有50%是从它的教育制度获得的。海洋科学教育为美国实施海洋战略起到了重大作用。美国高度重视海洋教育发展，目前海洋教育非常全面，已形成多层次的海洋教育体系。

1. 海洋普及教育—卓越海洋教育中心

2004年由美国相关团体制定的《美国海洋文化指南》后来成为美国12年中小学海洋科学教育的基本原则，为海洋教育进入美国中小学课堂、在全国范围内普及和发展海洋文化奠定了基础。在此背景下，美国国家科学基金会、海洋大气局自2000年以来，支持建立和发展了由13个卓越海洋教育中心组成的海洋教育网络。

美国13个卓越海洋科学教育中心分布于美国各州。各中心主要开展的工作包括：建立公众与海洋科研组织、社区教育服务组织之间的联系；为参与海洋教育的科研人员提供知识和指导，如举办研讨会鼓励科研人员与教师相互交流，开展教育教学方法实践等；鼓励和支持学校和老师将海洋科学知识融入教学课程；促进海洋科研成果转化为高质量教育素材，并在区域和全国内发展和传播。2007年，美国卓越海洋教育中心发布蓝皮书，阐述了5项工作目标：提升公众对海洋及海洋与社会、经济、财富和人类生活质量关系的认识和理解；整合海洋科研和科学教育资源；扩大和丰富海洋人力资源；扩展少数社会群体了解和参与海洋科学和海洋科学教育的渠道；

提高美国中小学海洋科学教育质量[①]。

2. 中小学海洋基础教育

美国以“教育是未来的基础”为口号推进海洋基础教育，美国中小学海洋教育主要体现在教材和参观以及实践活动。5—8 年级段和 9—12 年级段海洋地理教材整合了整个地理学科所有内容，不仅有海洋自然现象，还着重介绍了海洋和陆地之间的相互作用，例如：详细地介绍了波浪对海岸的影响、海洋与人类的相互作用、海洋对人类生活的影响。特别是在“人类与海洋协调发展”这部分，将最浓缩的核心内容抽取出来作为海洋地理学科的框架。

初中到高中阶段的地理教材《科学发现者——地质学、环境与宇宙》，海洋地理的知识点有些是重复的，但并不是简单地、机械地重复，而是采用螺旋式上升的模式重复——每个内容在不同的学段重复累进出现，随年级的升高，内容由浅入深，由具体到抽象，复杂性也不断加深。每个内容并不局限于某个学段，每个内容在相应的学段都可以继续拓展和深入地研究，而且几乎每个内容都贯穿于各个学段，使学生每次都可以从不同的方面，用不同的观点，用不同的深度来研究这些内容，具有较好的延续性和递进性。海洋地理教材中实验的内容丰富多彩，不仅包括海洋地理学科的内容，还包括地貌学、水文学等地理学科内容，甚至还包括物理学科、空间学科、生命学科等学科内容。

中小学的海洋教育除了课堂教学外，还开展各种有趣味性的、形式多样的活动。海洋地理活动主要以地理实验为主要形式，5—8 年级段和 9—12 年级段的海洋地理教材共设计了 4 种类型、30 多个海洋地理实验。初中阶段，每一节开头就有一个探索实验，而迷你实验、技能实验和地学实验则不均等地分布在每一章中，但每一章

---

① 郭景朋、王雪梅：“美国卓越教育中心简介”，载《海洋开发与管理》2010 年第 10 期，第 8—10 页。

中至少有一种类型；高中阶段，每一章中都有这四种实验。

这些海洋地理实验都给出了实验的名称、实验的标题、详细的步骤、观察的内容和思考的问题，这样的活动设计突出锻炼学生的海洋地理学科技能，有利于培养中学生观察海洋地理现象，促进学生各方面能力的发展。

3. 海洋高等教育

美国出色的海洋高等教育凭借其前沿的科技水平和师资力量、灵活多样的教育体制、高额的奖学金项目、高端的学术交流而闻名全球，并始终占据着全球海洋高等教育及海洋科技前沿的高地。

根据美国教育部教育数字统计中心 2008 年的统计，美国有海洋生物和生物海洋学、海洋资源管理、海洋科学、海运、海洋工程以及海洋学等六大类涉海专业的高等院校共计 142 所，主要集中分布在美国东、西海岸以及南岸。

美国东部主要有 15 个州设有涉海专业的院校（包括研究所），包括佛罗里达州、马萨诸塞州、缅因州、纽约州、宾夕法尼亚州、新泽西州、北卡罗来纳州、康涅狄格州、弗吉尼亚州、马里兰州、罗得岛州、南卡罗来纳州、佐治亚州、新罕布什尔州及特拉华州。美国西部主要有 4 个州设有涉海专业的院校（包括研究所），以加利福尼亚州、华盛顿州和俄勒冈州等的涉海院校数目居多。美国南部主要有 4 个州设有涉海专业的院校（包括研究所），包括阿拉巴马州、得克萨斯州、路易斯安那州以及密西西比州。美国中部零星分布着几个涉海专业的院校。

海洋学课程主要包括物理海洋学，即海流、潮汐、湍动等如何影响海水的运动；海水化学以及营养盐如何影响海洋生物的发育；海洋地质学和地球物理学；海洋生物学等。这些课程给予学生的知识面相当宽广。海洋学大学课程不是侧重于准备毕业研究，而是更重视实践教育，即让学生直接接触自然环境及其与生物间的重要相互作用。美国海洋教育的大趋势是集中科研力量—物理、化学、生

物、地质和工程等方面师资力量，设置包含多学科的海洋学院或研究单位，这充分反映出海洋科学学科与其他学科的交叉融合的特点和发展趋势。

美国有 60 多个学校、研究所等机构可以授予海洋专业博士学位，主要涉及河口、海岸及远海研究的 10 个海洋学科。其中的 10 个研究生院由夏威夷大学、罗德岛大学、迈阿密大学、俄勒冈大学、华盛顿大学，得克萨斯农工大学等与斯克里普斯研究所、伍兹霍尔海洋研究所、拉蒙特地质观测所和得克萨斯大学地球物理研究所等联合运作。它们在更高的水平拉近了教育与科研、经济的距离。

4. 海洋教育的政策资金保障

为促进国家海洋教育发展，2009 年美国国家海洋与大气管理局制定了《2009—2029 年教育战略规划——专注科学、服务与管理》。规划阐述了 NOAA 教育美国公众以及提升他们环境素养的具体途径和长期承诺，并体现了 NOAA 与教师、行政管理人员以及员工的全方位合作，提出了鼓励美国公民以及提供机会和激励措施使他们从事与 NOAA 相关职业的策略。该教育规划提出的两项目标：一是通过一系列正规和非正规终身教育以及增加在海洋、海岸、五大湖、天气和气候科学方面的学习机会来提高公众环境素养；二是反映美国多元化特点的未来劳动者要熟练掌握对 NOAA 使命至关重要的科学、技术、工程、数学以及其他学科。这份指导文件整合了现有的 NOAA 教育计划以及合作伙伴，为今后一段时期美国海洋教育的发展奠定了基础。

除了政府投资外，国家科学基金会海洋补助金计划也资助了海洋教育活动，包括：课程开设和学生计划，目的在于提高大学生在海洋科学及相关领域的教育水平，为大学教育推荐新的知识和方法学；研究助理工作，许多大学、研究所设置了助理研究岗位，使大量在读学生获得的资金资助；初、中级教育和教师培训，主要是针对中小学教材的编制、评估和使用培训，以及为从事海洋和水生物学教育的教师和管理人员提供资助。非正规教育，包括学校正规培训之外的海洋和水生物学教育活动，潜在的受教育者是国内各行各业的公众；技术和职业教育，包括技能训练，职业培训和学位课程前的教学计划；海洋补助金联谊会计划，包括激发那些具有海洋生涯但却没有海洋学科常识和技能的人增加或产生对海洋不同学科的兴趣；海洋补助金评议会（JohnAKnaus 海洋政策联谊会），资助在联邦政府部门从事海洋政策问题研究工作的科研人员。

海洋补助金计划不但是海洋领域资助研究生教育的重要内容，还致力于海洋领域的科研、教育、培训以及延伸项目的扶持资助。1971—2014 年，海洋补助金计划为美国 38 所大学及伍兹霍尔研究所的 12000 多名海洋专业学生（包括研究生）提供了资助。

政府的高度重视与积极引导、多层次的海洋教育体系、稳定的投资主体、高科技含量的文化产品、完备的政策扶持，为美国海洋文化教育软实力的建设打下坚实的基础，既给美国创造了源源不断的海洋经济效益，更实现了美国海洋核心价值观对外的强力渗透。美国凭借其强大的海洋文化软实力，在竭力传播美国的海洋文化价值观念和国家意志的同时亦有效提升了美国的海洋综合实力。

第五章　美国海洋战略的影响分析

第一节　美国海洋战略的影响

战略重心东移是21世纪美国实施的一次重大对外战略调整，它必将对全球和亚太国际关系产生深刻影响，特别是对正在迅速崛起中的中国产生首当其冲的影响。美国战略重心东移具有明显的“主导海洋、控制海洋”的特点，且对华意图较为深刻和明显，因此它对于中国海洋安全的影响尤为剧烈和突出。

一、国际海上安全困境凸显

中国作为一个快速发展和成长的海洋大国，其追求自身的合法权益及相应的海上权力地位与美国维护海洋霸权、巩固地区主导地位间在本质上存在分歧。[1] 双方对亚太海域的权力现状均有着不同程度的不满，彼此将对方界定为“侵犯者”或“挑衅者”，美国担心

① Robert S. Ross, “The Rise of Chinese Power and the Implications for the Regional Security Order”, *Orbis*, 2010, p. 544.

中国挑战其海洋霸权，而中国担心美国损害其安全及战略利益[①]。但无论是通过和平手段还是战争手段，力量对比的变化必然要求美国让渡一部分权力给中国，或者给予中国海上权力发展以适当的空间。[②] 而美国并没有打算给予中国海上权力适度的空间，正意图通过武力慑止中国的权力增长；中国在坚持和平发展的同时，也没有放弃武力作为追求合法权益的后盾，中美在东亚海域的良性互动正变得越来越困难。由此又导致中美对对方的战略“误判”始终存在，如对于中国捍卫领土与领海主权等问题的防御性立场，美国战略界和公众舆论解读为中国放弃“韬光养晦”政策与“和平发展”承诺的先期信号[③]，揣测中国在亚太地区可能奉行“中国版门罗主义”[④]。而美国所提出的“印太地区”概念不仅包括中国经济最为发达的沿海地区，还覆盖了中国的能源、资源和商业海上交通线，一旦这些地区和海上交通线受到威胁，将对中国的经济发展造成严重威胁和沉重打击，甚至会中断中国的崛起进程。

冷战后美国海军一贯奉行“以海制陆”[⑤] 的战略方针，注重强调“前沿存在”、“前沿部署”及前沿作战，与中国海军“由陆向海”、“立足近海、拓展远洋”的发展态势以及“近海防御、远海防卫”的战略方针迎头相撞。同时，美国调整全球及亚洲武装力量部署，2012 年 1 月 5 日发布的确保美国全球领导地位的战略文件明确表示，“美国军事力量要确保在反介入和区域拒止环境中的有效行动

---

① 胡波：“中美东亚海上权力和平转移：风险、机会及战略”，载《世界经济与政治》2013 年第 3 期，第 27—44 页。

② Charles Glaser, “Will China's Rise Lead to War? —Why Realism Does Not Mean Pessimism”, *Foreign Affairs*, Vol. 90, No. 2, 2011, p. 91.

③ Joseph Bosco, “China's growing threat”, *The Washington Times*, November 29, 2010; Vincent Wang, “China-ASEAN Free Trade Area: A Chinese ‘Monroe Doctrine’ or ‘Peaceful Rise’?”, *China Brief*, 2009 (17).

④ 王鸿刚：“美国的亚太战略与中美关系的未来”，载《现代国际关系》2011 年第 1 期，第 7—13 页。

⑤ 杨震、周云亨：“论中美之间的海权矛盾”，载《现代国际关系》2011 年第 2 期，第 8 页。

能力”[①]。美军已多次宣示“两个60%”的计划，即2020年前将60%的海军军舰部署到太平洋地区、把美本土以外60%的空军力量部署到亚太地区。除抓紧推动全球军事部署调整外，美国海军进一步优化兵力部署结构，强化关岛、迪戈加西亚两大军事基地的作用，提升在印太地区的军事装备水平与增加联合军事演习的规模和频次，构筑从西太平洋到印度洋的联盟与伙伴关系网络，提升印度的地区和全球大国地位、鼓励其“东向政策”，深化与澳大利亚的军事联盟关系。[②] 美国的这些动作当然不全是为了针对中国，但美国海军从作战概念到兵力部署都直指中国的近海防御战略及日渐增长的海上力量，具有明显制衡中国和对中国进行战略包围的意图。这都使双方在军事上的不信任感与日俱增。

尽管两国政府均将合作共赢视为中美未来关系走向的核心基调，国际学界也充分认为“不对抗”是两国关系最好的选择，但美国战略东移的现实必将使得本已拥挤不堪的亚太地区在战略空间和现实空间显得更加无序，且中美对《联合国海洋法公约》相关规定有着不同解读，双方对海洋的认识、对海上航行自由等行为规范的理解还缺乏基本的共识，并非出于本意的海上意外摩擦发生的可能性在增大。美国坚持认为，在他国专属经济区内，军事活动在原则上是自由的，不受沿海国的管辖。美国还利用《联合国海洋法公约》一些规定的模糊性，长期以科学测量名义在中国专属经济区海域进行军事侦察活动，并经常派遣侦察机和测量船深入到中国近海进行侦查、监视。中国则认为，依据《联合国海洋法公约》的精神以及维护国家安全的需要，美军在中国专属经济区内除正常通行之外的军事活动是不允许的。虽然类似2001年4月撞机那样的重大事件没再

---

① Department of Defense, “Sustaining U. S. Global Leadership: Priorities for 21st Century Defense”, January 2012, pp. 2 – 5.

② 韦宗友：“美国在印太地区的战略调整及其地缘战略影响”，载《世界经济与政治》2013年第10期，第140—155页。

出现，但两国军舰和飞机在海上与空中的跟踪与反跟踪、监视与反监视、拦截与反拦截等各类较量或对峙事件层出不穷。

二、 深刻影响地缘政治格局

海上安全已经成为地区地缘政治环境变动和战略思考的重要取向。20 世纪 90 年代中期以来，特别是近些年，美国保持着对亚太地区的战略关注和投入，从海洋地缘战略上试图控制两洋、围堵中国，使地区海洋地缘政治格局的重要性日益凸显。[①] 毫无疑问，美国因素是地区地缘政治特别是海洋地缘政治环境变动的主要动因。

一是导致东北亚双边或多边关系不稳。为维系主导地位和霸权秩序，美国依托其超级大国的实力地位和联盟政策，在东北亚地区奉行控日韩、拉蒙古、遏中俄、制朝鲜的政策。在美霸权战略的“强磁辐射”下，冷战后的东北亚地区大国关系出现了“一超”主导“三强”的格局，中日关系起伏、俄日关系波动、朝韩关系敌对和朝日关系紧张的背后都有美国的影响。[②] 东北亚地区局势的紧张有利于美国推动美日、美韩同盟轴心关系的强化，对中国的和平发展形成阻遏。与此同时，美国虽通过联盟政策主导了日韩，但并不能完全主宰地区事务。美日韩海洋势力与中俄朝大陆力量的隐性对立和美中日俄的战略互动，使霸权稳定模式难以在东北亚地区构建，遏阻了美国单边霸权向东北亚大陆的扩张。综合来看，东北亚双边关系或多边关系在美国的重要影响下，呈现不稳定态势。东北亚地区安全秩序结构维度与进程维度的双重不稳定性，使中国的东北亚

---

① 蔡鹏鸿：“中国地缘政治环境变化及其影响”，载《国际观察》2011 年第 1 期，第 10—18 页。

② Emma Chanlett-Avery & Bruce Vaughn，“Emerging Trends in the Security Architecture in Asia：Bilateral and Multilateral Ties Among the United States，Japan，Australia and India”，*CRS Report for Congress*，Jan. 7，2008.

安全利益陷入难以消解的地区性安全困境之中。中美日俄四国间战略利益的结构性矛盾决定了它们在各自安全战略定位与选择上构成潜在冲突，美中之间遏制与反遏制矛盾加剧。同时，东北亚国家间还存在着错综复杂的领土纠纷，如中日钓鱼岛之争、中韩苏岩礁之争、日韩竹岛（独岛）之争、日俄北方四岛之争，以及中日韩之间在海洋国土划分上的矛盾和争端。加之，东北亚缺少区域合作和地区安全的有效常设性、制度性安排，分散的权力结构使既有利益冲突难以得到有效协调和控制，地区各国长期受意识形态对立或历史影响，彼此猜疑和恐惧，普遍将对方界定为潜在威胁。

在美国对东北亚施加影响的格局中，美日同盟具有核心地位。[①]在美国“重返亚太”、中日关系由于钓鱼岛问题趋于紧张之际，美日同盟进一步强化，加大了日本军国主义在海洋扩张中复活的风险。[②]日本具有根深蒂固的军国主义传统和海洋扩张传统，且没有很好反省侵略历史，企图再次成为主导亚洲事务大国的诉求始终未变。美国出于牵制中国的考虑，存在纵容日本扩军倾向。随着美国对国际事务影响的力不从心和日本国内政治生态的变化，主张重新以军事大国实现日本国家目标的思想有所抬头。日本在海上对中国采取咄咄逼人的姿态，就是日本决心与中国进行战略对抗进而实现亚洲大国地位政策思想的反映。如果美国对日本的政策出现重大失误，必将对东亚和中国海洋方向地缘形势造成严重后果。

二是使同东盟国家的关系微妙。东盟所处的东南亚地区海域具有不容忽视的地缘战略地位，它是介于太平洋和印度洋、亚洲大陆与大洋洲大陆的十字路口，扼太平洋与印度洋之间的海上要冲，区内的马六甲海峡被称为东亚各国的“海上生命线”。控制东盟地区战

---

① 周方银：“美国的亚太同盟体系与中国的应对”，载《世界经济与政治》2013 年第 11 期，第 4—24 页。

② 石家铸、于玲玲：“美国战略重心东移与中国维护海上安全对策”，载《国际观察》2014 年第 2 期，第 68—79 页。

略要道，保证商业和军事流动畅通是美国在这一地区的首要战略利益。[①] 东盟各国在地理上支离破碎，政治、经济和文化等方面也因为不同的殖民历史而差异巨大，但作为小国集团的东盟经过多年的努力，不仅成功地从五个成员发展成为覆盖整个东南亚的地区组织，而且成为东亚乃至亚太地区的重要政治力量。[②]

这是因为在长期实践中，东盟逐渐认识到排除大国在东南亚地区的影响是不现实的，必须在大国力量相互制衡中维护地区的稳定与繁荣，因此逐渐形成了一种被学术界称为“大国平衡外交”的战略思想[③]，即不排除大国在东南亚的存在和影响，而是利用各大国的优势、它们之间的矛盾以及它们对权力的追求，主动与其发展政治、经济、安全等全方位关系。同时，防止任何大国的势力过于强大，即与主要大国保持等距离外交，以实现大国在东南亚的势力均衡，维护地区安全与稳定。在中国迅速成长并在东盟地区成为主导性大国的同时，东盟的“大国平衡外交”思想恰好给美国海洋战略调整和“亚太再平衡”提供了绝佳机遇。东盟不愿意看到中国单独主宰地区事务，而更希望在欢迎中国发挥“建设性”作用的同时，对其在本地区的“独大”地位进行限制。它们在增进同中国政治、经济联系的同时，期盼美国加入并扮演地区“安全保证人”的角色，以借助美国实现“安全平衡”。美国对此显然乐见，并针对东盟国家制定了不同政策。

就与美国关系而言，东南亚国家可分为三类：一是与美国有传统盟友关系的泰国、菲律宾、新加坡；二是冲突与合作并存的印尼、

---

① 储召锋：“亚太战略视域下的美国——东盟关系考察”，载《国际展望》2012 年第 1 期，第 14—25 页；郑泽民：“东南亚：位置所决定的命运”，载《世界知识》2003 年第 9 期，第 32 页。

② 王玉主：“小国集团的能动性——东盟区域合作战略研究”，载《当代亚太》2013 年第 3 期，第 93—110 页；翟崑：“小马拉大车——对东盟在东亚合作中地位和作用的再认识”，载《外交评论》2009 年第 2 期，第 9—15 页。

③ 王森、杨光海：“东盟‘大国平衡外交’在南海问题上的运用”，载《当代亚太》2014 年第 1 期，第 35—57 页。

越南、马来西亚、文莱、老挝；三是存在问题甚至不乏敌对的缅甸和柬埔寨。[①] 针对这三类国家，奥巴马政府的政策是巩固第一类、拉拢第二类和积极接触第三类。上述战略调整和政策的实施，对一些东盟国家来说意味着两难的困境，但对另一些国家却提供了机会。印度尼西亚总统在2012年6月新加坡香格里拉对话会议上表示，印度尼西亚寻求“亚太地区的地缘政治合作而不是竞争”，对“再平衡”战略中强大的军事因素感到紧张不安。而越南凭借与印度的传统紧密关系，在南海地区不断加强与印度的安全合作，同时开始积极与美国和日本加强协调。一位越南外交官在接受国际危机组织（International Crisis Group）采访时表示“邀请美国介入并以此制衡中国的影响力是我们的最佳选择。”[②] 菲律宾则依靠美菲军事同盟，试图借助美国的支持在南海问题上与中国“叫板”。美国对东盟的政策加剧了中国与一些周边国家间安全关系与经济关系的不同步性，使中国“以经促政”的政策效果受到很大局限。同时，美国强势干扰的做法与越、菲等国高强度扩张既得利益、加强与中国对抗的举措交相助长，对中国“搁置争议、共同开发”的主张以及缓和紧张局势、和平解决争端的政策构成了挑战。

三是不利于与印度洋周边国家改善关系。印度洋对中国的重要性体现在两个方面：第一，印度洋有中国战略资源进口与对外贸易的重要海上通道，中国外购的石油和天然气绝大部分来自中东和非洲，外购的矿产资源相当一部分来自西线的非洲国家，其中，从波斯湾经过北印度洋穿越马六甲海峡的航线进口的石油约占中国进口石油总量的50%，从西非、东南非经过南印度洋穿越马六甲海峡的

---

① 储召锋：“亚太战略视域下的美国——东盟关系考察”，载《国际展望》2012年第1期，第14—25页。

② “Stirring up the South China Sea”, *Asia Report* No. 223, International Crisis Group, April 23, 2012, p. 7.

航线进口的石油约占中国进口石油总量的30%。[①] 美国能源信息署预计中国到2035年将会从中东进口70%—80%的原油。[②] 这意味着一旦印度洋运输线路中断，中国的经济和安全将会受到重大影响，印度洋对中国的海上运输安全至关重要。第二，印度洋的最主要国家——印度对中国地缘政治的影响不可忽视。印度是中国西南周边最重要的近邻。就中国的周边战略而言，印度的身份是综合性的，其既是邻国，也是很有代表性的发展中国家，更是进入快速发展轨道的新兴大国，这些身份的组合使印度在中国对外战略的布局中具有相对特殊的地位。[③]

主导印度洋是印度最主要的海洋战略目标，为了主导印度洋，印度在《自由使用海洋：印度的海军战略》中将印度洋划分为必须控制的主要水域和次要水域[④]。美国向来重视对印度洋和印度的战略影响，根据美国国务院解密的档案，早在二战结束印度独立已成定局时，美国国务院内部的一个评估就认为，由于日本已经战败，中国处于内战动乱中，因此印度在亚洲是“一枝独秀”的大国，甚至可能未来取日本而代之，形成有挑战能力的国家。[⑤] 近年来鉴于印度洋日趋重要，美国也开始调整印度洋政策，在2007年的《海军战略》中，对海军和海军陆战队的任务集中区域进行了重新定位，从传统的大西洋和太平洋调整为太平洋和印度洋，2010年发布的《四年防务评估报告》《国家安全战略》以及《新联合司令部计划》也都将印度洋上升到美国战略计划的优先位置。对于印度这样一个在印度洋地区实力最强的国家，美国尤其希望能加以借重。美国一位

---

① 刘新华：“论中印关系中的印度洋问题”，载《太平洋学报》2010年第1期，第48页。

② David L. O. Hayward, “China in the Indian Ocean: A Case of Uncharted Waters”, *Strategic Analysis Paper*, July 2010, p. 2.

③ 赵干城：“中国周边战略中的印度因素”，载《国际展望》2014年第2期，第34—46页。

④ 刘中民：《世界海洋政治与中国海洋发展战略》，北京：时事出版社，2009年版，第340页。

⑤ Baldev Raj Nayar & T. V. Paul, *India in the World Order* (Cambridge: Cambridge University Press, 2003), p. 128.

高级官员曾明确表示:“我们鼓励印度崛起为一个世界大国的中心因素就是中国。”① 而美国新安全研究中心(Center for a New American Security, CNAS)的高级研究员罗伯特·卡普兰(Robert D. Kaplan)也指出:“从军事角度来说,印度的崛起将会是海军的强大,这使印度能够在印度洋上大展手脚……在平衡中国力量方面,印度是一支重要的力量。”② 考虑到中国因素,奥巴马政府特别希望能全面提升与印度的战略伙伴关系,因为奥巴马政府对中国实施的围堵战略就是创造条件使印度成为美国在亚洲军事链条中一个不可分割的部分。美国希望与之建立坚固的联盟“以阻止中国的扩张”。③ 美国的这种做法显然不利于中国与印度洋国家发展友好关系,特别是与印度的关系,因为中印关系本身就比较复杂,印度对中国在印度洋上的活动一直都比较警惕,对中国与印度洋沿岸国家的交往颇有微词。美国的介入使中印关系变得更加微妙。

四是美国能源独立带来中东地区地缘政治调整。得益于2008年以来非常规油气开发技术突破,美国能源即将在15—20年内实现自给自足,进而成为能源净出口国。美国能源信息署预测,美国能源整体对外依存度将从2012年的16%下降到2040年的4%。④ 一旦实现能源独立,美国便拥有了摆脱中东石油羁绊的资本,减少国力消耗,从而将外交战略重心进一步向亚太地区移动,与此同时,中国有可能在2020年后成为世界最大的石油进口国,从而增加了美国利用石油运输咽喉以胁持中国等石油进口大国的砝码,从这方面来看对中国的不利因素将增加。另一方面,美国可能减少全球公共安全

---

① Daniel Twining, “America's Grand Design in Asia”, *The Washington Quarterly*, Vol. 30, No. 3, Summer 2007, p. 84.

② Gen Edward A. Rice, “Book Reviews”, *Strategic Studies Quarterly*, Vol. 5, No. 3, Fall 2011, p. 134.

③ Greg Yellen, “Holding the Tiger by Its Tail: Chinese Maritime Expansion and the U. S. ‘Hedge’ Strategy in the Indian Ocean”, *The Monitor*, Vol. 16, No. 2, Summer 2011, p. 40.

④ EIA, *Annual Energy Outlook* 2014, December 2013, p. 1.

产品供给，当今世界的主要海上通道都由美国军队守卫，美国实现能源独立后，这些海上通道对于保障美国能源安全的重要性将有所降低，美国有可能将部分守卫责任转移给更需要这些通道的国家，从而使中国获得在国际事务中发挥更大作用的机会。[①] 同时，中国作为未来最大的能源消费国将成为各供应国争抢的贸易对象，与中东、非洲和美洲资源供应国的关系将得到全面深化，对于相关地区与国家地缘政治事件的介入程度将有所加深，中国有可能将发挥更大的作用。

三、 岛链封锁的地理不利加剧

中国虽然拥有漫长的海岸线，但近海南北长，东西短，且与太平洋及相邻海区之间的联系为岛屿、海峡所割断，呈现半封闭海区的特征，造成中国出入大洋的通道易为人所控制，属“地理不利性”国家[②]。总体来看，对中国经济社会发展和国家安全具有战略意义的“海洋战略通道”主要有四条：（1）东北向海洋战略通道，即从中国至日本、韩国，并经北纬 40 度至阿留申群岛附近海域到达美国、加拿大及中美洲西海岸海上通道，是中国重要对外贸易通道，约占中国对外贸易的二分之一。这条航道包括东北亚航线和太平洋北航线。东北亚航线主要承载互补性非常强的对日本、韩国及俄罗斯远东海上贸易，是距离最近的对外贸易航线之一；太平洋北航线经日本、阿留申群岛到达美国、加拿大及中美洲西海岸，是中国对北美贸易主要航线。（2）东向海洋战略通道，即从中国沿海港口经关岛、夏威夷群岛到美国西海岸或经巴拿马运河到中南美洲各港口的太平

① 张茉楠：“美国能源独立影响全球大格局”，载《宏观经济管理》2012 年第 6 期，第 87—89 页。

② 胡波：“中美在西太平洋的军事竞争与战略平衡”，载《世界经济与政治》2014 年第 5 期，第 64—84 页。

洋航线，是中国从巴西、委内瑞拉等国进口石油、铁矿石以及其他重要战略物资的一条运输通道。（3）东南向海洋战略通道，即中国至澳大利亚、新西兰并延伸至智利、阿根廷的南太平洋航线，是中国最重要有色金属资源进口通道。（4）西南方向海洋战略通道，包括经南海与东南亚诸国的经贸航线，以及通过马六甲等海峡后经印度洋通往中东、非洲、欧洲和南美东海岸的航线。西南方向海洋通道运送着中国大部分能源资源等战略物资，航线漫长，历经海峡、水道众多，且具有不可替代性，是中国最重要海洋战略通道。其中，东南亚航线既是中国天然气、石油、橡胶、木材等重要物资进口航线，也是中国对东南亚诸国最重要贸易航线，还是前出印度洋必经之路；西北欧航线经东南亚、印度洋，绕过好望角（或经苏伊士运河），到达地中海，是中国与欧洲相联系主要通道；北印度洋航线经南中国海出马六甲海峡，或出巽他、龙目、望加锡等海峡，至南亚诸国和波斯湾航线，是中国最重要石油航线；南印度洋航线经东南亚、好望角至西非，还可延伸至南美东海岸，是中国从非洲进口石油和对非洲贸易主要航线，也是中国从巴西等国进口铁矿石、铜、石油等物资的重要补充和替代航线；中印度洋航线经东南亚、印度洋至中非各国东海岸。

这些通道具有以下特点：一是海上通道需跨越的海峡要地多被它国所控，通道安全受制于人。经常使用的通往太平洋和印度洋的海峡水道，除台湾海峡外，基本都被别国控制。如：大隅海峡为日本所控制，马六甲海峡由马来西亚、新加坡和印度尼西亚三国共同控制和管理。一旦发生海上危机或冲突，海上战略通道被他国封堵的可能性存在。二是分布不均，地位作用差异大。北少南多，即台湾海峡以北的通道较少，而众多的海峡水道都集中在南部，如马六甲海峡、巴士海峡、巽他海峡、望加锡海峡、龙目海峡等。北轻南重，北部航道战略运输比重比较低，南部的这些咽喉要道是中国贸易和能源运输的必经之路。三是线长面广，保障安全难度大。4 个方向的海洋通道，除通往东南亚和东北亚港口的航道稍短外，其余通往中东、非洲、欧洲、大洋洲和美洲的海洋通道均十分漫长。例如：从西非经好望角、马六甲海峡到中国的航道长约8000海里，从波斯湾经马六甲到中国港口的航道长达5500—6500海里。在这样的航道上，大型油轮以正常速度航行，往返一次需50—80天。由于海洋通道范围越广、穿越时间越长，海上通道发生安全问题的概率就越大，因此保障通道安全的难度明显加大。

美国是“岛链封锁”政策的创造者和执行者，因此也是影响中国海洋通道安全的最大因素，对中国海洋通道构成最大的潜在威胁。美国在第二次世界大战期间及之后强占了太平洋上的大部分岛屿，并逐步将势力扩展到西太平洋部分国家的领海和领土，建立了“三条岛链”的防御圈，涵盖广阔的太平洋区域。冷战结束后，中国成为美国岛链封锁的最主要对象。[①] 随着中国对外经济和国家安全的需要发展，岛链封锁和海上通道风险对中国海上安全的影响愈加突出，且随着美国战略东移而更加凸显。一是从海防安全的角度来看，中国沿海方向的岛链是美国攻防和封杀中国的依托和堡垒，是阻止中国海军的重要防线。一方面岛链对中国海军形成了多层次、宽海域、大纵深的三线合围态势，“把中国海军封锁在被美国视为‘院门’的第一岛链之内”，严重削弱和限制了中国海军海上作战范围与能力。特别是第一岛链从军事上来说还是一条反潜线，即在此岛链范围内，美国及其盟友能运用各种军事手段有效降低中国潜艇部队作战效能，从实质上削弱中国进攻性海军力量，尤其是削弱带有核弹头的中国海基核打击力量。另一方面岛链成为美国从海上对中国本土进行威慑和军事打击的前进基地，由于第一岛链距离中国大陆较近，纵深仅有200海里，对于现代战争而言这个距离在中远程火力

---

① 史春林、李秀英：“美国岛链封锁及其对我国海上安全的影响”，载《世界地理研究》2013年第2期，第1—10页。

的攻击范围之内，这就使美国在军事上具备了压制中国海空军的地理优势，美国在第一岛链上部署的兵器可以轻易、有效打击中国沿海目标，从而缩小了海上方向的防御纵深。二是从经济发展的角度来看，中国与228个国家和地区建立了贸易关系，开辟了30多条远洋运输航道，通达世界150多个国家和地区的1200多个港口，海洋通道具有“东接市场（日、美），西接能源（中东、非洲）”的显著特征。海上通道一旦受阻或遭到破坏，必然危及国家经济命脉。按照2012年石油进口规模计算，每天经过马六甲海峡输往中国的石油约50万吨，马六甲海峡每关闭一天，由石油供给缺口给中国带来的经济损失约100亿元。

在可预见的未来，中国很难突破第一岛链以外的封锁。美军判断，未来10—20年，中国海军将具备阻止美国军事力量进入第一岛链甚至第二岛链内海域的能力和限制其行动自由的“区域拒止”能力，能够打击美军前沿基地和部队，迟滞其进入作战区域，最终使得美军丧失战略和作战主动权，从而不得不与中国进行妥协。[①] 然而，美军将继续维持在第一岛链以外海域的海洋霸权。美国海军依然是全球最强大、最训练有素、最专业的海上力量。美国的水面战斗编队在同敌方的任何舰机进行正面交火时，仍能获得压倒性优势。美国海军是世界唯一一支已完成信息化革命的、全球布局的力量。在无可匹敌的目标跟踪瞄准系统和作战网络的支持下，美国战舰在打击范围及生存能力方面都远远超越对手，尤其是在远离对手腹地的大洋深处。更重要的是，中国在盟友网络和海外基地方面相对美国而言处于绝对劣势，在相当长的时期内，都不太可能有效弥补。在缺乏海外基地和盟友军事政治支持的情况下，远离大陆的中国力量将很难有所作为。在可预见的将来，中国很难彻底改变自身海洋

① Center for Strategic and Budgetary Assessments, “*Air Sea Battle: A Point of Departure Operational Concept*”, May 2010, pp. 17 - 30, http://www.csbaonline.org/publications/2010/05/airsea-battle-concept.

地缘上的不利条件，也不太可能在整个西太甚至世界海域内获得战略优势。中国的中程弹道导弹、反舰巡航导弹、远程隐形战斗机等的作战半径虽然远超第一岛链，具备一定的战斗力，但其在相对长的跨越岛链飞行过程中将遭遇密集防空反导力量的截击，其作战效能将有所减弱。

四、 有可能刺激海上军事竞赛升级

在美国战略东移的影响下，中国周边国家在军事上不断有新的动作，将对中国维护海洋权益和海洋安全造成影响。

一是使海上安全受到的直接威胁增大。其中最明显的当属日本近来解禁集体自卫权。美国历来支持日本在安保方面发挥更为积极的作用。2014 年以来，美国对日本解禁问题的支持更加明显，当年 4 月 22 日，奥巴马在访日时首次明确表示美国欢迎并支持日本政府关于解禁集体自卫权的考虑。美国副总统拜登、副国务卿伯恩斯、负责亚太事务的助理国务卿拉塞尔，以及 5 月美国国会通过的《国防授权法》都发出了相同的表态。2014 年 7 月 1 日，日本内阁会议正式通过了有关“行使集体自卫权的宪法解释”的决议案，并提出新的“武力行使三条件”：（1）日本遭到武力攻击，或与日本关系密切国家遭到武力攻击，威胁到日本的存亡，从根本上对日本国民的生命、自由和追求幸福的权利构成明确危险；（2）为保护国家和国民，没有其他适当手段可以排除上述攻击；（3）武力行使限于“必要最小限度”。[①] 联合国宪章对集体自卫权的解释是当友好国家或同盟遭到武力攻击时，没有遭到直接攻击的同家也可以动用武力帮助阻止这种攻击。具体到美日之间，虽然多一个帮手总是有利的，

① 李成日：“日本解禁集体自卫权的举措与影响”，载《国际问题研究》2014 年第 4 期，第 59—71 页。

但实际上美军基本不需要日本自卫队的保护，而且自卫队的现有能力也无法与美军协同作战。美国之所以一直坚持要日本解禁集体自卫权，主要是希望日本能够因此而变得更为外向，做好充当美同全球伙伴的准备，这不仅可以降低美国开展海外行动的成本，而且还加强了中日之间的对抗性。

二是使海军发展成本和代价增加。自新中国成立后，防止强敌干涉中国主权和国防安全就成为中国军队的最重要任务，美国始终是重要防备对象，无论是统一台湾，还是保卫在钓鱼岛及南沙群岛的主权，中国不得不认真应对美国的介入。美国在亚太地区广泛的防卫承诺使得美军成为中国捍卫主权的最大第三方障碍，中国在该地区的任何军事行动均可能遭到美军的掣肘甚至是干预，其干预形式可能包括：利用本国军事优势，对于中国建设和发展施加巨大压力，破坏中国海军现代化建设既定发展战略；通过强大海军的武力炫耀和威胁，抵消中国海军现代化的成果和海军发展的努力；对中国海军实施严格的技术封锁，从法律上规定禁止两国军队包括海军交往的领域，特别是高端技术领域，拉大中国海军与美国海军的“技术差”乃至形成“时代差”；甚至不排除美国图谋通过战争方式在中国海军强大前将它扼杀，历史上一些海洋强国对于自己的对手常采取“预防性战争”方式根除其威胁，导致这些国家海军建设进程被打断。建设海军对任何国家来说都是昂贵的工程，需要国家投入巨大的资源，中国实行防御性国防政策，不能与海洋强国进行军备竞赛。但是，美国针对中国发展尖端武器将迫使中国不得不研制发展必需的应对手段，这又有可能造成沉重负担。一旦把握不好，就很容易被美国拖入军备竞赛或非对称性军备竞赛而付出巨大的成本代价。

由于地区安全局势变化和潜在冲突发生的几率增大，中国周边国家竞相投入巨资加强军备建设，日本宣布“全球鹰”无人机采购计划，随后韩国推出“爱国者－3”导弹防御系统采购计划，印度则抛出了600亿卢比军事设备采购案。美国在亚洲的盟国及伙伴关系国特别注重提升海军能力，日本、印度、澳大利亚等国都纷纷加大了海军力量建设。例如，2012年，菲律宾通过武装力量现代化法案，拨款20亿美元以提升军事能力。韩国、马来西亚、菲律宾、泰国、越南、文莱、新加坡等国都加紧采购和升级各类战舰和军机。由于潜艇是一种有效的海上区域封锁装备，东南亚国家纷纷采购潜艇。新加坡正对其潜艇舰队进行现代化升级，马来西亚已接受2艘"鲇鱼"级潜艇，越南已订购6艘"基洛"级潜艇，印尼正从韩国购买潜艇，泰国和菲律宾确认了拥有潜艇的计划，澳大利亚最近要求建造12艘大的常规潜艇。亚太地区军备竞赛的升级一方面延缓了各国经济发展速度，另一方面在一定程度引发不必要的敌意，对中国的地缘政治环境和经济发展环境均产生消极影响。

第二节　应对美国战略东移的海洋战略思考

当前，中国正处于实现中华民族伟大复兴的重要阶段和全面建成小康社会的关键时期，作为发展中的海洋大国在海洋有着广泛战略利益。海洋已成为中国缓解资源环境瓶颈的重要保障、发展外向型经济的重要通道和维护国防安全的重要前沿，随着中国开放型经济的日益深化和国际地位的不断提升，海洋在国民经济和社会发展全局中的战略地位将更加明显。中国的海洋战略选择将是未来一个时期影响中国整体发展方向的最重要选项之一，正如习近平主席所言"海洋事业发展得怎么样，海洋问题解决得好不好，关系我们民

族生存发展，关系我国兴衰安危”①。对中国而言，中美关系目前已是并将仍然是最重要的对外双边关系，应对美国国家战略东移将是中国崛起特别是海洋战略选择中最为关键和棘手的问题。

一、 未来一个时期的国内外形势

（一）国际环境日趋多变，但仍以和平发展为主题

1. 政治经济方面

全球发展不平衡加剧，国际规则体系和全球治理呈“碎片化”趋势。霸权主义、强权政治和新干涉主义有所上升，国际能源新格局引发地缘政治经济变动，俄罗斯同美欧的关系可能重新洗牌，守成国家与上升中的新兴国家间潜伏着矛盾关系，朝核、中东以及其他区域热点问题“外溢效应”显现，全球化、高科技化导致使用新式传播媒介的新型恐怖主义威胁上升，网络等新安全领域风险凸显。世界多极化不断深入，科技革命孕育新突破，新兴市场国家和发展中国家整体实力增强，多个发展中心在世界各地区逐渐形成，国际社会日益成为你中有我、我中有你的命运共同体，国际力量对比朝着有利于维护世界和平方向发展。

经济全球化和地区经贸一体化的势头日益强劲。为反映世界各国经济贸易和生活方式的紧密联系，麦肯锡全球研究所（McKinsey Global Institute）研究报告提出了一个全面衡量全球化的新指标——连接性指数。该指数在2008年金融危机前达到峰值，后随着金融危机的爆发而陡降，2014年该指数呈现复苏态势但仍大大低于2007年高点，其中，商品和服务的流动已经超越2007年的高点，金融流动仍低于危机前水平将近70%，从占全球GDP的21%降至2012年的

① “习近平在中共中央政治局第八次集体学习时强调：进一步关心海洋认识海洋经略海洋推动海洋强国建设不断取得新成就”，http：//www. soa. gov. cn/xw/ztbd/2013/dbchy/dbcjtxx/201308/t20130827_ 27125. html。

仅5%。即使如此，经济全球化态势仍不会改变，2014年全球35%的商品都是跨境的，而1990年这一比例为20%，全球超过1/3的金融投资为国际交易，1/5的互联网流量为跨境流量。据预测，到2025年全球流动还将提高两倍。一定程度上反映出世界经济政治化、世界政治经济化的更大互动，无形中加大了各国之间尤其是主要国家之间发动战争、以武力解决问题的代价，为塑造和平的国际环境创造了有利条件。

国际组织和相关安全机制的建立和生效成为维护国际安全主流。第二次世界大战结束以来，尤其是冷战终结之后，国际制度乃至总体国际关系的一个进步趋势是，各种军事霸权、政治威权、外交强权虽然没有消失，某些时候甚至强势显现，但它们受到的有形无形约束在增多，优先性和权重均有所下降。20世纪是主要国际制度诞生和作用的世纪，它的重要特点是：针对两次世界大战和若干重大局部战争的严重后果，战争与和平问题始终是各国决策者和民众关注的首要事项，与此相应国家间军事关系保持了在国际制度创造过程中的优先位置。一战后建立的国联和二战后诞生的联合国，作为全球最大最重要的国际组织和法律制度，目标旨在防止两次世界大战的悲剧再度发生。联合国系统中的多数国际制度与规章，如国际原子能机构、安全理事会、人权委员会和难民署以及维持和平行动，占有了大多数国际资源，排在各国政府议事日程的最前面，成了国际社会关注和国际组织活动的绝对重心。联合国秘书长在解决地区热点事务中调解作用增强，安理会决议的特定威慑力和道义影响力提升，各个地区联盟的安全对话与协调密集化，这些为防止大规模国际冲突提供了对话平台和协商机制。

总体来看，当今世界虽然正在发生深刻复杂变化，但和平、发展、合作、共赢仍是时代的潮流和主旋律，各国已经被深深地“网”在一起，再强大的国家也不可能单打独斗、独善其身，同舟共济、合作共赢已不是一种选择，而是别无选择。尽管国际关系仍将处于

结构性转变与调整中，但在向新的格局的转变中，不会产生新的分裂与对抗，由于新的对抗所导致世界大战的可能性极小。

2. 海洋领域方面

海洋成为新时期各国争夺战略优势的焦点。随着开发利用潜力、战略通道功能和国际战略价值不断显现，海洋逐渐成为各国在新一轮竞争中夺取战略高地的重要领域。一方面，国际海洋事务围绕着创设海洋法律新规则、抢占海洋科技“制高点”、开展海洋合作等问题发生变化，美、欧等在大洋、南北极和公海生物资源利用等领域展开的“蓝色圈地运动”中力争主导建立国际新秩序。另一方面，主要海洋国家纷纷制定和调整海洋政策，美国出台《美国海洋政策实施计划》，日本竭力推行海洋基本计划，俄罗斯重塑海洋大国战略，印度出台《海洋新战略构想》，这些调整将对海洋乃至政治经济格局产生深刻影响。

与全球海洋文明时代相衔接的海洋外交兴起值得关注。“海洋主权”进入国家主权视野，随着民族国家的发展壮大以及海洋的价值被认识和传播，海洋与民族国家之间出现了相融的趋势。[①] 同时，海洋在国家安全中的角色发生了转换，蜕变为一种维护国家安全的载体，即通过建设强大海上军事力量来实现维护濒海国家安全的目标。随之而来的是各国对国际海洋战略通道日渐敏感，以马六甲海峡、霍尔木兹海峡、苏伊士运河、巴拿马运河、直布罗陀海峡等为代表的国际战略咽喉要道成为各国争相利用、控制的战略要冲。与上述几点相适应，海洋问题日益显现出“外交化”趋势，海洋与外交的“联姻”已成为全球化时代的一个新外交现象。无论是历史上各国围绕《联合国海洋法公约》的制定而展开的漫长谈判，还是近年中国、韩国、俄罗斯与日本关于岛屿归属和海洋划界的东亚海域争端，抑

① 马建英：“海洋外交的兴起内涵、机制与趋势”，载《世界政治与经济》2014 年第 4 期，第 54—80 页。

或是全球为打击国际海盗、海上恐怖主义、海上走私贩毒等涉海国际犯罪而开展的海上非传统安全合作治理，都成为各国外交不得不重视的对象。

经济增长格局调整将对海洋经济发展产生重大影响。近年来，发达经济体特别是美国复苏步伐加快，而新兴经济体增速有所放缓。美日欧实施“再工业化”政策吸引中高端制造业回流，发展中国家凭借成本优势承担劳动密集型产业，分工格局有所变化。美国等老牌发达国家希望通过“跨太平洋伙伴关系协定”、“跨大西洋贸易与投资伙伴协定”等巩固小多边集团，推进全球规则重塑，固化自身对世界经济的主导优势。这些都将促使世界及中国海洋经济结构和布局进一步调整，并对中国的海洋发展战略布局等产生重大影响。

能源版图改变和全球气候变化使海洋发展面临变数。国际能源格局呈现“西倾东移”的新特点，一方面，西亚、北非地区局势持续动荡，美国、加拿大非常规能源开发取得突破，西方国家对中东等传统能源产地投入的减少倒逼中国投入更多精力维护海上能源运输战略通道安全。另一方面，中国、印度等亚洲新兴经济体成为世界能源需求增长的主要地区，而中国传统能源供应逐步趋紧，能源供求矛盾将长期存在，对海洋能资源利用提出更高要求。围绕碳排放的博弈仍错综复杂，应对海洋生态环境、防灾减灾、国际合作、北极航道利用等问题日趋紧迫。

（二）国内发展形势复杂，对海洋的依赖有增无减

从国内看，中国仍是世界上最大的发展中国家，将长期处于社会主义初级阶段，化解各种矛盾和风险，跨越“中等收入陷阱”，实现现代化根本要靠发展。国内市场潜力巨大，社会生产力基础雄厚，科技创新能力增强，全面深化体制改革将不断增加发展的内在动力和活力，这些为发展提供了有利条件。但发展也面临不少挑战，经济发展进入新常态，正处在经济增速换档期和结构调整阵痛期等爬坡过坎的关口，增长速度由较长时期的两位数增长进入个位数增长

阶段，发展质量和效益亟需提高，区域结构、城乡结构、产业结构的调整刻不容缓，突破资源环境瓶颈制约、化解产能过剩矛盾、促进区域协调发展、保障和改善民生的任务都十分艰巨。中央政府敏锐地意识到，各种体制缺陷仍是中国能否实现均衡、包容、可持续发展的主要障碍，必须下决心全面推进各项改革。

中国政府愈加重视海洋领域发展和海洋战略应对。中共十八大提出“提高海洋资源开发能力，发展海洋经济，保护海洋生态环境，坚决维护国家海洋权益，建设海洋强国”。中共中央政治局随后就建设海洋强国研究专门进行集体学习，强调“建设海洋强国是中国特色社会主义事业的重要组成部分……对推动经济持续健康发展，对维护国家主权、安全、发展利益，对实现全面建成小康社会目标、进而实现中华民族伟大复兴都具有重大而深远的意义。要进一步关心海洋、认识海洋、经略海洋，推动我国海洋强国建设不断取得新成就。”国务院 2015 年政府工作报告则进一步指出“要编制实施海洋战略规划，发展海洋经济，保护海洋生态环境，提高海洋科技水平，加强海洋综合管理，坚决维护国家海洋权益，妥善处理海上纠纷，积极拓展双边和多边海洋合作，向海洋强国的目标迈进”。

“一路一带”战略构想赋予中国海洋事业发展新的使命。中央提出建设丝绸之路经济带和 21 世纪海上丝绸之路，标志着中国对外开放水平进入新的阶段。推动与东南亚、南亚、中东、东非国家互联互通，建设海上丝绸之路关键在“海上”，为海洋事业发展提供了新机遇：一是基础设施互联互通，围绕关键通道、节点和重点工程，构建联通内外、安全通畅、多元互补的海上通道；二是深度参与港口运营、航道维护和航线安全保障；三是鼓励涉海企业走出去，打造投资合作平台，合作建立一批海洋经济示范区。四是海上丝绸之路建设也面临着与不同国家海洋权益争议、海盗等非传统安全威胁、部分沿线国家政权不稳等挑战。

海洋与国家安全的关系越来越密切。亚太目前是世界上热点最多最热、战争威胁最严重的地区，且多与中国直接相关并作用于海洋问题，此状态未来一个时期仍将持续。半岛局势持续动荡，美韩加强在黄海和日本海的军事部署和行动，加大对朝制裁力度，朝鲜与美韩之间再次发生军事摩擦和冲突的可能性不能排除，直接影响中国东北边境地区乃至战略全局的稳定。台海局势发展的不确定性较大，两岸关系虽已步入和平发展和制度化协商的轨道，但政治生态本土化发展势头没有停止，美国“以台制华”战略没有放弃，考虑应对美、日等强敌的军事干预，在台海方向打一场局部战争乃至实施大规模作战的可能性不能完全排除。南海问题日益复杂难解，国际化趋势明显。东海局势并无明显出路，中日东海矛盾和冲突将趋向严峻。

海洋权益问题同社会稳定的联系愈加密切。近年来，民众对维护海洋权益的热情和呼声日益高涨。黄岩岛事件，朝、韩、越、菲等国非法抓扣中国渔民在各类媒体、网络平台引起广泛关注。钓鱼岛事件引发多地民众自发抗议游行和极少数过激行为，影响社会和谐稳定。虽然中国已开始采取南海采油、南海种岛等措施扭转被动局面，但海上维权战略防御态势短期内仍难以改变，部分国内民众对海洋维权成果期望过高过急，中国仍将面临维权与维稳的双重压力。

（三）妥善处理中美关系

进入21世纪特别是金融危机以来，中美关系突出呈现两大背景：一是中国成功应对危机，经济规模持续扩大，迅速走到国际政治和全球治理的前台；二是发达国家经济、金融体系遭受重创，复苏进程曲折缓慢，欧债危机愈演愈烈。在此形势下，美国为克服自身困难愿与中国加强合作，让中国承担更大的“国际责任”；中国则愿为稳定全球金融形势、推动经济复苏多做贡献，以化解美国和外部世界的戒心和忧虑。中美两国的内部发展、对外战略和相互关系，对世界经济、政治正产生越来越重要的影响，中美关系已成为“世界上最重要的双边关系”[①]。

未来一个时期内，中美实力对比的总体态势是“中国实力在上升，中美实力差距缩小，但美国依然可以压倒中国”。美国在军事上依然是超群的，它干涉世界各地事务的愿望和能力依然强烈而有力，但美国在军事战场之外的失败到处可见，支撑美军战斗力的财政资源受到更多约束，来自联合国和其他大国的制衡越来越明显，最近半世纪里几乎每隔一二十年美国介入全球大型冲突的能力就要降低一个层次（从宣称“同时在两个半战场作战”，到“同时在两个战场作战”，直至近期所说的“同时在一个半战场作战”）。[②] 与此同时，中国日益崛起的态势却加速显现。中美间状态的对比导致了两个方面的后果：一方面，美国试图以更大的力度防范和制约中国崛起，在其对华“接触加防范”的两面政策中，防范的一面明显上升，美国试图通过“重返亚洲”，加强在亚太地区的军事、经济存在，挤压中国的战略空间。另一方面，中国上升中的实力优势地位，使一部分周边国家，尤其是那些与中国存在领土领海主权争议的周边国家倍感压力。在当前的力量结构下，美国挤压中国战略空间的企图，与周边国家对中国日益增大的担心，两者之间很容易找到契合点。即使如此，由于当今中美博弈的起因及背景不同以往，它将呈现“长周期”、“低烈度”的特点[③]。

综上分析，中国的发展进入了关键时期，内外重大矛盾和战略挑战的多层叠加、密切联动呈现出显著特点，内忧外患的叠加使中国长期处于战略敏感期、紧张期和摩擦期。一方面随着改革的深化，前所未遇的新问题如重重山关，内部压力剧增；另一方面随着中国

---

① 王缉思等：“构建中美战略互信”，载《国际经济评论》2012 年第 2 期，第 9—16 页。

② 周方银：“周边环境走向与中国的周边战略选择”，载《外交评论》2014 年第 1 期，第 28—43 页。

③ 林宏宇、张帅：“超越困境：2010 年以来中美安全博弈及其影响”，载《国际安全研究》2015 年第 2 期，第 61—80 页。

的崛起，全世界正在重新审视中国，外部压力也必然骤增。[①] 海洋问题也随之变得联动而复杂，无论是国内政治、经济、社会及文化领域存在的问题，还是与外部世界的关系，以及被视为“挑战者”的中国与霸权国美国的较量，无一不是如此，如果处理不当将产生严重后果。统筹国内、国外两个大局，坚持历史和逻辑的统一，在吸收借鉴历史经验，深入分析国情、海情的基础上，制定并颁布国家海洋战略，集中力量于战略重点，保证在国内、周边和对美三个方向上的重点突破，夯实基础，为向世界强国冲刺创造机遇和条件，已刻不容缓。

二、 争取有限海权

（一）美苏海权扩张的历史启示

世界近代史上，西方列强争夺海洋利益和海上霸权此起彼落，不断更替。19 个世界强国成功经验的共同之处就是选择了走向海洋的国家战略，由此造就了 15 世纪的葡萄牙、16 世纪的西班牙、17 世纪的荷兰、18 和 19 世纪的英国、20 世纪的美国等海上霸权国家。[②] 因此，海洋主动性是对近代世界强国盛衰演变历史中关键主导因素的归纳总结，而且力争海洋主动性正在逐渐成为当今世界各国日益清晰的一条强国思路。在世界海权兴衰交替 500 余年的历史进程中，控制和利用海洋一直是世界大国追求的目标，然而其追求海权的历史命运则截然不同。有的国家通过发展海权实现了国家长久的强盛（英、美），有的国家则惨遭失败乃至国运衰落（法、德），有的国家则很快完成了从崛起到衰落的蜕变（葡萄牙、西班牙、荷兰），还有的国家对海权追求一方面促进了国家崛起，但过度追求又

---

① 俞正樑：“中国进入战略挑战期的思考”，载《国际观察》2011 年第 6 期，第 1—7 页。

② 陈建东等：“争取海洋主动性是我国强国战略的必然选择”，载《太平洋学报》2011 年第 6 期，第 85—95 页。

成为国家衰落的根源（俄—苏）。因此，借鉴历史的经验对实现中国海洋强国的长远建设和可持续发展具有重要意义。美国是当今世界唯一的超级大国，是公认的世界唯一海上霸主，也是距今时间最近的大国海上崛起范例，俄罗斯（苏联）曾经是与中国政治制度最相近的国家，曾与美国海上力量一争高低，也是由盛而衰的典型范例，比较这两个国家在海洋战略方面的异同，总结美盛苏衰的经验和教训，对中国在和平崛起过程中应对美国战略东移和海洋战略调整具有重要意义。

1. 美国的有关经验

美国作为一个国家诞生的过程，就是与海上霸权国英国斗争的过程，这一特殊背景使美国立国时就认识到了海上力量的重要性。美国国父华盛顿当时曾指出："在当前的战争中，陆上部队所做的努力再大，海军仍有决定性作用，因为美国和英国的军队在战场上都必须依赖海上补给。"① 虽然独立后的一段时间，美国视海军为陆上防御的附属，也存在孤立主义和扩张主义之争，但随着美国经济的增长和国力的提升，扩张型的海洋战略总体上居于主导地位。尤其是在马汉《海权论》的影响下，美国海军经过一个多世纪的经营和对外战争，逐步从加勒比海走向大西洋、太平洋，成为至今仍主导全球的海上力量。美国的成功经验包括：

第一，以经济发展为原生动力，实施循序渐进的海洋战略。虽然美国独立战争期间就认识到了海洋对国家安全的重要性，但直接驱动美国成为海上强国的动力还是来自经济和贸易。从 1820 年到美国南北战争前的 1860 年，美国的工农业高速发展，出口贸易增长近 5 倍。南北战争结束后，美国的经济和贸易继续保持快速增长势头，美国商界对维护海上航运通道和海外市场的要求日益迫切，而经济实力的提升也为打造海军奠定了坚实的物资基础。正是在这一背景

① 雷墨："大国海上崛起之鉴"，载《南风窗》2013 年 11 期。

下，马汉的《海权论》应运而生，美国19世纪后期以来海军发展的思路，基本遵循这一理论。21世纪美国“重返亚太”的战略，着眼点也是亚太地区活跃而繁荣的经济和贸易。可见美国海洋战略是“经济驱动+战略跟进”，经济发展需求是调整海洋战略的内在动力，海洋战略的调整为经济发展提供条件，两者互为支撑，相得益彰。

第二，美国的崛起具有一定的包容性，使霸权国愿意接受现实。[①] 独立后的美国处于以海洋强权为主要特征的英国霸权时代，英国舰船游弋在广阔的海洋上，控制着海上通道和战略要地。美国与英国之间存在着利益冲突，也存在着战争的潜在威胁。美国在与英国的长期互动中，极力加强战略合作，强化彼此间安全认同，增信释疑，实现和解，避免对抗。美国承认英国既得海权利益，选择太平洋方向拓展海权，避开了英国的锋芒，在竭力不与其发生大规模冲突的情况下，为美国崛起赢得了宝贵的时间和空间，最终实现了世界权力的和平转移。

2. 俄罗斯—苏联的有关经验

与美国相比，俄罗斯—苏联崛起过程则有所不同。从16世纪开始，俄罗斯沿西、南、东三个方向走上全面追求海权的道路。西进波罗的海——大西洋，这是俄罗斯海洋战略最成功的部分，它直接促进了俄罗斯的崛起，使其通过圣彼得堡的建立具有了海权国家的特性。南下印度洋，这一战略由于受到英美等海权国家的遏制而屡遭挫折，除早年在黑海有所收获外，后来在土耳其、伊朗和阿拉伯国家、阿富汗三线都遭遇沉重打击。东进太平洋，取得了通向太平洋的入海口海参崴，并以此为基地建立了太平洋舰队，成为俄罗斯—苏联在远东地区施加影响的主要砝码。三个方向的海权扩张，除南下目标没有实现外，在波罗的海、黑海和日本海，俄罗斯—苏联都打开了通向海洋的通道，从而使其身处欧亚大陆腹地的地缘政治

① 俞正樑：“中国进入战略挑战期的思考”，载《国际观察》2011年第6期，第1—7页。

缺陷得以改变。[①]

但过分的海权扩张对俄罗斯—苏联的发展也产生了重要的制约作用和消极影响：第一，受内陆国家地缘政治结构以及过于贪婪的海权扩张野心的制约，俄罗斯—苏联背上了同时发展陆权与海权的沉重负担，力不从心，难堪重负。第二，由于多方位的海权扩张，俄罗斯—苏联在战略上树敌太多而疲于应付，其经济与军事发展尤其是综合国力难以支撑。在不同历史阶段英、法、德、日、美都曾经成为其海权扩张的敌手，甚至在某一区域或某一历史时期，俄罗斯—苏联要面对数个海陆强国的夹击。在历次海战中，除了对相对弱小的瑞典海军、土耳其海军小有胜利，并与英国联手战胜过拿破仑的地中海分舰队外，很难与英美海军，甚至德国、日本的海军争雄，并有克里米亚战争和日俄战争惨败的记录。[②] 第三，地处欧亚内陆的俄罗斯—苏联，在许多地区需征服并跨越数个陆权国家和地区才能将自己的势力扩展到海洋，导致其不断将异族纳入帝国版图，造成异常复杂的地缘政治结构，影响延续至今。

总体来说，俄罗斯—苏联把目光转向海洋，起决定作用的是彼得大帝的雄才大略，而非当时已严重落后于时代的俄国农奴制经济。苏联在 20 世纪 60 年代后海洋战略转向，也不是经济发展使然，直接动因是与美国争夺世界霸权。虽然苏联在上述领域的确成绩斐然，但与美国不同的是，苏联海上力量扩张属于“战略驱动”型，缺乏经济上的内在诱因，带有明显的彼得大帝时代的“单纯扩张”特征。即使在经济鼎盛时期，苏联也算不上世界贸易大国。1950 年苏联外贸占世界贸易总额比重是 2. 6% ，1981 年也仅为 3. 8% 。贸易上的弱势导致苏联海上扩张势头缺乏内生动力，经济上的短板则导致苏联

---

① 刘中民：“中国海洋强国建设的海权战略选择——海权与大国兴衰的经验教训及其启示”，载《太平洋学报》2013 年第 8 期，第 74—83 页。

② 姚晓瑞：“地缘环境对俄国海军发展的影响”，载《广播电视大学学报》1999 年第 3 期，第 108 页。

海洋强国战略不具有可持续性。①

3. 比较与启示

美苏海权兴衰的不同过程和不同结局对中国的启示主要有两点。② 其一，海权论之于国家权力的影响根据各国具体情况是不一样的，其产生作用的强弱与一国的地缘政治特点以及国家的整体战略密切相关，单纯迷恋于对海洋的控制以换来巨大利益与军事优势的思维会给国家造成极大的负担与负面影响。马汉的海权论不可避免地放大了海权的影响力。事实证明一国的海权发展应当服务于总的战略目标与国家利益，取决于国家整体实力与其地缘政治特征，并作用于国际环境。其二，海权论产生的时代是“社会达尔文主义”盛行的时代，这种把国家也视为有机体，只有在不断扩张中才能生存下去的思维，遵循的是“弱肉强食，适者生存”的逻辑。因此早期的地缘政治理论导向易于引起大国间的军备竞赛与战争，必然导致世界大国在争夺战略通道与海外利益的过程中陷入“对抗性思维”的排他性垄断，各大国之间海军军备的相对发展就变得越来越敏感。而二战结束后，世界格局发生根本性转变，和平与发展成为时代主流，战争与冲突已成为局部矛盾，以军备竞赛和国际战争为主题的海权之争已越来越难以适应全球化发展。

因此，中国海洋战略选择应遵循的基本原则至少应包括以下两方面：一是中国既要通过发展海权推动海洋强国建设，但又必须高度重视各种复杂因素的制约，走有限性、区域性海权的发展道路，有限性和区域性的界定应是服务于国家经济利益和核心利益；二是妥善处理与现有霸权国家即美国的关系，走以和平方式为主的海上崛起道路，避免主动挑战以美国为首的现有霸权体系和国际秩序体系。

① 雷墨：“大国海上崛起之鉴”，载《南风窗》2013 年 11 期。

② 郑义炜：“陆海复合型的中国发展海权的战略选择”，载《世界经济与政治论坛》2013 年第 3 期，第 20—30 页。

（二）有限的战略需求只要求中国获得有限海权

受自身发展实际和美国影响，中国不追求传统海权论的目标即争夺世界各大洋与重要航道的控制权，建立一支能够在全球与其他海权国一决雌雄的海军，中国也不仅是带有一定海洋色彩的传统陆权大国。中国的海权发展之路，应该是海洋权益与海上力量的统一。中国特殊的地缘政治条件与和平发展的理念决定了中国的海权是一种有限海权，追求的正是成为一个与其陆海复合型国家身份相匹配的海陆兼备的国家。中国应争取有限海权的缘由可归结为战略需求、地缘环境和国家实力三个原因。

关于战略需求，有专家指出，当前中国的国家大战略有三种基本需求，即发展需求、主权需求和责任需求。从长远讲，三种需求是互利的，但在局部的时间和空间内又会产生重大矛盾，甚至在同一需求自身内部也存在一定的矛盾。[①] 中国国家大战略要满足多重战略需求这一基本现实，要求中国海洋战略的构建要服务于国家大战略的多重战略需求，并有效弥合或减缓不同战略需求之间的矛盾张力，进而服务于国家大战略的实现。目前来看，中国海上利益主要包括两个方面：

1. 经济发展利益

利用两个市场、两种资源，实施“大进大出”，是中国经济对外开放30多年来形成的基本格局，沿海地区已成为中国人口密度最大和经济、社会发展最快的地区，海洋是支撑这一格局的重要载体。目前，中国经济的对外依存度已高达60%，对外贸易运输量的90%是通过海上运输完成的，2009年中国对外贸易出口量世界第一。1978年到2009年31年间，中国对外贸易额逐年增长，年均增长率达21.6%，占世界贸易总额的比重由1978年的0.8%提高到2009年

① 刘中民：“国际海洋形势变革背景下的中国海洋安全战略——一种框架性的研究”，载《国际观察》2011年第3期，第1—9页。

的8.8%，从世界第29位跃升到第2位。世界航运市场19%的大宗货物运往中国，22%的出口集装箱来自中国。中国商船队航迹遍及世界上160多个国家的1500多个港口，港口货物和集装箱吞吐量均位居世界第1位。集装箱吞吐量世界排名前10位的国际港口中，中国大陆占据5席。近年来，随着中国经济发展进入新常态，经济增长处于增速换档期和结构调整阵痛期，"两头在海"的开放型经济格局出现了新的变化，货物贸易增速放缓，服务贸易、境外投资、出境人员和对外消费显著增加，开始由"大进大出"向"优进优出"转型，但对海洋载体和运输通道的依赖性有增无减。表5.1列出了中、日、美、德对全球海洋公域的依赖性，在上述四国范围内进行对比，中国国民经济整体对海洋的依赖性仅次于日本。

表5.1　对全球海洋公域依赖性的对比①

领域	中国	日本	美国	德国
矿物进口依赖	高	高	低	低
能源进口依赖	高（>50%）	很高（>90%）	高（>60%）	低（<25%）
海洋食品供应	中等	高	低	低
把力量投入到全球海洋公域的能力	有限的区域依赖	有限的区域依赖	全球，无限制	非常有限的区域依赖

维护海上经济发展利益的关键是商业航行自由与海上通道通畅，此类利益近年来随着中国在全球经济利益的拓展而逐渐扩大，伴随国力的愈来愈强，海外利益的广度和深度也会继续得到扩展。值得注意的是，航行自由利益与海上通道利益具有非排他性和共享性，不同国家之间的利益需求可能"捆绑"在一起而使这些国家存在维护海上共同利益的可能性和沟通途径。在这点上，中美两国的利益

① ［美］安德鲁·S. 埃里克森等：《中国、美国与21世纪海权》，徐胜等译，北京：海洋出版社，2014年版，第32页。

高度一致，美国90%以上的国际贸易也需通过海路运输，维护航行自由与通道安全也是美国的核心利益，美国是当今海上公共物品的主要提供者，这就使得中国具有搭乘美国提供全球海洋公共服务"便车"的机会，因此中国经济发展的海上利益可依靠以美国为主的世界主要贸易国家来共同维护，而无需通过无限扩大海权来"称霸"海洋。尽管由于近年来美国经济实力相对下降，以及当今海洋安全威胁的日益多元化、复杂化，美国对海上航行自由、海上安全等国际公共物品的供给越来越成问题，迫切需要中国等其他海洋大国承担更多的责任和义务，拥有强大海上力量的中国有可能在广袤的公海成为美国的"利益攸关方"[①]，但无论如何，中国只应有重点地确保域外关键海域和关键通道的安全，将自己的海上利益局限在相对集中的范围内，避免学习美国发展全球性海权而使自己伤筋动骨。

2. 国家安全和主权利益

中国发展的战略空间主要在海上，当前中国安全的威胁也主要来自海上。总的来看，其外在表现为两个方面：一是在领土划分、海洋划界、海洋资源和海洋权益方面和有关邻国存在争端，相互之间宣称的重叠区域比较多；二是由于战争积怨、意识形态、大国角力等因素的影响，使有关国家依然存在疑虑、紧张、敌视等现象。其对国家核心利益的影响作用于两个方面：一是发动海上战争的威胁。中国虽然拥有漫长的海岸线，但海洋地理位置不利。一方面出入大洋的通道易为人控制，另一方面又成为美国及其盟国实施"岛链封锁"的有利条件，"第一岛链"部署的兵器可轻易、有效打击中国沿海目标，从而缩小了海上方向的防御纵深。二是产生社会动荡的风险。随着国民海洋意识和国家责任感逐渐增强，对海洋权益维护关注度提高很快。虽然中华民族是一个有着悠久历史的文明古

---

① 胡波："中国海洋强国的三大权力目标"，载《太平洋学报》2014年第3期，第77—90页。

国、大国，但是近百年来却饱经沧桑。清末，中国的国门从海上被强行打开，在半殖民地半封建社会，主权遭到侵犯，领土被瓜分掠夺。在近代，日本又发动侵华战争，民不聊生。近现代的屈辱历史，使国民尊严遭到前所未有的践踏，民众对国家权益、民族尊严问题高度关注和敏感。目前，中国陆地疆界已基本划定，而诸多海上权益仍存争议，因此，在涉及海洋权益问题上，民众高度敏感且前所未有地关注。国家如何处理海洋权益问题、立场是否明确、是否尊重民众历史责任感和民族情感，成为民众高度关注的焦点。尤其是涉及中日钓鱼岛争端、南海争端等问题上，更是触及国民民族感情、爱国热情，容易导致民族主义情绪高涨。海洋主权问题处理得好坏与否直接关乎国家社会稳定大局。

（三）陆海复合型地缘格局限制了中国海权

陆海复合型的特殊地缘政治条件决定了中国海权属于有限海权的特点。陆海复合型国家是指濒临开放性海洋且背靠较少自然障碍陆地的国家，欧洲位于大西洋沿岸地带的国家（如法国和德国）及当代中国都是陆海复合型国家的典型代表。[①] 从近代以来的历史看，陆海复合型国家在战略上都具有几个明显特点：一是战略选择上的两难，历史证明一国无论多么强大，都很难长期成为陆海两栖性强国，因为战略集中是任何国家生存和取胜的前提；二是双重易受伤害性，这类国家因面向陆海两个方向，因而必须面对来自陆海两方面的压力；三是服务于国家战略目标的资源分配容易分散，出于安全战略上的实际需要，这类国家通常要在陆海两方面保持平衡，因而有限的资源容易被分散使用。在现代世界历史上，边缘地带的陆海复合型国家中不乏世界顶级强国的有力竞争者，但它们为此进行的努力却无一例外都遭到失败，其中最典型的例证当属路易十四和

---

① 吴征宇：“海权与陆海复合型强国”，载《世界经济与政治》2012 年第 2 期，第 38—51 页。

拿破仑的法国及威廉二世和希特勒的德国，地理政治上的不利因素则无疑是其失败的重要原因之一。

近现代历史上的陆海复合型强国曾经为发展海权进行过的努力很大程度上都是与它们争夺欧洲霸权乃至全球霸权的企图相联的，而这点同样也意味着，如果一国追求的是世界性强国或世界领导者的地位，甚至是全球霸权，那么掌握海权就可能是一条必经之路；但如果一国的战略目标仅仅是维护国家的主权和领土完整及确保相对有利的外部环境，那么其发展海权的需要也就不那么迫切。[①] 由于地缘政治上的局限性，陆海复合型强国在发展海权问题上历来存在先天性缺陷。一是由于海权很大程度上已经成为世界霸权国的专利，因此任何其他的国家发展海权势必引起世界霸权国的强烈反应；二是陆海复合型强国发展海权的努力客观上首先触动的将是地区均势，而这点也势必引起周边邻国的强烈反应。冷战后中国的崛起进程也同样伴随着规模巨大的海洋转型，基于历史的经验教训，当代中国在进行海洋转型时需要着重考虑的首要问题之一便是巧妙避免陆海复合型地缘格局的不利，充分发挥其相对有利的一面。陆海复合型国家面临的双重诱惑是考验一国命运长久昌盛的关键问题，对于中国而言，地缘环境所制约的海权问题其实不是战略上不能同时选择发展陆权与海权，而是不能在任何一方面采取扩张性的霸权战略。对全球性海权的争夺是陆海复合型国家面临的陷阱。一个陆海复合型大国发展海权的意义不在于追求全球性海权，而是以保持国家长期安全持续发展为前提，对陆上安全与经济利益保障的不足进行必要协调。相对有利的一面是指，由于中国不需要在亚洲大陆进行扩张，而是以陆上区域合作的方式来增强自己的陆权与安全，中国可以集中资源发展海权，海权的发展又会产生更强大的力量资源来促进陆上安全，从而达成陆海协同并进的良性循环。

---

① 徐弃郁：“海权的误区与反思”，载《战略与管理》2003 年第 5 期，第 16 页。

（四）国防所需但囿于实力使中国只需有限海权

从历史看，濒海国家没有强大的海军和海上力量，就不会有海权，没有海权也就难保主权。海权实际上是国家总体国防力量的集中表现，海军是国家海洋战略力量的核心部分，是海权必须依托的兵种。中国要实现中华民族的伟大复兴，就必须要有一支强大的海军。海军在发展海权中的核心和支柱作用为各国所认识并付诸实践，海洋战略直接关系到中国的未来生存和可持续发展，而强大的海权正是海洋战略实现的唯一保证。近代中国在海权问题上教训深刻，帝国主义国家五次大规模侵华都是以海军控制中国沿海制海权为先导的，另一方面中国近代海军失败的根本原因在于旧中国发展近代海军从来就没有与发展海权联系在一起。现实的政治斗争一再警示，海权的获得可以为国家的最终统一提供后盾，并可以使中国的海洋权益免受外来的威胁。经过多年发展，中国海军从无到有，从弱到强，实现了快速发展，但即便在相当长的一段时间之后，中国海军的潜艇在远洋作战方面的能力仍然有限。[①] 中国现代化海军建设与世界海军强国实力相比、与形势的紧迫需求相比存在很大差距，为实现地区性海权的保障，仍须不遗余力地发展和壮大海军实力。

与此同时，陆海复合型强国不太可能将资源全部都用于海洋发展，而这点同样也意味着陆海复合型强国不太可能发展出一支足以与主导性海洋强国匹敌的海上力量，因此，陆海复合型强国在进行必要的海洋转型时，不仅要充分认识到自己能力的限度，更重要的是必须对自己需要一支什么样的海上力量（尤其是海军力量）有一个明确认识。笼统地说，海权对当今中国发展将起到两方面的重要作用：一是拓展在西太平洋的防御纵深，从而最大限度地保障中国

① 中国并不可能追求与美国相称的海军及海军战略，相对于美国海军来说，中国正在打造的远洋舰队仅是一支“存在舰队”。“存在舰队”通常指一类海军战术，海上力量相对弱势的一方避免在远洋与敌进行大规模海上决战，而是待在相对安全的港口或海域，保持有效存在，给予敌人不可忽视的有力威慑，以遏制海权强国的侵略或在战争中牵制敌方的蓝水舰队。

最具经济活力的东部地区的安全；二是保障对中国经济发展至关重要的海上交通线的安全，以此来保障中国获得持续的发展动力。在理论上，尽管实现这两个目标的要求不尽相同，但两者可能都需要发展一支与任务目标相称的远洋水面舰队（尤其是航母编队），因为历史经验已经证明，岸基力量在常规制海能力上有无法达到的死角，而唯有强大的远洋水面舰队才能够完成相关的任务。值得注意的是，这两种目标所要求的都不是发展一支足以与当今世界最强大的海军力量匹敌的远洋舰队。首先，拓展中国在西太平洋上的防御纵深可以有效地得到岸基打击能力和数量众多的远洋潜艇的支持，因此完成这一防御性任务需要的水面编队根本无须与执行进攻性任务的海军编队在数量和质量上达到同一级别，因为防御方的水面编队在此情况下实际上是起到“绊索”的作用，即它是防御一方启动更大规模的打击的门槛。其次，战略性海上交通线大都是国际通道，这些航线的安全都是由包括最大海权国家在内的国际社会负责，因此不需要一国为此去单打独斗。更为重要的是，当前中国的综合国力无法建立美国式的全球海洋权力。中国目前仍是最大的发展中国家，经济总量虽然已跃居世界第二，但人均 GDP 仍排在世界百位以后，尚有 1.5 亿人生活在贫困线以下，未来相当时期，中国政府的中心任务始终是解决十几亿人的生存权、发展权、教育权问题，不可能也没有必要主动威胁其他国家、主动挑起战争、主动制造麻烦。因此，实施防御性的海洋军事战略、追求有限海权是中国的必然选择。

三、 坚持和平发展

（一）后起国与守成国更替的历史逻辑

从新兴海权与既有海洋霸权关系的角度看，新兴海权的成败取决于新兴海权国家大战略的选择，是挑战既有霸权体系，还是融入国际体系并通过灵活的手段实现和平崛起。20 世纪，美国妥善处理了与英国海洋霸权的关系，以有限战争达到了权力转移的目的，实现了和平崛起。美国海权的崛起在总体上并没有以挑战者的身份出现，而是通过总体的、循序渐进的外交战略完成的，基本上可以定位于和平崛起。美国的经验对中国的启示在于，中国在建设海洋强国的进程中，应妥善处理与美国海洋霸权的关系，走和平式海权的发展道路。

在国际关系理论史上，现实主义是国际政治研究中最重要的思想流派，但对于如何实现国家安全，现实主义内部产生了分歧，形成了防御性现实主义和进攻性现实主义两大分支。防御性现实主义认为，在无政府状态下的国际体系中，一国的安全是充裕的，国家主要通过防御性战略来维持现有的均势，进而能够最大化本国的安全。在防御性现实主义者看来，国际体系鼓励国家追求适度而有限的外交目标来确保本国的安全，而国家通过侵略扩张行为来追求霸权将是徒劳的，因为它将引发安全困境和他国的反制行为，最终反而威胁到本国的安全。防御性现实主义指出，追求权力最大化的扩张行为由于两大原因而终究归于失败：一是由于成本随着时间的推移而不断增加，“成功的”扩张行为不可避免地导致战略上的过度扩张，这将消耗国家安全所倚重的国内经济基础；二是对外扩张将诱发其他国家建立军备或组建制衡联盟来挫败扩张企图。进攻性现实主义则认为，安全是稀缺的，国际体系的无政府状态鼓励国家最大化自身的世界权力，只有追求优势地位而不是权力均等才能确保国家安全，大国的最终目标都是建立霸权。进攻性现实主义的基本逻辑是：一国的实力越强，它就越不可能成为权力斗争的目标，因为其他实力较弱的国家都不会挑战它。对他国意图的不确定性以及无政府状态的本质迫使国家采取进攻性的扩张政策，尤其是由于他国的意图从来都不是清楚的，而且任何一个大国未来都可能变得更具侵略性，因此所有大国都会做最坏的打算并通过扩张来增加自身的权力。基于上述理论假定，防御性现实主义和进攻性现实主义在大

战略问题上具有不同的政策启示。防御性现实主义认为，任何建立霸权（无论是全球霸权和地区霸权）的企图都是注定失败的，两极体系和多极体系比权力集中于某一国手中更有利于和平与稳定，聪明的大战略应该是追求权力的均衡，即均势战略。而对于进攻性现实主义来说，维护国家安全的最可靠手段是建立全球霸权或地区霸权，即霸权战略。然而，进攻性现实主义承认，历史上没有任何一个国家能够成功建立全球霸权，最可行的战略应当是谋求地区霸权，现代史上只有美国成功建立了地区霸权，而拿破仑法国、威廉德国、纳粹德国等欧洲大国，没有哪一国能击败所有对手获取地区霸权。因此，建立地区霸权并不是一个理想的战略选择，美国建立地区霸权只是一种例外而已。对中国而言，进攻性现实主义缺乏实际应用基础，防御性战略则更值得推崇。

国际政治中的权力转移理论（power transition theory）是研究崛起大国与守成大国间冲突与战争的重要理论范式，并被许多分析家用来讨论当前的中美关系。[①] 最先进入过渡增长期和权力成熟期的国家将会获得所谓“先发国家”优势，因此这些国家将成为体系主导国，并致力于建立对自己最为有利的国际秩序。然而，由于工业化时代的知识和技术是可以扩散的，其他大国迟早也会进入权力的过渡增长期和成熟期，随着这些“后发国家”与主导国力量的接近，它们将成为现存国际体系的巨大威胁，从而引发与主导国间的冲突与战争。一般情况下，理性的崛起国应该能够认识到，战略克制而非战略进攻是登上权力顶峰的最佳选择，而对于主导国来说，权力转移理论认为它们是现状的满意者和维护者，因为现存体系对它们

① 权力转移理论以奥根斯基（A. F. K. Organski）、杰斯克·库格勒（Jacek Kugler）、道格拉斯·莱姆基（Douglas Lemke）和罗纳德·塔姆（Ronald Tammen）等为代表。参见 A. F. K. Organski & Jacek Kugler, *The War Ledger*（Chicago and London: The University of Chicago Press, 1980）; Jacek Kugler & Douglas Lemke, *Parity and War: Evaluations and Extensions of the War Ledger*（Michigan: The University of Michigan Press）, 1996。

更有利。然而，斯蒂文·陈（Steven Chan）通过历史和理论研究证明，体系主导国也可能通过发动“预防性战争”（preventive war）避免崛起国对其地位构成威胁，并借此进一步巩固和扩大自身利益。[①] 此外，戴尔·科普兰（Dale Copeland）通过对历史的深入挖掘也发现，从1600年到1945年发生的六次大规模战争中，有五次是具有军事优势的国家发起的。[②] 表5.2总结和比较了主导国与崛起国的不同国内政治模式及其冲突的可能性与结果。如果按照守成国与崛起国间竞争的结果来看，理论上存在四种结果：崛起国成功替代守成国；守成国成功抑制崛起国；崛起国与守成国共同衰落，第三者取而代之；崛起国与守成国和平共处、共同生存。从表5.2总结的历史经验看，20世纪以来，崛起国尚无依靠战争或冷战的手段取代守成国的成功案例，而在战争中崛起国与守成国共同衰落的案例比比皆是。目前，虽然尚未出现崛起国与守成国和平共处、共同生存的典型案例，但当今国际政治经济形势为中美两国创造历史提供了条件。

表5.2　主导国与崛起国的不同国内政治模式及其冲突的可能性与结果[③]

守成国	守成国工业化时机与政治模式	崛起国	崛起国工业化时机与政治模式	崛起国“革命性”程度/冲突的形式
英国（1898—1918）	早期工业化，世俗—自由与民主模式	德国（1898—1918）	后发工业化、维权/新重商主义与卡特尔模式	较大战争

① Steven Chan, “Exploring Puzzles in Power-Transition Theory: Implications for Sino-American Relations”, *Security Studies*, Vol. 13, No. 3, 2004, pp. 103 - 141.

② ［美］戴尔·科普兰：《大战的起源》，黄福武译，北京大学出版社，2008年版，第2页。

③ 王浩：“中美新型大国关系构建：理论透视与历史比较”，载《当代亚太》2014年第5期，第51—75页。

续表

守成国	守成国工业化时机与政治模式	崛起国	崛起国工业化时机与政治模式	崛起国“革命性”程度/冲突的形式
英国（1933—1945）	早期工业化，世俗—自由与民主模式	德国（1933—1945）	后发工业化、神圣—集体与卡特尔模式	很大 战争
英国（1933—1945）	早期工业化，世俗—自由与民主模式	美国（1898—1945）	早期工业化、世俗—自由与民主模式	很小 和平
美国（1945—1953）	早期工业化，世俗—自由与民主模式	苏联（1945—1953）	更晚的后发工业化、神圣—集体与单一精英集团模式	较大 尖锐对抗的冷战
美国（1953—1991）	早期工业化，世俗—自由与民主模式	苏联（1953—1991）	更晚的后发工业化，维权/新重商主义与单一精英集团模式（经济上建立排他性势力范围）	居中 对抗程度总体减弱的冷战
美国（2009 至今）	早期工业化，世俗—自由与民主模式	中国（2009 至今）	更晚的后发工业化，维权/新重商主义与单一精英集团模式（经济上融入主导国体系）	较小 合作与竞争并存，相互依赖程度很深

（二）中美保持和平共处符合双方利益

国家利益最大化是至今为止各国在处理国际事务时所信奉与遵循的原则与理念。其依据首先来自于经济人理性的假设，即认为国家像经济人一样，追求自身利益的最大化，这是本性，不可改变。其次来自于现实主义的权力与利益观，即认为国际政治的本质是追逐权力及其由权力规定的利益，这决定了国家在国际政治中的行为必然是追逐权力与利益，这也是无法超越的本性与现实。中美能够保持和平共处的论断既非妄自推测，也非强迫推动，而是两国国家利益使然。

从对外战略看，中美实现和平共处符合各自利益。对美国而言，寻求与中国在亚太良性互动，是美确保其全球大战略顺利推进、强化其全球主导地位的核心要素。在21世纪的第二个十年，如果美在处理其全球战略的最核心方面——亚太战略上或主动或被动地过分集中于应对中国，片面强调中国挑战，找不到与中国在亚太和平共存的可持续路径，且对中国崛起的正面意义认识不足、借重不够，甚至将中国推到对立面，持续受到短期考虑、传统战略思维及“第三方因素”的束缚与干扰，忽视国际形势发展规律和亚太格局的大势所趋，那将使美国战略调整再度偏离主航道。对中国而言，谋求与美国的良性互动也符合中国的根本利益。经过30多年改革开放，中国目前同外部世界的各方面关系均处于关键的历史节点。经济上，中国同外部世界的相互依赖日益加深，同世界经济形成“一荣俱荣、一损俱损”关系，无论是当前的经济转型还是未来的经济繁荣都有赖于外部支持；政治与安全上，中国初步确立世界级大国地位，但在全球的作用和影响仍有待确定，各方对中国既有期待更有疑虑。在这种情况下，中国外交必须防止大起大落或成为众矢之的。如果此时中美关系出了问题，中国的外交全局都将受到冲击；维持稳定、向好的中美关系，在维护自身利益的基础上，尊重美对全球秩序的积极贡献和全球主导地位，则有利于化解中美之间的战略猜忌，削弱“第三方因素”对中美关系的牵制与干扰。就中美关系发展的阶段性特点而言，在中国快速崛起与美国全面“重返亚太”同步发生的历史性时刻，实现中美在亚太良性互动，也将为两国开创“和而不同”、“同舟共济”、“共同进步”的新型关系模式提供重要的地缘空间，创造性地延长中国和平发展的战略机遇期。

中美经济相互依赖也使和平共处符合各自利益。据中国海关总

署统计[1]，2012年美国是中国的第二大贸易伙伴、第一大出口市场和第五大进口来源地。而据美国方面的统计，2012年中国是美国的第二大贸易伙伴、第三大出口市场和第一大进口来源地。2012年，中美双边贸易总值为4846.8亿美元，较1979年增长将近200倍。双边经贸合作已发生质的变化，合作内容已从单一的贸易扩展到经济的各个领域。从投资的角度看，美国仍然是中国外资最大的来源地之一，截至2012年11月底，美对华实际投资达到700亿美元。同时，中国对美投资继续呈增长趋势，截至2012年11月底。中国企业在美累计的非金融类投资达86亿美元，投资范围广泛，涉及诸多领域。美国驻华大使评价中美经济关系“中美两国经济日益相互依赖，甚至可以说一体化”。经贸关系的密切，一方面可以起到稳定中美关系压舱石的作用，同时也会产生经济利益的相互绑定作用，起到“合则两利、斗则两伤”的效应。随着中国日益融入国际体系，对美国领导下的国际机制的依赖在加深，美国也渐渐发现，对抗与遏制政策既难以奏效，也越来越难以操作，中国的挑战完全不同于苏联，中美经济的开放和依存程度很高，即便是相对强势的美国也无法承受中国大规模经济报复的代价。

中美双方在全球治理方面也存在共同需求。中美没有共同的敌对国家，但拥有共同利益并面临共同的挑战，例如国际恐怖主义、核武器及其他先进技术的扩散、气候变化，以及其他能够危及经济增长和繁荣的威胁。这些挑战并不像冷战时期苏联霸权那样紧迫，因而很难向公众、政治家和那些对崛起大国与守成大国合作持有疑虑的人“推销”。但是这些挑战的严重性毋庸置疑，中美任何一国单独行动都不可能顺利解决这些问题，没有中美的合作，这些挑战也很难管理。复杂的扩散问题和非传统安全挑战需要中美之间的合作，

---

① 金灿荣、赵远良：“构建中美新型大国关系的条件探索”，载《世界经济与政治》2014年第3期，第50—68页。

这也为两国对话、协调政策、共同领导提供了机遇。合作应对这些挑战需要双方克服彼此间的分歧，合作过程可能面临困难，但合作本身有助于增进相互了解、增加共同目标、增强战略稳定。特别从海上来看，作为世界两大主要经济体，中美在维护海上通道安全，打击各种海上犯罪，维护海上安全秩序方面具有重要的共同利益。

（三）中美保持和平共处具较高可行性

1. 正式建交以来中美始终未打破和平局面

从1979年中美正式建交到20世纪80年代末，中美关系在曲折中缓慢前行，由于意识形态的差异以及中国国力的迅速上升，都使美国感受到了不断增加的压力和挑战，这一时期的中美关系主要取决于形势的发展变化和各自的、共同的战略利益，双方交往的基础并非十分稳固，主要围绕台湾问题展开一系列博弈，但总的方向是向前发展。20世纪90年代初至1997年，苏联解体后世界格局呈现一超多强的态势，美国认为中国的国际影响下降，一度对华采取“软遏制”政策，后又因经贸利益、竞选需要等使中美关系数次反复于高潮与低谷之间，在此期间，邓小平认为要从长远的战略观点出发来看待两国关系，做出了中美关系终归要好起来的判断。

1997年至今，中美关系进入较为成熟的大国关系阶段，先后经历了五次定位。首先是1997年江泽民主席对美进行了访问，双方发表《中美联合声明》，中美关系被明确为“面向21世纪的建设性战略伙伴关系”。随后中美关系受到对台售武器问题、美轰炸中国驻南联盟大使馆等问题的考验，但中国出于延长战略机遇期的考虑以及美国的相对妥协，双方仍未打破和平局面。于2001年发生的“9·11”事件迫使美国重新思考对外政策的轻重缓急，中国很快成为美国反恐的盟友，2005年11月美国总统小布什访华时，中美关系实现第二次定位，即“21世纪中美建设性合作关系”，并随后建立了中美战略经济对话机制。2009年4月，中美领导人在伦敦二十国集团（G20）峰会期间会晤时，提出了努力建设“21世纪积极合作全面的

中美关系”，这是中美关系的第三次定位；与此同时美国部分战略家提出了“G2”的概念，认为中美两国可以携手共进，取代“八国集团”解决世界经济问题。2011 年，中国提出了中美“致力于共同努力建设相互尊重、互利共赢的合作伙伴关系”的表述，这是中美关系的第四次定位。在 2012 年年底和 2013 年年初，随着中国新一届领导集体的产生以及奥巴马总统取得连任，中国适时提出了中美两国关系的新定位——中美新型大国关系，美国也做出了积极回应，这也是中美关系的第五次定位。总的来看，美国对华政策不外是“合作加防范、接触加遏制”，在有共同利益的诸多领域合作，同时也要防范中国对美国在亚太地区乃至全球的利益提出挑战。① 依托中美关系长周期的历史经验来研判，中美建交 35 周年以来，经历过多次重大考验，但是最终双方总能冷静下来，从而化危为安。总体来看，尽管两国关系起伏不定，但始终富有保持和平共处的“张力”，为双方延续这一状态提供了良好的惯性。

2. 中美具有利益兼容性、实力差异性和联系广泛性

在维护核心利益方面，中美双方的战略具有较强的兼容性。无论中国海上力量如何发展，中美间的较量依然带有典型的陆权—海权博弈特点。② 中国追求区域性海权，东亚海域集中了其最为重要的海洋利益；而美国是全球海洋霸权，东亚海域仅是其重要的局部。因此，中美双方在该海域的利益重点有着较大不同，东亚海域的权势变化不会对中美的世界权力地位产生根本性影响。与苏联相比，中国并不寻求向亚太国家输出意识形态；与 19 世纪的欧洲大国相比，中国也不寻求在亚太建立殖民地；与前段时期积极倡导“东亚共同体”的日本相比，中国亦无意在东亚建立旨在排挤美国的地区性组织。全球化的时代大势和中国的基本国情决定了中国绝不会寻

① http：//www. 21ccom. net/articles/qqsw/zlwj/article_ 2011071939944_ 2. html.

② 胡波：“中美东亚海上权力和平转移：风险、机会及战略”，载《世界经济与政治》2013 年第 3 期，第 27—44 页。

求将亚太“据为己有”，一个在亚太发挥积极作用的美国符合中国的利益。美国亚太战略的最终目标也并非完全孤立和遏制中国，而是要维护自身主导地位，美既无心也无力将中国影响压缩到国境之内。只要相互尊重对方的实际地位与核心关切，两国在亚太就没有不可化解的根本矛盾。亚太的和平、稳定、繁荣是两国追求的共同目标。多年来，中美两国虽然公开较劲，却仍然时时注意克制、处处留有余地，与双方利益的深层兼容性有很大关系。

地缘障碍及信息技术的发展有利于中美在海上实现战略平衡。国家在追求权势的时候，必须考虑距离的影响。一国的势力将随着距离的由近及远而衰减：离本土愈远，影响力则越弱；力量愈是扩张，则强度愈是减弱，距离的摩擦损耗侵蚀了实力的强度，这就是“力量梯度损失”（loss of strength gradient）现象。[①] 现有和可期待的投送工具与技术水平依然无法忽视这类地缘规律的作用。中美两国在亚太各具优势，中国具有强大的陆权优势，而美国具有强大的海权优势，从而在东亚地区形成了两极格局。这种状况使双方在自己占主导的领域都有一定的防御优势，从而使双方在互相防范、相互制约的同时，也为自己和对方留有一定余地。在近海[②]，陆权的强大和地理上的辐射效应，使得中国甚至并不需要能在大洋阵地上应对威胁的武装力量。技术的发展及革新使得海洋权势的竞争发生了显著的变化，大规模舰队的秘密集中越来越难，海上舰船容易遭到敌方的监视定位或打击，尤其是在邻近敌方本土或基地的周围，马汉

---

① Kenneth Boulding, *Conflict and Defense*, New York and London: Harper&Row, 1963, p. 262.

② 关于近海的范围界定，中国官方有两种流行的解释：（1）刘华清曾指出，中国的近海空间主要范围包括“黄海、东海、南海、南沙群岛和台湾，冲绳岛链内外海域以及太平洋北部海域”，参见刘华清：《刘华清回忆录》，北京：解放军出版社，2004 年版，第 434 页；（2）1997 年版《中国人民解放军军语》：“中华人民共和国的近海包括渤海、黄海、东海和台湾岛以东的部分海域”，参见《中国人民解放军军语》，北京：军事科学出版社，1997 年版，第 440 页。按照这两种解释，中国的近海涵盖了四大陆缘海及太平洋北部的部分海域，它不是专属经济区这样的法律概念，而是地理概念。

时代的集中兵力、歼灭敌有生力量的制海战术越来越难以成功。

随着中国海、空、天、导等力量的综合提升，美国在中国近海的海上优势将越来越小。而在远洋，权势则完全偏向美国一方，按2010年数据，美国舰队总吨位约为26亿，超过军事实力位居其后的国家的17个最大舰队（其中14国是美国盟国）的总吨位。除了吨位优势，美国海军还是世界上武器装备最先进的海上力量，拥有武器和网络中心体系。在整体导弹能力上，美国海军超过位列其后的20国海军的总和。[①] 按主要作战舰只计算，美国海军的舰只接近中俄的总和（203艘对205艘），按吨位计算，则美国海军舰队总吨位是中俄之和的263倍，而中国海军远程投送工具匮乏，在远洋持续开展大规模行动的能力较弱，在自动化指挥系统（C4ISR）、防空、反潜等方面全面落后，中国尚不具备也不试图拥有挑战美国海上优势的军事实力。[②] 中美间隔着宽阔的太平洋，有着足够战略纵深，“太平洋足够大，容得下中美两国”。

中美两国存在广泛的社会与人际联系。自中美关系正常化以来，中美两国民间交往快速发展。据统计，中美两国每年往来人员总数超过300万人次，平均每天有超过9000人往返于太平洋两岸。中美已建立起36对友好省州、161对友好城市关系。目前在美国留学的中国人约13万，而在中国留学的美国人也超过2万人。在中国，约3亿人正在学习英语，在美国学习汉语的人数也已达20多万。[③] 同时，根据中美旅游合作交流情况，自2008年美国正式成为中国公民出境组团旅游目的地以来，共有576万人次中国游客到美国旅游，年均增长18%。双向交流人数从2008年的256万人次发展到2012

---

① Jean-loup Samaan, “Security Governance in the Maritime commons: The Case for Transatlantic Partnership” *Orbis*, Spring 2011, p. 318.

② 李繁杰：“中美海上矛盾与合作前景”，载《国际问题研究》2013年第6期，第79—89页。

③ 张业遂：“中美关系和中国的全球作用”，中国外交部网站，http://www.fmprc.gov.cn/mfa-chn/dszlsjt-602260/t868012.shtml，登录时间：2014年1月24日。

年的384万人次，年均增长10%。目前，中美已互为重要的旅游客源地和目的地，两国旅游合作全面推进，可以说进入了历史较好时期。到2015年，中美旅游交往人数有望突破500万人次。[①] 总体来看，民间交往日益增多将成为公共外交的一种有效形式，是中美外交的基石之一，中美这种广泛的社会与人际交往将起到助推中美关系向前发展的作用。

（四）建立新型大国关系是合适的出路

为妥善处理双边关系中的分歧和矛盾，避免历史上一再出现的“大国政治的悲剧”或所谓的“修昔底德陷阱”，中美开始探索建立新型大国关系。“新型大国关系”这一理念最初是由时任中国国务委员戴秉国于2010年5月在中美第二轮战略与经济对话期间提出的。2012年时任中国国家副主席习近平在访美期间，再次强调应“推动中美合作伙伴关系不断取得新进展，努力把两国合作伙伴关系塑造成21世纪的新型大国关系”。此后，中美两国围绕这一理念进行了多次积极互动，并以2013年的“习奥庄园会晤”为标志，双方就此达成基本共识。

新型大国关系是一种在中美特殊实力关系下，双方形成的一种稳定的和彼此都能接受的、既合作又竞争、但竞争处于可控和有效管理状态下的关系。它既是中美双方主观努力的结果，也是中美之间实力对比、利益结构等多方面因素的客观产物。它是在现实利益基础上的一种关系建构，是在中美实力不断接近过程中，对双边关系进行符合双方利益的有效管理的结果。在今后一段时间内它将是中美两国外交政策做出调整、适应和共同推进的重要内容。

为什么中国只向美国提出了新型大国关系？原因就在于新型大国关系的定义，它特指崛起大国与守成大国之间的关系，这种关系

---

① 邵琪伟：“要努力扩大中美双向旅游交流规模”，中国旅游局官方网站，http://www.cnta.gov.cn/html/2013-10/2013-10-10-8-37-58469.html，登录时间：2014年1月25日。

只能特指新兴大国和守成大国，而不可能出现在新兴大国和非守成大国或守成大国和非新兴大国之间。中国和美国分别是世界第二大和第一大经济体，最大的发展中国家和最大的发达国家，最大的社会主义国家和最强的资本主义国家。中美历史文化、社会制度、意识形态、发展阶段不同，两国关系走向如何，很大程度上牵动着人类的前途和命运。新型大国关系的建设，将使中美双方相互对自身以及对方的行为目的、行为模式形成较为稳定的预期，使双边关系的发展方向具有更大的确定性和建设性。同时，它也会使亚太地区其他国家对中美关系的稳定具有更大的信心，从而为它们提供更大的战略与政策空间，也为地区合作的深入发展提供更为良好的外部条件。这些因素相互作用的结果，将从根本上影响亚太地区秩序的整体结构和面貌。

总体来说，新型大国关系具有重要的意义，但不可能一蹴而就地建成，它需要中美以及其他相关国家的共同努力，而且有被意外事件或外部力量破坏的可能性。从政策效用的角度来说，如果建设新型大国关系的动力和阻力相对平衡，则政策上的推动力可以起到影响和改变关系发展路径的效果；如果动力明显大于阻力，则政策推动是锦上添花，对关系的改善可以起到加速作用；如果动力明显小于阻力，则政策推动不过是起到减缓中美关系的恶化速度的作用。在动力与阻力大体相当的情况下，中美双方政策的作用最为明显，其长期效应具有相当的重要性。此时，如果政策不是有意去推动，反而对双边关系具有一定的破坏作用，则会导致失去建立新型大国关系的时机。新型大国关系涉及中美相互定位的变化，中美对于各自在这一秩序中的未来定位能否形成较为一致的预期，特别是是否愿意接受对方在地区秩序中的相应地位，是新型大国关系能否顺利发展的一个关键因素；中美实力对比的变化、中美政策互动的进程以及国际环境的演化，都会在一定程度上对其产生影响。习近平对新型大国关系的内涵作了精辟概括：一是不冲突、不对抗。就是要客观理性看待彼此战略意图，坚持做伙伴，不做对手。通过对话合作，而非对抗冲突的方式，妥善处理矛盾和分歧；二是相互尊重。就是要尊重各自选择的社会制度和发展道路，尊重彼此核心利益和重大关切，求同存异，包容互鉴，共同进步；三是合作共赢。就是要摒弃零和思维，在追求自身利益时兼顾对方利益，在寻求自身发展时促进共同发展，不断深化利益交融格局。[①] 为实现上述要求，双方必须做到以下几点：一要提升对话互信新水平，把两国领导人在二十国集团、亚太经合组织等多边场合会晤的做法机制化，用好现有 90 多个政府间对话沟通机制；二要开创务实合作新局面，推动两国贸易和投资结构朝着更加平衡的方向发展；三要建立大国互动新模式，双方应在朝鲜半岛局势、阿富汗等国际和地区热点问题上保持密切协调和配合，加强在打击海盗、跨国犯罪、维和、减灾防灾、网络安全、气候变化、太空安全等领域合作；四要探索管控分歧新办法，积极构建与中美新型大国关系相适应的新型军事关系，并共同应对各种全球性挑战。

① 俞正樑："中国进入战略挑战期的思考"，载《国际观察》2011 年第 6 期，第 1—7 页。

参考文献

一、 英文专著

1. A. F. K. Organski & Jacek Kugler, *The War Ledger*, Chicago and London: The University of Chicago Press, 1980.

2. Allan R. Millett & Peter Maslowski, *A Military History of the U. S.*, New York: Freedom Press Publishing, 1984.

3. André Beaufre, *An Introduction to Strategy*, New York: Praeger, 1965.

4. Arthur S. Link, *the Papers of Woodrow Wilson*, New Jersey: Princeton University Press, 1979, Vol. 30.

5. Baldev Raj Nayar & T. V. Paul, *India in the World Order*, Cambridge: Cambridge University Press, 2003.

6. Clark A. Murdock, "The Navy in an Antiaccess World", in Sam J. Tangredied., *Globalization and Maritime Power*, Washington. D. C.: National Defence University Press, 2002.

7. Corbett Julian Stafford, *Some Principles of Maritime Strategy*, London: New York, Longmans, Green and Co., 1911.

8. Department of the Navy, Office of the Comptroller, *Expenditures of the Navy, 1794 through 30 June 1960*, Washington: Government Printing Office.

9. George Bear, *One Hundred Years of Sea Power: The U. S. Navy, 1890 – 1930*, Stanford University Press Publishing, 1996.

10. Hartz Louis, *The Liberal Tradition in America*, NewYork: Harcourt Brace, 1955.

11. Jacek Kugler & Douglas Lemke, *Parity and War: Evaluations and Extensions of the War Ledger*, Michigan: The University of Michigan Press, 1996.

12. James M. Morris, *History of the U. S Navy*, NewYork: Hunan's People's Publishing House, 2003.

13. Julian S. Corbett, *Principles of Maritime Strategy*, Mineola, New York: Dover Publications, Inc. , 2004.

14. Julian S. Corbett, *England in the Seven Years'War*, London: Longmans, 1907, Vol. I.

15. Julian S. Corbett, *Some Principles of Maritime Strategy*, London, New York, Longmans, Green and Co. , 1911.

16. Kenneth Boulding, *Conflict and Defense*, New York and London: Harper&Row, 1963.

17. Lawrence Juda, Ocean Space Rights: Developing U. S. Policy, New York: Praeger Publishers, 1975.

18. Lisle A. Rose, *Power at Sea: The Violent Peace*, Columbia: University of Missouri Press, 2007.

19. National Oceanic and Atmospheric Administration, *Next Generation Strategic Plan*, National Oceanic and Atmospheric Administration Office of Program Planning and Integration, December 2010.

20. Naval Historical Foundation, Washington Navy Yard, *U. S. Navy: A Complete History*, Washington: Hugh Lauter Levin Associates Publishing, 2003.

21. Pier Horensma, *The Soviet Arcitc*, New York: Routledge, 1991.

22. The National Intelligence Council, *Global Trends 2015: A Dialogue About the Future With Nongovernment Experts*, Washington D. C. , December 2000.

23. Weigley Russel, *The History of the United States Army*, New York: Macmillan, 1967.

二、 英文期刊

24. "Stirring up the South China Sea", *Asia Report*, No. 223, International Crisis Group, April 23, 2012.

25. Charles Glaser, "Will China's Rise Lead to War? —Why Realism Does Not Mean Pessimism", *Foreign Affairs*, Vol. 90, No. 2, 2011.

26. Daniel Twining, "America's Grand Design in Asia", *The Washington Quarterly*, Vol. 30, No. 3, Summer 2007.

27. David L. O. Hayward, "China in the Indian Ocean: A Case of Uncharted Waters", *Strategic Analysis Paper*, July 2010.

28. Department of Defense, "Sustaining U. S. Global Leadership: Priorities for 21st Century Defense", January 2012.

29. Ernest Andrade Jr. , "The U. S. Navy and the Washington Conference", *Historian*, 1969, (5) .

30. Gen Edward A. Rice, "Book Reviews", *Strategic Studies Quarterly*, Vol. 5, No. 3, Fall 2011.

31. Greg Yellen, "Holding the Tiger by Its Tail: Chinese Maritime Expansion and the U. S. 'Hedge' Strategy in the Indian Ocean", *The Monitor*, Vol. 16, No. 2, Summer 2011.

32. IISS, "The Military Balance 2012: the Annual Assessment of Global Military Capabilities and Defence Economics", *Routledge Jour-*

nals, 2012（34）.

33. Jean-loup Samaan, "Security Governance in the Maritime commons: The Case for Transatlantic Partnership", *Orbis*, Spring 2011.

34. Joseph Bosco, "China's growing threat", *The Washington Times*, November 29, 2010.

35. Khan M J, Bhuyan G, Iqbal M T, et al, "Hydrokineticenergy conversion systems and assessment of horizontaland vertical axis turbines for river and tidal applications: a technology status review", *Applied Energy*, 2009, 86（10）.

36. Michael J. Green & Andrew Shearer, "Defining U. S. Indian Ocean Strategy", *The Washington Quarterly*, Vol. 35, No. 2.

37. Neville Maxwell, "Sino-Indian Border Dispute Reconsidered", *Economic and Political Weekly*, April 10, 1999.

38. Robert S. Ross, "The Rise of Chinese Power and the Implications for the Regional Security Order", *Orbis*, 2010.

39. Steven Chan, "Exploring Puzzles in Power-Transition Theory: Implications for Sino-American Relations", *Security Studies*, Vo1. 13, No. 3, 2004.

40. Trent Hone, "Building a Doctrine: USN Tactics and Battle Plans in the Interwar Period", *International Journal of Naval History*, 2002（11）.

41. Vincent Wang, "China-ASEAN Free Trade Area: A Chinese 'Monroe Doctrine' or 'Peaceful Rise'?", *China Brief*, 2009（17）.

三、 中文专著

42. ［俄］伊·马·卡皮塔涅茨：《“冷战”和未来战争中的世界海洋争夺战》，岳书璠等译，上海：东方出版社，2004 年版。

43. ［美］A. T. 马汉：《海权对历史的影响（1660—1783）》，安常荣、成忠勤译，北京：解放军出版社，2008 年版。

44. ［美］A. T. 马汉：《海权论》，萧伟中、梅然译，北京：中国言实出版社，1997 年版。

45. ［美］E. B. 波特：《海上力量——世界海军史》，李杰译，北京：解放军出版社，1992 年版。

46. ［美］E. B. 波特：《海上实力》，马炳忠等译，北京：海洋出版社，1990 年版。

47. ［美］阿伦·米利特、彼得·马特洛斯基、威廉·费斯：《美国军事史》，张淑静等译，北京：人民解放军出版社，2014 年版。

48. ［美］安德鲁·S. 埃里克森：《中国、美国与 21 世纪海权》，徐胜等译，北京：海洋出版社，2014 年版。

49. ［美］戴尔·科普兰：《大战的起源》，黄福武译，北京：北京大学出版社，2008 年版。

50. ［美］戴维·莱文森：《世界各国的族群》，葛公尚、于红译，北京：中央民族大学出版社，2009 年版。

51. ［美］德博拉·沙普里：《第七大陆资源时代的南极洲》，张辉旭译，北京：中国环境科学出版社，1991 年版。

52. ［美］孔华润：《美国对外关系史》（上），周桂银、杨光海译，北京：新华出版社，2004 年版。

53. ［美］罗伯特·唐斯：《影响世界历史的 16 本书》，缨军译，上海文化出版社，1986 年版。

54. ［美］曼贡：《美国海洋政策》，张继先译，北京：海洋出版社，1982 年版。

55. ［美］美国陆军军事学院：《西方近代战略家》，友生等译，北京：军事译文出版社，1984 年版。

56. ［美］斯蒂芬·豪沃思：《驶向阳光灿烂的大海：美国海军

史》，王启明译，北京：世界知识出版社，1995 年版。

57. ［美］斯皮克曼：《和平地理学》，刘愈之译，北京：商务印书馆，1965 年版。

58. ［美］小约翰·莱曼：《制海权——建设 600 艘舰艇的海军》，方宝定译，北京：军事科学出版社，1991 年版。

59. ［美］兹比格纽·布热津斯基：《大棋局：美国的首要地位及其地缘战略》，上海：上海人民出版社，2007 年版。

60. ［日］外山三郎：《日本海军史》，龚建国、方希和译，北京：解放军出版社，1988 年版。

61. ［苏］列伊祖波克：《美国史纲》（1877—1918 年）上册，祖波克、庚声译，北京：三联书店，1980 年版。

62. ［苏］谢·格·戈尔什科夫：《国家海上威力》，房方译，北京：海洋出版社，1985 年版。

63. ［英］杰弗里·帕克：《二十世纪的西方地理政治思想》，李亦鸣等译，北京：解放军出版社，1992 年版。

64. ［英］约翰·科斯特洛：《太平洋战争》，王伟等译，上海：东方出版社，1985 年版。

65. 《中美关系史资料汇编》（第一辑），北京：世界知识出版社，1957 年版。

66. 白海军：《海洋霸权：美国的全球海洋战略》，南京：江苏人民出版社，2014 年版。

67. 樊吉社、张帆：《美国军事——冷战后的战略调整》，北京：社会科学文献出版社，2011 年版。

68. 樊元等：《外国经济史》（第 3 册），北京：人民出版社，1983 年版。

69. 方连庆等：《国际关系史（近代卷）》，北京：北京大学出版社，2006 年版。

70. 冯梁：《亚太主要国家海洋安全战略研究》，北京：世界知识出版社，2012 年版。

71. 国家海洋局：《海洋统计年鉴 2011》，北京：海洋出报社，2012 年。

72. 黄绍湘：《美国通史简编》，北京：人民出版社，1979 年版。

73. 李铁民：《中国军事百科全书：海军战略》，北京：中国大百科全书出版社，2007 年版。

74. 刘从德：《地缘政治学：历史、方法与世界格局》，武汉：华中师范大学出版社，1998 年版。

75. 刘怡、阎京生：《旧日本海军发展史（第二卷）》，武汉：武汉大学出版社，2011 年版。

76. 刘中民：《世界海洋政治与中国海洋发展战略》，北京：时事出版社，2009 年版。

77. 宋则行、樊亢：《世界经济史》（上卷），北京：经济科学出版社，1998 年版。

78. 王生荣：《海洋大国与海权争夺》，北京：海潮出版社，2000 年版。

79. 王绳祖：《国际关系史（十七世纪中叶——一九四五年）》，北京：法律出版社，1986 年版。

80. 王绳祖：《国际关系史》第 6 卷，北京：世界知识出版社，1995 年版。

81. 杨金森：《海洋强国兴衰史略》（第一版），北京：海洋出版社，2007 年版。

82. 杨生茂：《美国外交政策史：1775—1989》，北京：人民出版社，2000 年版。

83. 俞天任：《日本海军的兴亡》，北京：华侨出版社，2009 年版。

84. 袁品荣：《享誉世界的十大军事名著》，北京：海潮出版社，1998 年版。

85. 张玮、许华：《海权与兴衰》，北京：海洋出版社，1991年版。

86. 张炜：《国家海上安全》，北京：海潮出版社，2008年版。

87. 张文木：《论中国海权》（第三版），北京：海洋出版社，2014年版。

88. 赵克增：《外国海军军事思想研究》，海军军事学术研究所，1991年版。

89. 郑雪飞：《大家精要：科贝特》，昆明：云南教育出版社，2009年版。

90. 周秋麟等：《规划美国海洋事业的航程》，北京：海洋出版社，2005年版。

91. 朱贵生等：《第二次世界大战史》，北京：人民出版社，1982年版。

92. 朱明阳：《亚太安全战略论》，北京：军事科学出版社，2000年版。

四、 中文期刊

93. 蔡鹏鸿："中国地缘政治环境变化及其影响"，载《国际观察》2011年第1期。

94. 曹云华、李昌新："美国崛起中的海权因素初探"，载《当代亚太》2006年第5期。

95. 陈建东等："争取海洋主动性是我国强国战略的必然选择"，载《太平洋学报》2011年第6期。

96. 陈剑峰："分而治之：南海问题管控路径"，载《当代社科视野》2014年第3期。

97. 程亚文："布热津斯基之'过'"，载《读书》2012年第10期。

98. 储召锋：“亚太战略视域下的美国—东盟关系考察”，载《国际展望》2012 年第 1 期。

99. 邓凡：“美国干涉南海问题的政策趋势”，载《太平洋学报》2011 年第 11 期。

100. 邓睿：“浅析美印军事安全合作”，载《国际资料信息》2012 年第 11 期。

101. 傅伯杰、刘宇：“国际生态系统观测研究计划及启示”，载《地理科学进展》2014 年第 7 期。

102. 甘振军：“浅析西方近现代海权理论及其历史演变”，载《安阳师范学院学报》2008 年第 6 期。

103. 高艳波、李慧青：“深海高技术发展现状及趋势”，载《海洋技术》2010 年第 3 期。

104. 郭景朋、王雪梅：“美国卓越教育中心简介”，载《海洋开发与管理》2010 年第 10 期。

105. 韩叶：“试论马汉的海权论对国家权力的重要性”，载《黑龙江教育学院学报》2005 年第 3 期。

106. 胡波：“中国海洋强国的三大权力目标”，载《太平洋学报》2014 年第 3 期。

107. 胡波：“中美东亚海上权力和平转移：风险、机会及战略”，载《世界经济与政治》2013 年第 3 期。

108. 胡波：“中美在西太平洋的军事竞争与战略平衡”，载《世界经济与政治》2014 年第 5 期。

109. 胡德坤、黄祥云：“美国在中日钓鱼岛争端上“中立政策”的由来与实质”，载《现代国际关系》2014 年第 6 期。

110. 季澄：“浅析美国《北极地区国家战略报告》”，载《国际研究参考》2013 年第 8 期。

111. 金灿荣、赵远良：“构建中美新型大国关系的条件探索”，载《世界经济与政治》2014 年第 3 期。

113. 金永明："中国制定海洋发展战略的几点思考"，载《国际观察》2012 年第 4 期。

114. 孔小惠："麦金德的心脏地带理论及其对美国欧亚大陆边缘战略的影响"，载《湖北经济学院学报（人文社会科学版）》2005 年第 1 期。

115. 雷墨："大国海上崛起之鉴"，载《南风窗》2013 年 11 期。

116. 李成日："日本解禁集体自卫权的举措与影响"，载《国际问题研究》2014 年第 4 期。

117. 李繁杰："中美海上矛盾与合作前景"，载《国际问题研究》2013 年第 6 期。

118. 李荦："19 世纪末 20 世纪初美国海军的发展变化"，载《安庆师范学院学报（社会科学版）》2012 年第 2 期。

119. 李益波："美国北极政策的新动向及其国际影响"，载《南京政治学院学报》2014 年第 3 期。

120. 李云鹏："美国海权形成的要素禀赋分析"，载《佳木斯大学社会科学学报》2013 年第 2 期。

121. 林宏宇、张帅："超越困境：2010 年以来中美安全博弈及其影响"，载《国际安全研究》2015 年第 2 期。

122. 刘超："评斯皮克曼的边缘地带理论"，载《社会科学论坛》2003 年第 12 期。

123. 刘娟："从陆权大国向海权大国的转变—试论美国海权战略的确立与强国地位的初步形成"，载《武汉大学学报（人文科学版）》2010 年第 1 期。

124. 刘新华："论中印关系中的印度洋问题"，载《太平洋学报》2010 年第 1 期。

125. 刘中民："地缘政治理论中的海权问题（一）——从马汉的海权论到斯皮克曼的边缘地带理论"，载《海洋世界》2008 年第

5 期。

126. 刘中民：“国际海洋形势变革背景下的中国海洋安全战略——一种框架性的研究”，载《国际观察》2011 年第 3 期。

127. 刘中民：“印度洋与南亚、西亚沿海的战略角逐（下）”，载《海洋世界》2010 年第 6 期。

128. 刘中民：“中国海洋强国建设的海权战略选择——海权与大国兴衰的经验教训及其启示”，载《太平洋学报》2013 年第 8 期。

129. 马建英：“海洋外交的兴起内涵、机制与趋势”，载《世界政治与经济》2014 年第 4 期。

130. 曲升：“美国‘航行自由计划’初探”，载《美国研究》2013 年第 1 期。

131. 任海平：“调整后的美国海军军事战略”，载《现代舰船》1997 年第 1 期。

132. 桑红：“大西洋与欧洲沿海的海洋战略角逐”，载《海洋世界》2011 年第 6 期。

133. 施燕斌等：“海权论的创始人——马汉”，载《国防科技》2001 年第 3 期。

134. 石家铸、于玲玲：“美国战略重心东移与中国维护海上安全对策”，载《国际观察》2014 年第 2 期。

135. 史春林、李秀英：“美国岛链封锁及其对我国海上安全的影响”，载《世界地理研究》2013 年第 2 期。

136. 宋以敏：“评布热津斯基新著《大棋局》”，载《国际问题研究》1998 年第 1 期。

137. 孙凯、冯梁：“美国海洋发展的经验与启示”，载《世界经济与政治论坛》2013 年第 1 期。

138. 孙晓玲：“中越南海争端中的美国因素”，载《东南亚研究》2012 年第 3 期。

139. 王浩：“中美新型大国关系构建：理论透视与历史比较”，

载《当代亚太》2014 年第 5 期。

140. 王鸿刚："美国的亚太战略与中美关系的未来"，载《现代国际关系》2011 年第 1 期。

141. 王缉思等："构建中美战略互信"，载《国际经济评论》2012 年第 2 期。

142. 王森、杨光海："东盟大国平衡外交在南海问题上的运用"，载《当代亚太》2014 年第 1 期。

143. 王为民："布热津斯基的地缘政治观"，载《世界经济与政治》1999 年第 12 期。

144. 王晓文："21 世纪美国的印度洋战略与美国霸权"，载《世界经济与政治论坛》2014 年第 4 期。

145. 王祎、高艳波："我国业务化海洋观测发展研究——借鉴美国综合海洋观测系统"，载《海洋技术学报》2014 年第 6 期。

146. 王玉主："小国集团的能动性—东盟区域合作战略研究"，载《当代亚太》2013 年第 3 期。

147. 韦宗友："美国在印太地区的战略调整及其地缘战略影响"，载《世界经济与政治》2013 年第 10 期。

148. 吴征宇："海权与陆海复合型强国"，载《世界经济与政治》2012 年第 2 期。

149. 徐弃郁："海权的误区与反思"，载《战略与管理》2003 年第 5 期。

150. 杨震、周云亨："论中美之间的海权矛盾"，载《现代国际关系》2011 年第 2 期。

151. 姚晓瑞："地缘环境对俄国海军发展的影响"，载《广播电视大学学报》1999 年第 3 期。

152. 益明："美国五大战区司令部瓜分全球"，载《决策与信息》2007 年第 7 期。

153. 俞风流："美国如何维护海上通道安全"，载《当代海军》

2013 年第 12 期。

154. 俞正樑："中国进入战略挑战期的思考"，载《国际观察》2011 年第 6 期。

155. 翟崑："小马拉大车—对东盟在东亚合作中地位和作用的再认识"，载《外交评论》2009 年第 2 期。

156. 张芳："理论 · 策略 · 机制——对建构中美新型军事关系的三重思考"，载《国际展望》2014 年第 1 期。

157. 张继先："美国海洋科学发展的历史概况"，载《海洋科技动态》，1975 年。

158. 张丽平、杨洛茜："从舰队规模的变化看美国海军的发展"，载《国际研究参考》2014 年第 11 期。

159. 张茉楠："美国能源独立影响全球大格局"，载《宏观经济管理》2012 年第 6 期。

160. 张清敏："中国解决陆地边界经验对解决海洋边界的启示"，载《外交评论》2013 年第 4 期。

161. 章佳："评马汉的海权说"，载《国际关系学院学报》2000 年第 4 期。

162. 赵干城："中国周边战略中的印度因素"，载《国际展望》2014 年第 2 期。

163. 郑义炜："陆海复合型的中国发展海权的战略选择"，载《世界经济与政治论坛》2013 年第 3 期。

164. 郑泽民："东南亚：位置所决定的命运"，载《世界知识》2003 年第 9 期。

165. 周方银："美国的亚太同盟体系与中国的应对"，载《世界经济与政治》2013 年第 11 期。

166. 周方银："周边环境走向与中国的周边战略选择"，载《外交评论》2014 年第 1 期。

167. 周琪："冷战后美国南海政策的演变及其根源"，载《世界经济与政治》2014 年第 6 期。

168. 朱听昌：“中国地缘安全环境中的安全困境问题解析”，载《国际展望》2012 年第 3 期。

169. 邹克渊：“两极地区的法律地位”，载《海洋开发与管理》1996 年第 2 期。